三元社

日台のはざまの引揚者たち

国境の再編と移動・再出発

林初梅
石井清輝
所澤潤
＝編著

❖目次❖

日台のはざまの引揚者たち——国境の再編と移動・再出発

編者序文
――台湾引揚研究を俯瞰する

林 初梅

本書は、大阪大学台湾研究講座が二〇二四年一〇月六日に開催した国際シンポジウム「日台のはざまの引揚者たち」の報告を踏まえた論文を集成したものである。書名からも分かるように、台湾引揚、そしてその渦中にいた台湾引揚者を中心に据えた論集である。戦後八〇年を迎える今日、なぜ改めて台湾引揚の研究をする必要があるのか、読者は不思議に思われるかもしれない。後述するように、私が研究チームを立ち上げようとした動機には、近年の台湾社会の台湾引揚者に対する認識や理解の変化が関係している。

第二次世界大戦後、海外から帰国した日本人の総数は六〇〇万人以上、台湾からの引揚者は約三二万人（軍人を除く）である。今日の台湾人にとって「引揚」という言葉は馴染みが薄く、一般に「遣送回國」と訳されるが、日本人引揚者は「日僑遣返者」と呼ばれ、また台湾生まれの引揚者は「湾生」とも呼ばれる。現在の台湾人にとっては、「引揚者」に比べて「湾生」という言葉の方が馴染み深く、湾生を台湾引揚者全体の代名詞とみなしている場合も多い。

実際、湾生が台湾で注目されるようになったのは、近年のことで、おそらく二〇一五年頃からだろう。私が国立台湾師範大学で教鞭を執っていた二〇〇九年、ある研究会に参加したときのことである。その際、ある参加者がいきなり「湾生」という言葉を使い出した。研究会に参加していた学者たちは十中八九、「湾生」の意味がわからず、戸惑った顔を見せていた。しかし今日、状況は大きく異なっている。『湾生回家』（書籍は二〇一四年に出版、ドキュメンタリー映画は二〇一五年に公開）という作品が、台湾人の湾生に対する認識と理解を大きく変えたといっていいだろう。二〇二二年、私はアンケートを作成し、台湾大学台湾文学研究所所長の張文薫副教授にお願いして、学部の受講生を対象にアンケート調査を実施した。その際、湾生のイメージについての質問項目も設けた。結果を見ると、二〇人の学生のうち一八人が湾生とは何かを知っていた。その多くは『湾生回家』をきっかけに湾生を知ったと答えている。また湾生の印象について、特別なイメージを持っていないと答えた学生はごく一部で、ほとんどの学生は、⑴帰国後に差別を受けたこと、⑵ナショナル・アイデンティティと故郷意識に葛藤があったこと、⑶日本よりも台湾への帰属意識が高かったこと、など何らかのイメージを抱いていた。少数の学生を対象とした調査ではあるが、『湾生回家』が若い世代に与えた影響をうかがい知ることができよう。

ところで、台湾で抱かれている湾生のイメージは、実態を反映したものなのだろうか。『湾生回家』の著者履歴詐称事件は、まだ記憶に新しい（ただし、ドキュメンタリー映画は書籍の内容とは異なり、この事件と映画にはほとんど関連がないことに注意する必要がある）。そのため、この書に取り上げられている湾生の話の一部もフィクションではないか、という疑念が抱かれることになってしまった。湾生は台湾社会で多くの注目を集め、社会一般の関心を集めることになったが、この騒動の後、湾生の話題はほとんど収束し、関連する研究も行われていない。そのため台湾では、現在抱かれている湾生イメージを、実態を踏まえて検証すること自体が難しい状況のままである。

一方で私自身は長年、台湾人の日本時代の記憶に関する研究をしてきた。そのため、多くの湾生の方とも知り合うことになった。彼らはしばしば台湾経験を語り、日本敗戦後の台湾引揚について語ることも多い。しかし、台湾にいた三二万人の日本人は官僚、役人、教師、医者、技術者、農業移民の開拓団など、職業だけをみても非常に多様であり、実態も複雑であった。

実際、先述の国際シンポジウムで登壇した三名の湾生の経験からも分かるように、同じ時期の順調な引揚の中でも、それぞれの経験にはかなり異なる部分がある。こうした個人差は、実際に台湾引揚者のオーラルヒストリーや自伝、回想録などに頻繁に現れているが、それらを学術的な分析の対象としたり、台湾引揚者の全貌を描こうとしたりするような研究は少なく、日本での注目度も満洲や朝鮮からの引揚者の研究に比べて低い水準に留まってきた。

このような状況の中で、台湾引揚者の高齢化が進み、台湾時代や引揚のことを詳細に記憶している湾生も少なくなってきている。歴史研究において、文献史料は確かに重要だが、それとともに、当事者の生の声も大切にされるべきものであろう。私は今台湾引揚研究を行わなければ、この時代の記憶が徐々に薄れ、歴史化されずに消えていくのではないかと危惧している。そのため、忘れ去られようとしているこの時代への関心を高め、歴史記憶を次世代に継承させたいという思いから、台湾引揚の研究チームを立ち上げ、国際シンポジウムの開催、本書の出版へと至ったのである。

本書は、九人の日台研究者の研究成果と三名の湾生の方のインタビュー記録をまとめたものである。歴史研究、社会学、オーラルヒストリー、実体験など、さまざまな視点、資料からこの時代を俯瞰し、台湾引揚者の多様な姿を提示することを意図している。

本書はまず、台湾における送還／引揚（台湾側から見れば「日本人の送還」であり、日本側から見れば「日本人の引揚」である）の全体像の概観から始まる。第一章と第二章では、台湾引揚を、①日本本土への引揚、②沖縄本島への引揚、③台湾近隣の八重山諸島（石垣、与那国など）への引揚に分けて捉えられることが示されている。すなわち、引揚者は出身地により三つの異なる状況に置かれていたのである。それぞれは送還／引揚の時期、方法によって以下のようにまとめられる。①日本本土に戸籍がある者＝中華民国政府が定めた公式のルートでの日本本土への引揚。

②沖縄に戸籍のある者＝沖縄が米国占領下にあったため、本土戸籍者より遅く、公式のルートでの沖縄本島への引揚。③八重山諸島出身者＝敗戦直後からの独自の非公式なルート及び中華民国政府が定めた公式ルートでの八重山諸島への引揚。③について付け加えると、彼らはその特殊な地理的位置のために、長い間、台湾蘇澳の人々と同じ生活圏の中で暮らしており、敗戦直後は国境線に関係なく容易に船舶を往復させることが可能であった。つまり、新しい国境線が引き直された直後の混乱期には、蘇澳と八重山の間には未だ敗戦前と変わらず「境域」が存在しており、その引揚の方法にも影響を及ぼしていたのである。

日本の敗戦による国境線の引き直しは、当然ながら国籍の変更も伴っており、それに応じて台湾人と日本人の間で、支配者と被支配者の立場の入れ替わりが生じた。第三章は、オーラルヒストリーの記録を資料に、送還される立場になった敗戦国民の日本人を、台湾人がどのような心境で見ていたのか、台湾人の視点から分析している。彼らの中には、別れを惜しむ感傷的な感情を持つ者もあれば、日本人の同級生に制裁するというような報復感情を持つ者もあった。そこからは、戦前の日本人の行いが、そのまま戦後初期の台湾人の日本人に対する態度に跳ね返っていたことがわかる。

戦後初期の日本人知識人の置かれた政治的環境も本書の分析の範疇にある。第四章は、中華民国政府が台湾を接収した後、日本人に新しい雑誌を作る機会を与えたことから誕生した『新聲』を取り上げている。新たな体制下で発行された同誌は、当然ながら中華民国政府の強い統制を受けており、日本人編集者は記事の素材の選択、内容、論調を含め、全ての点で当局の意向を汲んで編集を行っていた。誌面からは、日本人の中国認識の修正、民主思想の養成、日中友好親善の促進などを掲げる当局の方針の影響を読み取ることができる。このような状況は、新しい社会体制の下で、引揚者が政治性の強い環境に置かれていたことを示していた。

無傷で日本に帰国しても、引揚者へのプレッシャーは厳しいものだった。彼らは台湾での生活に別れを告げ、未知の戦後生活に向き合わなければならず、経済的な困難に加え、差別意識や文化的な障壁にも直面した。第五章では、『全国引揚者新聞』（一九四八年〜一九四九年）を取り上げ、引揚直後の引揚者たちの実態や心情を探っている。本論からは、当時の引揚者たちが、感情的差別が見られる戦後社会の中で、生活の立て直しを第一に、在外資産の返還、未帰還者の帰還促進などに取り組み、再出発を図っていったことが分かる。当時の引揚者たちに台湾時代を懐かしむ余裕はほとんどなく、台湾時代の生活経験を生かして、いかに内地の生活に溶け込み生計を立てていくかということが、彼らにとっての最重要の課題となっていた。

とはいえ、台湾時代の教育、職業経験を、戦後社会の生活再建に生かしていくことは容易ではなかった。その典型的な例が、第六章で触れられている台湾から引揚げた沖縄の女性たちである。玉城喜美代のような例外的な成功事例はあるものの、沖縄の女性たちの多くは、台湾時代の経験を引き継ぐことが出来なかった。専門職においては、それが引揚げた先の居住地（離島）での職業構成の影響を受けていた可能性が示唆される。また、年齢層の若い女性たちは、台湾在住時に階層上昇を可能にする技術・技能の習得機会に乏しく、サービス業の下層へと包摂される傾向が強かったため、戦後の再出発において不利な立場に置かれた可能性が仮説的に提示されている。

このような沖縄女性に比べて、第七章の楠井隆三、第八章で取り上げられる溝口百合子は、戦前の経験を継承、もしくは乗り越えて、戦後の人生の再出発に成功した事例と位置付けられよう。台北帝国大学教授の任にあった知識人としての楠井は、引揚後、ＧＨＱの占領下で政治的審査などの困難に直面したが、台湾時代の内地からの距離や本人の学術的志向もあり、政治思想が問われることもなく、戦前の人脈も機能し、順調に関西学院大学に再就職することができた。楠井は自伝や回想録のような直接的な記録を残しておらず、台湾で過ごした日々が彼の心情にどのような意味を持っていたかをうかがい知ることはできないが、残された和歌、俳句を通して、彼の台湾への思いの一端に触れることができる。

第八章では、一九五四年アジア大会の砲丸投げ、円盤投げの二種目で銅メダルを獲得した溝口の人生が取り上げられる。溝口は警察官である父の下で、湾生として台湾で不自由のない生活を送っていたが、父の突然の死により鹿児島に移住し、戦中、戦後と困難な生活の中にあった。それが人生のロールモデルともなるスポーツの師との出会い、また本人の不断の努力もあり、女子スポーツ界で指導者・教育者としての成功をつかんでいった。現在の日本では、戦前とは断絶した戦後の新生日本が強調されるあまり、本来は存在しているはずの連続性が忘却されてしまっている。しかし、第七章の楠井と第八章の溝口の人生の軌跡が象徴的に示しているように、戦前・戦後をつなぐ存在に着目することで、二つの時代の連続性の視点に基づく歴史を叙述する方向性が示唆されている。

ここまでの章では、台湾引揚者たちの敗戦直後から戦後復興期における経験や心情が中心的に議論されている。ただし、台湾以外の各地域では、これらの経験が戦後日本社会の中で繰り返し語られ、表象されることで再編、再構成されてきた側面があると指摘されている。これら他地域での動向も踏まえ、第九章は花蓮港中学同窓生が発行していた会誌を通して、引揚者の台湾での経験、引揚（後）の経験が後にどのような記憶として再構成されていったのか、台湾人同窓生との相互作用の影響も含めて分析している。引揚の経験は、年齢や居住していた地域によって異なっていただけでなく、その後の社会環境や人的ネットワークの影響を受けて語り直され、再構成されており、特に台湾引揚者においては「他者」としての台湾人同窓生の存在に着目することの重要性が論じられている。

最後になるが、本書からどのようなメッセージを読み取ることができるかを提起し、序文を締めくくっておきたい。本書は以上のように台湾引揚を研究のテーマとしており、一方で引揚プロセスの全体像や引揚者の間の共通点を探りつつ、他方で異なる背景や属性を持つ人々がもたらす差異、多様性をも示そうとしている。そもそも、三〇万人を超える「台湾引揚者」という集団を一般化して語ることは困難であり、強引に何らかの包括的な結論の提示を試みたいわけでもない。むしろここでは、彼らに対する評価やイメージは、しばしば異なる時間や空間を横断し、流動的に変化するものである、という論点を提起してみたい。このような観点から、台湾引揚者研究は、当事者の自己認識だけでなく、さまざまな他者のまなざしからも探求されなければならない、という研究視点が導かれる。いわゆる「他者」には、戦前、戦後、現代における、引揚者に目を向ける全ての日本人と台湾人が含まれると筆者は捉えている。というのも、「台湾引揚者」像は、戦前から現代まで間断なく続いてきた、台湾社会と日本社会の相互作用により、その時々の状況に応じて形成されてきたものと考えられるからである。

この視点から、本書の論文を読み返すと、新しい読み方ができるのではないだろうか。例えば、第三章の所澤論文は一九九〇年代以降に採集されたオーラルヒストリーの記録を、また第九章の石井論文は台湾社会が民主化へと向かい、台湾人が積極的に投稿するようになった一九九〇年代以後の同窓会文集を、それぞれ分析材料としている。つまり、記憶の再編を経た事後的な語りが分析に用いられており、そこでは一九九〇年代の台湾人と引揚者自身による、台湾引揚者像がどのようなものであったかが描かれている。一方、第四章の黄英哲論文は、第二次世界大戦終結直後の同時代的な一次史料を集め、当時の引揚者像を浮かび上がらせている。第五章の顔論文も、引揚者の評価やイメージの時代ごとの流動性を意識しつつ、『全国引揚者新聞』を資料とすることで、現代とは異なるこの時代の引揚者像を提示している。そこからは、石井論文との対称性を感じ取ることができるはずである。

このように時間軸を移動し、引揚者に目を向ける者の立場を変えることで、引揚者の姿は流動的に変化し、いくつもの像を結んでいくものである。台湾引揚者を総体的に把握するためには、まずはこのように複数の時間と立場を横断、越境しつつ、その流動する姿を多様な像として描いていくことが求められるのではないだろうか。

本書は一定の研究成果を生み出せたものと思うが、残された課題も山積している。本書は台湾引揚研究の終着点ではなく、あくまで中間報告であり、何よりも今後の研究に一石を投じるきっかけになれればと願っている。

編者序文
――各地からの引揚者と台湾引揚者

所澤　潤

本書は台湾からの引揚を主題にしているが、朝鮮からの引揚、中国大陸からの引揚、南洋群島からの引揚に関わりのある方々が読み始めたときに、理解の助けとなるように、それらの地域と重ね合わせられる三つの視点を紹介しておくことにしたい。

まず、日本人の間で「引揚」という語が用いられていたことに留意したい。「引揚」は中国語の直訳ではない語で、自然発生的に用いられたのか、日本人を日本本土に集結させるなどの政治的目的があって用いられたのか明らかでないが、中国大陸でも朝鮮でも戦場でも共通して用いられている。「引揚」という語は終戦後、学童集団疎開の児童たちが疎開地から母校に戻るときにも用いられていたので、当時、それなりに広く用いられていた行政用語とみてよいのかもしれない。第三章では、敗戦とともに台湾は日本ではないのだ、という気持ちをもっていた日本人の回想を紹介したが、その回想では、現地に住み続ける可能性も語っていた。それが、引揚という語に収斂する何かがあったかのようである。

次に、台湾残留孤児のことについて提起したい。従来研究者には気づかれていない点だが、台湾にも、中国と同様に残留孤児がいたことである。一九七〇年代、中国との国交回復に際して中国大陸の残留孤児が日本社会の大きな問題になった。筆者は一九七九年に台湾人留学生たちと知り合ったのだが、中国残孤児のことを話題にして彼らと話したとき、台湾にも残留孤児がいたことを知ることになった。親が子どもを日本に連れて帰れず、知り合いに子どもを託して日本に帰った人たちがいたというのである。

その人たちが日本に帰国したのは、年齢から見て一九五二年八月五日の日華平和条約発効後のことだったとみられるため、日中国交回復の直後に中国残留孤児の存在が表面化したことと対応するかのようである。他人の子どもを親から預かって育てることを促す何かが、台湾を含む中華民国全体に共通してあったのかもしれないが、また日本で戦災孤児を引き取って育てた人たちがかなりいたことからみて、いざとなればそのような対処をするのは人の本性として当たり前なのかもしれない。

今回本書の研究を企画した段階で、その研究に取り組んでいる方に行き当たらなかったことも併せて記しておきたい。筆者は何人もの留学生やその両親たちからその話を聞いたので、その数は恐らく二〇人、三〇人というレベルではなかったのだろうと想像している。今に至るまで解明する機会を得られなかったことは大変遺憾なことで、今後の研究の一つとなるべきものである。

第三に、朝鮮引揚との関連について、少し長くなるが、朝鮮引揚者であった筆者の母方の家族の経験の一部を交えて紹介し、本書で取り上げる台湾引揚の経験と対比しておくことが理解につながるのではないかと思う。

朝鮮引揚は中華民国の枠組みに入っておらず、また台湾の平穏な引揚とは著しく違う苦難があった。母の実家は京城府内で洋服店を営んでいた。母は一九二五年に当時京城《けいじょう》と呼ばれていたソウルで生まれたが、高等女学校卒業後東京市内の進学先の学校で終戦を迎えた。母以外の家族は終戦時に京城におり、筆者の祖父母、母の姉二人、姉の一人の子どもが朝鮮からの引揚者となった。母の知る範囲では、家族は終戦後八月か九月に五人全員で戻ってきたという。その頃、紙幣を現地の銀行から引き出すと、後をつけられて住居に強盗が入るということが頻発していたそうで、自分のうちも強盗に入られて、それですぐその翌日には日本に向かったのだという。ただし、現地では日本軍が解散になって兵隊が居住していたので、入ってきた強盗を皆で殴り殺したこともあったと聞いていると言っていた。

所持金は朝鮮を出るまでに全額なくなっていた。祖母から筆者が直接聞いたところでは盗まれたり奪われたりしたのではなく、京城から釜山に行くまでの間に、無事にたどり着くためにお金を使わねばならなかった。少しずつお金を渡してしのいだということらしい。その経験は朝鮮からの多くの引揚者が述べている経験に共通する部分がある。

台湾引揚は、朝鮮半島のそうした経験とは明らかに異質な平穏さであった。但し刑事や警察官が襲われ、殺されたとみられるできごともあった。そんなふうに日本人が襲われる事件もなかったわけではない。第一章では、留用されて残留する日本人の子どもが通う小学校で登下校の際、一時現地の子どもに小石を投げられる事態があったりして、保護者の代表が台湾現地のごろつきに頼んで守って貰っていたということが言及されている。しかし、そうしたことがあったとしても、台湾全土を見渡すと、そうした出来事はやはり少数であったというべきであろう。

本書の基盤となった一〇月六日に大阪大学で開催されたシンポジウム終了の直後に、筆者は一人の参加者から質問を受けた。台北四中の先生は、なぜ台湾人生徒から暴行を受けたりしなかったのですか、と。質問された方は、台湾については詳しくない方だったので、差別を助長しているとしか思えない教師に対して、報復がなかったことが不思議に思えたということだった。しかし、問われてみれば尤もに思え、海外の統治全体に及ぶ質問でもあるように思えた。台湾の事情についてインタビューを重ねてきた筆者も、かつては同様に疑問を持っていたように思えた。あるいは日本人である筆者にはばかって語ってくれないだけかもしれないのである。

朝鮮や中国東北三省で現地の子どもを教えていた教師の中には、終戦後報復を受けた方もいたのだろうか。東アジアに横断的な教師に対する共通の価値観があったのかということに着目する研究も可能だろう。

朝鮮の学校の引揚後の同窓会はどうなのだろうか。母や母の姉たちが通っていた小学校や高等女学校の同窓会も、さらには京城の同郷会も日本で毎年のように開かれていた。ただ、韓国人が主に通っていた、小学校に相当する学校の同窓会に台湾のように日本人教師が招かれていたかどうかは、筆者には情報がない。誤解のないように付け加えると、韓国でも戦後、引揚者の卒業生を歓迎していなかったわけではない。母の母校京城府南山小学校の同窓生が一九八〇年代にソウルを訪問した時の事である。その人が懐かしさのあまり母校の南山小学校に行ったところ、たまたま校長に会うことができ、校長が感激して全校児童を校庭に集め、「皆さんの先輩の日本人が母校を訪問してきた」と紹介され、お立ち台に立って全校児童の前で挨拶をしたという。その方は同窓会で思いがけないこととしてその話を披露したというが、実は台湾引揚者も初めての母校訪問で歓迎され、思いがけないと感じた方も多かった。ただ、朝鮮半島が南北に分断されたということもあり、距離は近くても現地との交流が容易ではないということもあっただろう。

本書所収のインタビュー記録で、財産のことが話題となっている。筆者の母の実家が京城で営んでいた洋服屋は、終戦後、引揚げるときに従業員の朝鮮人男性に全部を譲って日本に帰ってきたと、家族から聞いていると母は言っていた。日本に戻ってずっとその人から祖父母に連絡があったが、朝鮮戦争の時に連絡が途絶えたという。日本側から探る手立てがなかったため、朝鮮戦争で亡くなったのではないかと想像していたという。

台湾でも戦後のどさくさで財産を巡ってさまざまなことが起こっていた。新しい政府による土地の登記が始まる前に、日本人から土地家屋を譲って貰い、政府に接収されずにすんだ、という話があったり、また日本人の商家の財産を託されたのに、あの人は返していないと台湾人の間で冷ややかにささやかれている例があったりする。

朝鮮引揚体験と台湾引揚体験の差異を以上の事例だけからまとめることはできないが、理不尽なできごと、物騒なできごとは台湾でも一時的にある程度発生していた。ただ背景に朝鮮とどの程度共通性があったのかとなると、現時点の筆者には見通せない。

以上、「引揚」という語の使用、台湾の残留孤児、そして朝鮮台湾の相互対比とを取り上げた。それらは本書では論じていないものであるが、台湾引揚の平穏さなどを理解する糸口にならないかと考え、ここで言及した。

一つ付け加えておきたいのは、引揚研究が、日本という国家の姿を明らかにする、という広がりを有するものだということである。明治以来築き上げてきた国家体制が崩壊して外地を喪失した時にどのように対応したのか、さらに周辺国との国際交渉の過程を通して国の姿がどのように変形されたのか。引揚は、それらを具体的に浮き上がらせる最前線のできごとであったと考えられる。そのような切り口の研究も今後は進行していくと考えているが、その点でいえば、本書はその一歩手前にある。

第1章　引揚の前夜
――日台史料からみた台湾引揚者の戦後処遇

林　初梅

はじめに

一九四五年、日本は敗戦国となった。その後、総数六百万人以上の海外在留日本人が帰国することになるが、各地の日本軍部隊はそれぞれの地区の連合軍司令官のもとに降伏することになった。若槻泰雄の著書[1]によれば、その結果、次の①～⑤のように、軍管区が設置され、軍人・在留日本人を含めたすべての日本人は五つの外国軍隊の支配下に置かれた。

①　中国軍管区：満洲を除く中国、台湾など、約二〇〇万人
②　ソ連軍管区：満洲、北緯三八度以北の朝鮮、樺太及び千島列島、約二七二万人
③　東南アジア軍管区（イギリスならびにオランダ）：アンダマン諸島など、約七五万人

④　オーストラリア軍管区：ボルネオなど、約一四万人

⑤　アメリカ軍管区：旧日本委任統治諸島、小笠原諸島、フィリピンなど、約九九万人

若槻が述べるように、各国の軍管区によって、在留日本人の扱いは全く異なっており、この指定は結果的に運命の分かれ目となった。ソ連占領下の満洲では虐殺、掠奪、婦女暴行などの残虐な行為が相次いで起きただけではなく、武装解除され投降した日本軍捕虜や民間人らがシベリアへ労働力として連行された[2]。資料集『母なる港　舞鶴』によれば、シベリアをはじめとするソ連領内の各地へ連行された軍人・軍属はマイナス三〇度を下回る厳しい環境で強制労働を強いられ、衛生環境も食糧事情も悪く、飢えや病気によっておよそ六万人が命を落とした[3]。それに対して台湾在留の日本人は中国軍管区の支配下に置かれており、その引揚は概ね平穏だった。

しかし、台湾引揚の全体像はまだ十分研究されているとはいえない。シベリア抑留、満洲引揚、朝鮮引揚の研究の多さに比べ、台湾引揚に関しては、引揚者の自伝や同窓会文集などの資料は多く残されているものの、学術図書などは少なく、研究が進んでいるとは言い難い。専門書でいえば、台湾引揚者自身が手掛けた研究資料集『歴史としての台湾引揚』があり、また若槻泰雄と加藤聖文と津田邦宏の著書もある[4]が、ごく少数である。

そのため、本稿は台湾にスポットライトを当て、その全体像を示すよう分析していく。特に従来見落とされがちであった台湾側の史料を通して日本へ引揚げる前の状況を読み取りたい。日台双方の史料を照らし合わせて検証し、一九四五～一九四七年の台湾における日本人引揚者の処遇を整理することで台湾引揚の実態に迫ることができると考えるからである。その関係で台湾側資料を用いて分析する場合、「引揚」ではなく、「送還」という語を使うことにする。

一　台湾引揚者の概況

台湾引揚者は日本統治下の在台日本人であり、日本の敗戦により、台湾を離れ、日本に引揚げた人たちである。本研究はその時期を経験した在台日本人の処遇や動向を考察しようとするものである。ほかの地域の引揚者と区別し、彼らを台湾引揚者と呼ぶことにするが、また当時慣用の「湾生」（台湾生まれ）という表現も使う。

これまで、一九四五～一九四七年の台湾引揚者の引揚について、ほかの地域の引揚者に比べ、平穏だったと説明されてきた[5]。本稿はその定説に賛同しながらも、『台湾引揚史』（一九八二）[6]に寄稿された一六〇人の手記から分かるように、引揚者たちの日本引揚前の台湾経験が十人十色であったことを念頭に置き、論を展開していきたい。

まず、台湾引揚者の人数を見ていきたい。図1「海外日本人引揚概況図」から分かるように、海外からの日本人引揚者総数は六二九万七〇二人となっており、台湾からの引揚者は四七万九五四四人と記されている[7]。その内訳は軍人軍属一五万七三八八人と一般人三二万二一五六人である[8]。

引揚業務を円滑に進めるため、海外在留日本人の最も多いところに近い港、すなわち舞鶴、浦賀、呉、下関、博多、佐世保、鹿児島、横浜、仙崎、門司の一〇港が一九四五年九月一八日に上陸港として指定された。また海外引揚地方援護局も一九四五年一一月二四日に西日本の九州北部、中国地方を中心に、舞鶴、浦賀、呉、下関、博多、佐世保、鹿児島七局と横浜、仙崎、門司三出張所が開設された[9]。その後、撤廃されたものもあったが、さらに函館、大竹、宇品、田辺、唐津、別府、名古屋、戸畑が加わり、計一八カ所の援護局と出張所が設置された。ただ、機関の統廃合により、それぞれの開設期間は表1から分かるようにまちまちであった。

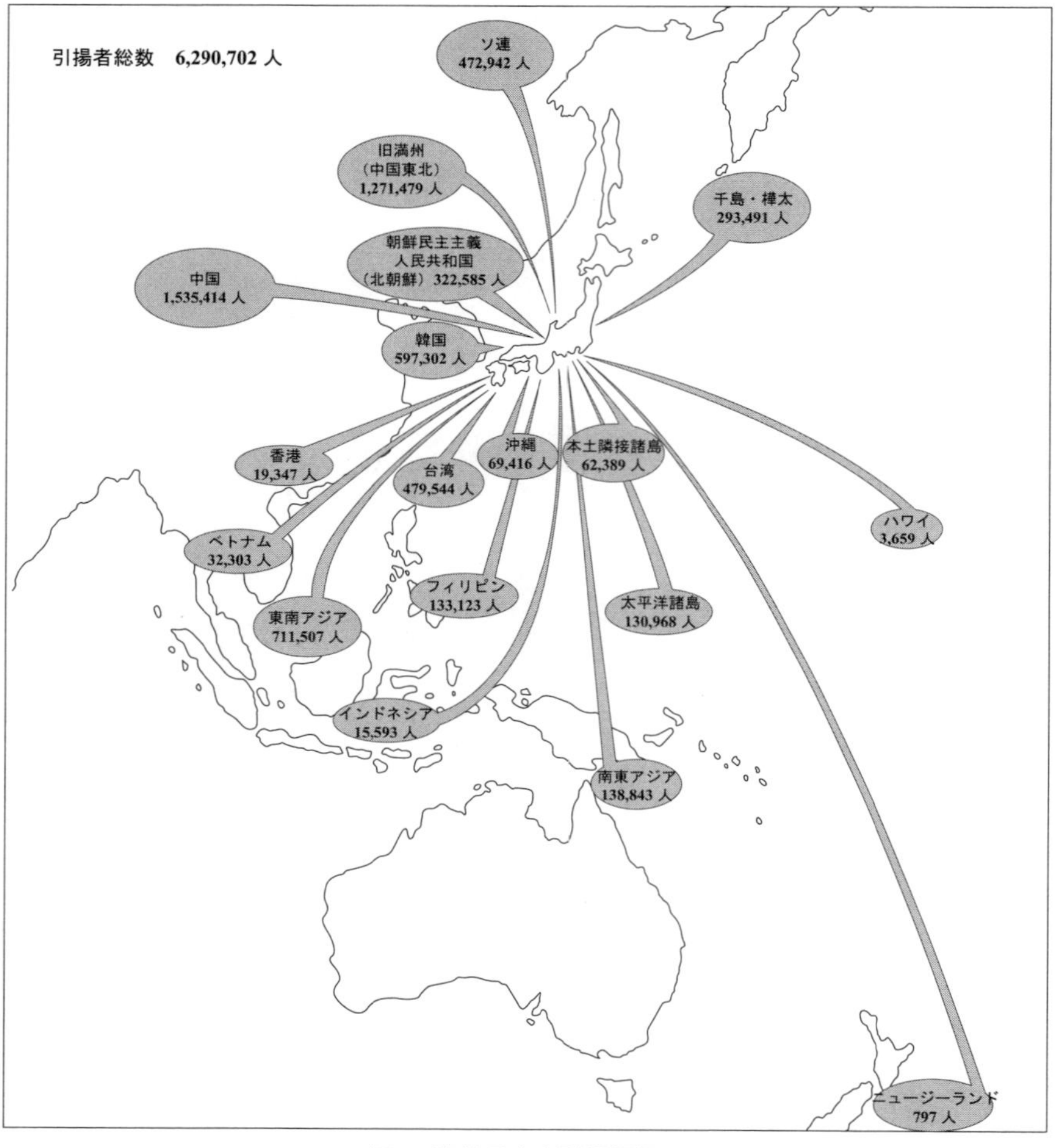

図1　海外日本人引揚概況図

厚生省援護局編（1978）『引揚げと援護三十年の歩み』巻末より

また上陸港の引揚人数について表1より大竹（広島）、田辺（和歌山）、鹿児島、宇品（広島）に上陸した台湾引揚者が最も多かったことが分かる。佐世保（長崎）は二万二〇〇〇人程だったが、第二節で述べる第二期と第三期に台湾引揚者の多くが上陸した[10]。その引揚の具体的な様子は、佐世保市にある浦頭引揚記念資料館の展示からうかがえる。また、『引揚港田辺　海外引揚五十年』[11]にも田辺港に関する詳細な記録がある。

二　日僑管理委員会による日本人送還作業の流れ

一方、台湾引揚者について、当時台湾を接収した中華民国政府の資料では「日僑」という表現が用いられている。「僑」は仮住まいという意味で、台湾に一時的に滞在した日本人であると認識されているからである。さらに、日本本土出身者と沖縄出身者とでは中華民国政府の取り扱いが異なり、沖縄出身の台湾引揚者は「琉僑」と呼ばれていた。当時、沖縄がアメリカの管理下にあり、沖縄出身者の引揚はアメリカの許可を得る必要があったためである。『引揚げと援護三十年の歩み』によれば、台湾は一般状況が他地区に比較してはるかに良かったことから、その引揚順位は最終と予定されていたが、アメリカから引揚船を貸与されたことなどもあり、在台日本人の引揚は急速に進んだ[12]。その実際の引揚過程は、図2の『台湾省日僑管理法令輯要』（一九四六）と『台湾省日僑遣送紀実』（一九四七）の二冊に詳細にまとめられている。

これらは、いずれも日本人送還に関する一次史料である。資料の性質と特徴に関して言えば、『台湾省日僑管理法令輯要』（一九四六）は、送還関連の法令、規定、実施計画などが掲載されている資料集である。資料集の前半部

表1　引揚港開設期間と引揚者数　筆者作成

開設期間	港名	海外引揚者数	台湾引揚者一般	台湾引揚者軍人軍属
13年1か月	舞鶴	664,531	4	
8年2か月	横浜	4,836		
4年3か月	博多	1,392,429	2,276	不詳
4年4か月	佐世保	1,391,646	21,481	889
4年2か月	函館	311,452		
2年1か月	宇品	169,026	31,677	11,967
1年6か月	浦賀	50数万	5,363	482
1年3か月	大竹	410,783	107,775	74,298
1年3か月	鹿児島	360,924	50,166	54,019
1年2か月	仙崎	413,961		
1年	名古屋	259,589	5,628	2,612
1年	下関			
9か月	戸畑			
8か月	田辺	220,332	75,904	17,695
8か月	唐津			
2か月	門司			
1か月	呉			
1か月	別府			

各引揚港の開設期間と海外引揚者数は次の文献を参照した。厚生省社会・援護局援護50年史編集委員会監修（1997）『援護50年史』ぎょうせい、147-159頁。田辺市教育委員会編（1996）『引揚港田辺 海外引揚五十年』田辺市、66-67頁。
台湾引揚者数は、加藤聖文監修・編集（2002）『海外引揚関係史料集成（国内篇）』ゆまに書房の次の各巻を参照した。舞鶴は第4巻、542頁。浦賀は第2巻、212-213頁、229頁。宇品は第6巻、59頁。博多は第9巻、90頁。佐世保は第10巻、314頁。大竹は第7巻、36頁。鹿児島は第11巻、88-89頁（折込頁）。田辺は第5巻、21-24頁。名古屋は樺山小学校33期同期会台湾引揚研究会編（2009）『歴史としての台湾引揚』96-97頁を参照した。

分は中国全土の実施計画で、後半部分は台湾の実施計画となっている。『台湾省日僑遣送紀実』（一九四七）は集結の場所、輸送ルート、人数の調査などのデータが掲載されている実施記録である。

一方、別に『政府接収台湾史料彙編』[13]という資料集もあり、これには残留日僑や潜伏日僑など個々の案件に関する公文書の記録が収録されている。本稿が注目している在台日本人引揚の全貌の把握には『台湾省日僑管理法令輯要』『台湾省日僑遣送紀実』の方が適切であると考え、この二書を中心に分析を行うことにする。

送還作業は一九四五年一二月三一日に設立された台湾省日僑管理委員会という機関の下で進められていた。同機関の主な業務は①全島日僑の人口・戸

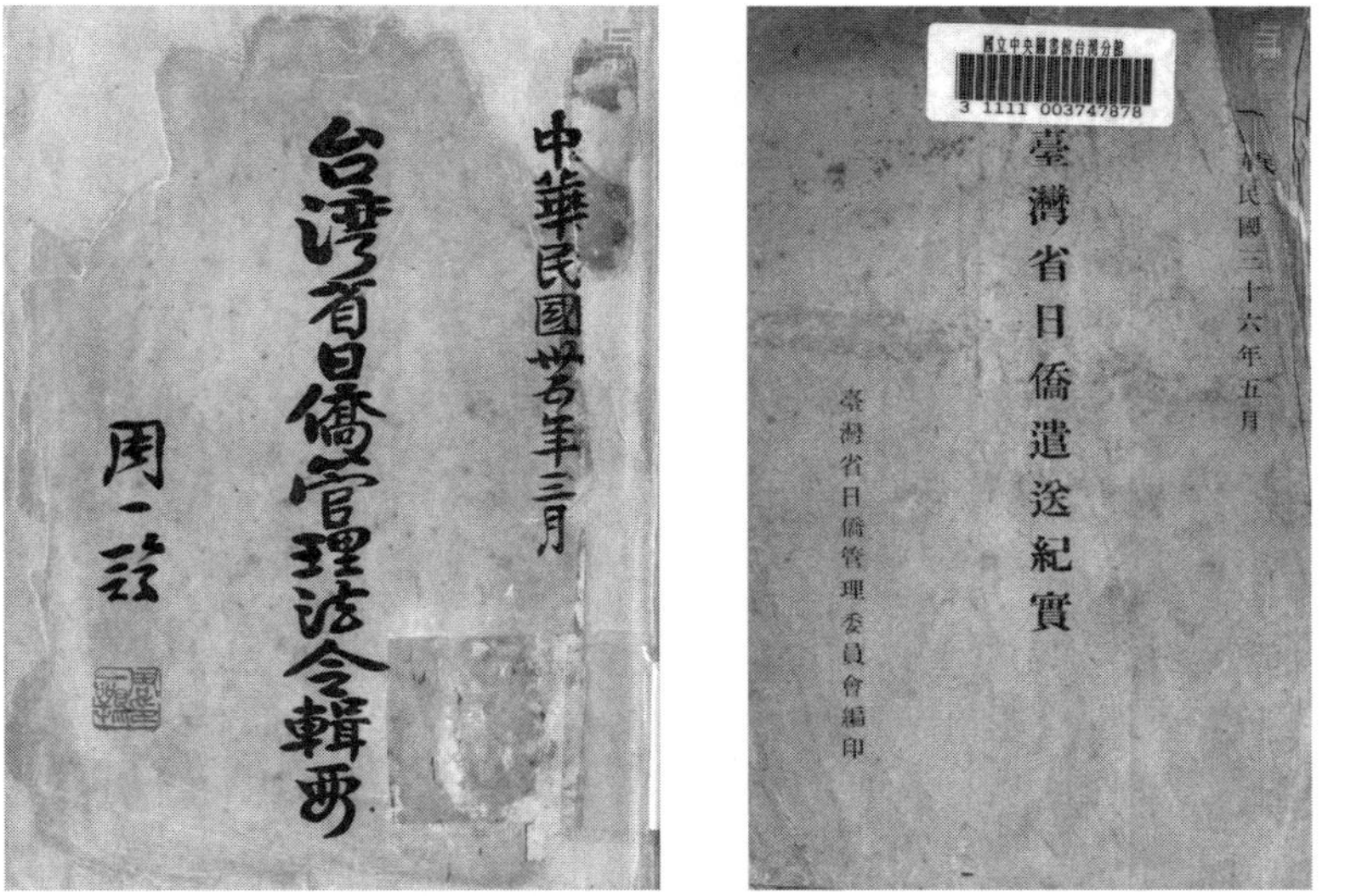

図２　日本人送還に関する台湾側の史料（国立台湾図書館所蔵）

籍調査、②留用技術者の審査・選抜、③日僑の全般管理、④早急に日僑の送還業務を実施すること、の四点であった[14]。

しかし、日本人の帰国と留台の意向について、日僑管理委員会が設立される前に、すでに旧台湾総督府により調査が行われていた。それは接収側の中華民国政府の要請に応じたためである。一九四五年一〇月一日の時点の調査結果によると、日僑総数は三五万五五九六人で、そのうち、留台希望者は一五万五一一〇人、帰国希望者は二〇万四八六人だった[15]。

日僑管理委員会が設立された後、日僑はまず次のように三種類に分けられていた[16]。

甲、特殊日僑[17]：①官吏。②除隊後の元軍人。③徴用されていない公務員、教員。④徴用されていない警官、警察。⑤ヤクザ。⑥台湾人と共学できない中等教育以上の学生。⑦娼婦。⑧工場、大企業、商店、会社、銀行などの経理従事者。⑨旧総督府に帰国希望を登録した者。

乙、一般日僑：甲と丙を除くすべての日僑。

丙、その他日僑：技術者など（筆者注：戦後復興のため、中華民国政府の要請により、台湾に留用された日本人とその家族）。

送還順位は甲→乙→丙と予定されていた。高級官吏からヤクザ、娼婦まで「特殊日僑」と一括りにされたのは不思議に思われるが、中華民国の台湾接収、そして台湾統治に負の影響を及ぼす可能性があり、一日も早く帰国させたいという考えがあったからではないかと筆者は推測している。なお、上記三種類の日僑の中に軍人が含まれていなかったことも違和感のある点だが、軍人の復員は一九四五年年末から開始したという日本厚生省の記録がある[18]ため、軍人は日僑管理委員会による送還とは別枠であった可能性が高いと考えられる。現時点では軍人の引揚については確認できておらず、稿を改めて分析することにしたい。

日僑管理委員会のトップを務めたのは、主任委員の周一鶚だった。一方、速水国彦などの六名の日本人も引揚者の世話役を務めた[19]。人数は日本側資料の一一人という記載との間に齟齬が見られる[20]が、送還業務に携わる日本人の世話役が配置されていたことは間違いない。河原功の説明によれば、彼らは留用日本人として同委員会に雇われただけではなく、様々な記録を書き留め、その記録を便船で本国東京の台湾総督府残務整理事務所（内務省内）に送った[21]。これらの記録は「留台日僑会報告書」（留台会報）といい、当時の引揚者の在台情報を記した膨大な資料で、現在は台湾協会の蔵書として保管されているが、『台湾引揚・留用記録』と題する復刻版も刊行されている。

アメリカとの協議の上で行われていた日本人送還作業[22]については、『台湾省日僑遣送紀実』によれば、三つの時期がある。時期区分は日本側の資料と一部相違が見られるが、大まかに言うと図3のような流れで進められていた。

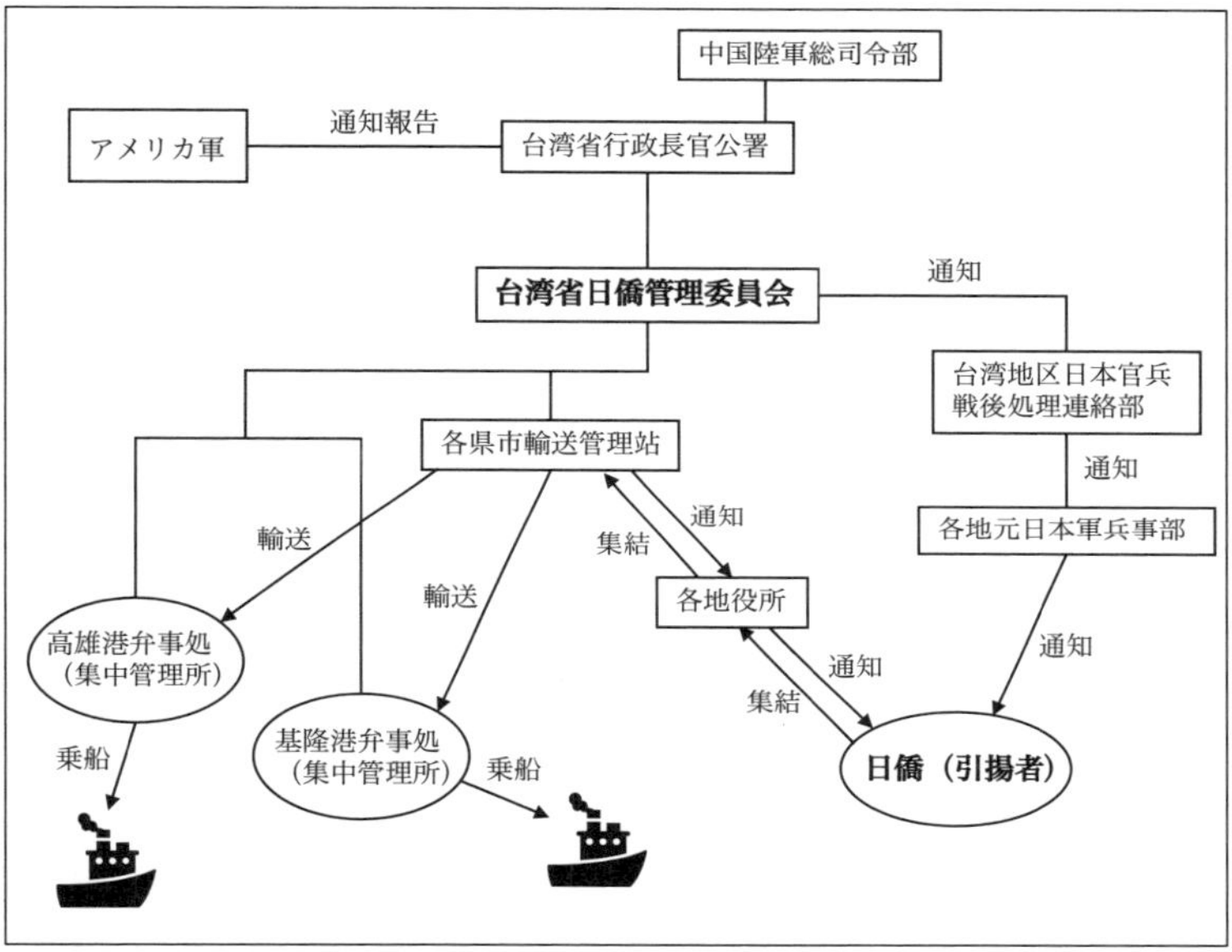

図3　日僑送還の流れ

図3は日僑管理委員会の資料集に基づいて筆者が復元作成した日僑送還の流れ図である[23]。花蓮港などが掲載されておらず、省かれた部分も見受けられるが、それでも在台日本人の送還に関する詳細なプロセスが確認できる。

まず引揚者は通知書を受けた後、台湾各地で集結する。集合場所は各県市の日僑輸送管理站（①基隆市站、②台北市站、③新竹市站、④台中市站、⑤彰化市站、⑥嘉義市站、⑦台南市站、⑧高雄市站、⑨屏東市站、⑩新竹縣站、⑪台中縣站、⑫台南縣站、⑬花蓮縣站、⑭台東縣站、⑮澎湖縣站、計一五カ所）[24]である。集合場所の待機人数は毎日輸送人数の三倍ほどであったという。そして、集合場所から列車に乗り、港付近の日僑集中管理所へ向かう。出発港は基隆港、高雄港、花蓮港の三か所で、港の近くに集中管理所が設けられており、引揚者はそこで待機することとなる。この待機場所にも待機者は乗船人数の三倍ほどがいた。船が到着したら迅速に所持品の検査を受け、乗船できるようになっていた。

（1）第一期の引揚（一九四六年三月二日〜同年五月二五日[25]）

各県市に日僑輸送管理站（計一五カ所）が設置されていたことは先述の通りだが、各日僑輸送管理站には、班分け、集合、出発通知書と帰国証明書の配布などの業務を円滑に行うために、輸送業務担当の現地職員一二名と世話役の日本人が配置されていた。

三〜五世帯（一班）↓三〜五班（一組）↓三〜五組（一隊）、そして二隊↓大隊、二大隊以上↓総隊のように組織され、隊長は日本人が務めていた。その人選は引揚者たちが自ら推挙してもよいが、日僑管理委員会の許可を得る必要があるとされていた。なお、図3のように基隆港と高雄港に弁事処が設置され、引揚者は弁事処の近くにある日僑集中管理所で乗船待機していた。

第一期の引揚は基隆港、高雄港、花蓮港の三か所からの出発であった。携帯できるものは、所持金千円と荷物一挑（一挑：一人一度で携帯できる分量のもの）と定められていた。送還人数は、日僑管理委員会の統計によれば、全部で二九万一一五九人であった。その内訳は、表2の通り、日本軍の遺族と留守家族、一般日僑、琉僑、韓僑であった。留意すべきは、琉僑の取り扱いである。先述したように、沖縄本土への帰還はアメリカの許可が必要なので、沖縄出身者の引揚は許されなかった。にもかかわらず、第一期にも少し沖縄出身者の引揚が見られるが、それは先島諸島と奄美諸島の人たちであったと説明されている[26]。

（2）第二期の引揚（一九四六年一〇月一九日〜同年一二月）

第二期引揚の対象は残留一般日僑、一般琉僑、留用解除の日僑と琉僑であった。送還人数が少ないため、すべての日僑輸送管理站と高雄港弁事処が撤廃された。また携帯荷物の制限緩和もあり、四つまで許可されていた。引揚人数は二万八五二一人で、第一期に比べおよそ十分の一程度となり、出航は基隆港のみであった。花蓮と台東の在

表2　各時期の送還人数

	軍属	一般日僑	留用解除日僑	一般琉僑	留用解除琉僑	韓僑	計
第1期	69,246	214,974		4,968		1,971	291,159
第2期		1,778	16,807	8,544	1,389	3	28,521
第3期	3		3,204	359			3,566
							合計323,246

注：ここでいう軍属とは日本軍の遺族と留守家族を指す。
台湾省日僑管理委員会編（1947）『台湾省日僑遺送紀実』132-154頁より。

住者は花蓮港に集結、乗船し、北上後に基隆港で検疫を受けるという流れであった。

ここで、ようやく帰還できた沖縄出身の引揚者に注目したい。先述したように、第一期では琉僑の引揚が許されなかった。そのため、一般琉僑（沖縄庶民）は台北集中営（旧総督府内）へ入れられ、琉球官兵（沖縄部隊）は基隆港で日本人の帰国送還業務に従事させられた。それは、沖縄がアメリカ統治下に置かれ、アメリカの許可が必要だったからである。理由について『沖縄処分　台湾引揚者の悲哀』では、①食料不足、②軍事的な必要性、③「沖縄は日本の一部ではなく、琉球である」という中国の琉球政策に米国が同調する点、などがあげられている[27]。

一方、当時のアメリカの沖縄認識（対住民観）について「マッカーサーをはじめ、統治者のなかには住民を日本人とは考えていない人が多かった。……そのような住民観から、米軍は沖縄を〝解放〟したと考えていたようだし、占領期間中、住民を「指導・教化・保護」すべき対象とみていた」[28]という見解もある。つまり、沖縄の帰属問題に対する中華民国とアメリカの認識は沖縄出身者の帰郷に大きな障害をもたらしたとも捉えられる。

（3）第三期の引揚（一九四七年四月中旬〜五月三日）

第三期の送還対象は留用解除の日僑、残留一般琉僑であった。送還人数が極めて少なかったため、集中管理所の設置は基隆港のみで、これも一九四七年五月五日に撤廃された。引揚人数は表2の通り、僅か三五六六人であった。

こうして一～三期で合計三二万三二四六人の日本人が引揚げた。しかし、その後も七五五名（継続留用者：二六〇人＋家族：四九五人）の日本人が台湾に残った[29]。各時期の送還人数の内訳は表2にまとめた通りである。これらの人数は第一節で取り上げた『引揚げと援護三十年の歩み』の記録との齟齬が見られるが、数的に大差がないため、混乱期にしてはむしろ信頼できるデータだと捉えられる。

結果的にほとんどの日本人は日本に引揚げたが、数少ない例外も見られる。よく知られているのは台北帝大教授の高坂知武、磯永吉、松本巍の事例である。また湾生世代の豊沢浩一氏の事例もある。これらの事例は第四節で取り上げることにする。

三　日本人留用者子女の学校

本節ではこれまで台湾引揚研究でほとんど言及されてこなかった留用日本人子女が通っていた学校について触れておきたい[30]。

留用日本人子女の学校教育について言及する前に、まず日本人がなぜ留用されたかを説明しなければならない。この点については楊子震の論考に詳しいが、一言でいえば、若林正丈がいう「代行された脱植民地化」に起因して

表3　留用者数と家族人数（1946年4月27日統計データ）

	留用者数	家族人数	計
工鉱技術人員	2,923	8,061	10,984
交通技術人員	1,179	3,314	4,493
農林技術人員	1,222	3,331	4,553
学術研究人員	456	1,214	1,670
貿易金融技術人員	619	1,995	2,614
警務	93	331	424
水利、衛生、都市経営	525	1,506	2,031
その他	122	336	458
合計	7,139	20,088	27,227

出典：台湾省日僑管理委員会編（1947）『台湾省日僑遣送紀実』38-39頁より

いると捉えられる[31]。

若林は、日本統治時代の体験者であった台湾住民の声が無視され、政治的にもほぼ無力化されていたという「代行された脱植民地化」が国民党政府によって実行されたと論じている。実際、戦後初期、台湾省行政長官公署は「台湾人は中国語を解さず」「人材不足のため、日本人を徴用する必要がある」などの口実で台湾人（本省人と原住民）を重用せず、要職に起用しないという方針をとっていた[32]。

国民党政府は一九四九年に国共内戦に敗北し、台湾に撤退するようになり、大量の外省人が中国から台湾に流入してきたが、一九四五、六年の頃は、台湾へ移転する兆しがなく、中国からの優秀人材の渡台希望者も少なかった。しかし、台湾人を重用しない方針をとっていたため、一部の在台日本人は、中華民国政府の要請によって留用され、台湾の戦後復興に携わることになり、しばらく台湾に留まっていた。

当初、日僑管理委員会は「寧多毋漏」（見落とすより多く取る方がよい）の考えで九万人ほどの日本人技術者を留用しようと考えていたが、「寧缺毋濫」（過剰より不足のほうがよい）という方針に転換した[33]。結果的に表3から分かるように、七一三九名の技術者が留用されることになった。

留用技術者の家族も同じく台湾に残った。留用日本人子女の学校は表4と表5のように台湾各地に設けられた[34]。

表4　留用日本人子女教育施設概況（国民学校）

地域	名称	学生数	教員数
台北市	台湾省立輔仁小学校	1282人（男697、女585）	日本人33名
羅東区	台湾紙業公司台北廠 日僑塾	39人（男16、女23）	日本人1名
新竹市	新竹市立第四国民学校 日童特設学級	46人（男22、女24）	本省人1名、兼任本省人3名
台中市	台中市立大同国民学校 特設学級	120人（男60、女60）	日本人3名
台南市	台南市立中区第二国民学校 日僑特別学校	91人	日本人1名 本省人2名
台南県	私塾十三間	**221人**　＊232人	兼任、臨時若干名
高雄市	高雄立《ママ》第十一国民学校	285人	日本人4名 本省人1名
高雄県	鳳山、小港、橋仔頭の各日僑私塾	約80人	留用日本人適任者が兼任
〔基市《ママ》〕	博愛国民学校	326人（男159、女167）	
台東県	台東文化国民学校 特設学級	24人	日本人2名
花《ママ》県	花蓮県立初級中学附属小学	134人	日本人4名、兼任1名
計		約**2,659人**　＊2333人	

表5　留用日本人子女教育施設概況（中学校）

地域	名称	学生数	教員数
台北市	台湾省立和平中学校	596人（男289、女307）	日本人**3名** ＊21名
台南市	台湾省立工業専科学校附属日僑中学校	89人（男43、女46）	兼任若干名
台南県	私塾三間	19人	臨時若干名
高雄市	省立高雄第二中学 省立高雄女子第二中学	46人 68人	高雄職業学校日本人職員兼任
〔基隆市〕	博愛国民学校内中等科	男32人、女36人	
計		**886人**　＊818人	

注：表4と表5の「留用日本人子女教育施設概況」は『台湾省日僑遣送紀実』114-115頁に基づいて筆者が作成したものである。太字は日台双方の資料にずれのある部分である。＊は日本側の資料に記載されている数字である。数字のずれ以外に、基隆市博愛国民学校の情報は日本側の資料に掲載されておらず、そのため合計人数の齟齬も生じている。
日台双方資料のずれは、『台湾引揚・留用記録』第1巻、201-202頁、第2巻、403-404頁との比較による。

ここで学校運営の実態を見てみよう。台北以外の地域は資料が欠如しているため、その詳細を知る由もないが、在台日本人の多い台北には、一九四六年五月九日に台北三中（現国立台湾師範大学附属高級中学）に台湾省立和平中学（日本人生徒五〇〇人ほど）と台湾省立輔仁小学（日本人児童一二〇〇人ほど）とが設立された。午前は輔仁小学、午後は和平中学の授業が行われ、男女共学（但し、男女は別のクラス）[35]が特徴であった。

当時の台湾人は日本人に対し、あまり危害を加えなかったようだが、小石を投げたりするといったこともあり、輔仁小学のPTA会長中島道一が、老鰻（ろうま・台湾のごろつき）を雇い、登下校児童の安全を守ったというエピソードがある[36]。

その後、しばらくすると、日本人は次々引揚げたため、一年間だけで、一九四七年四月一九日に廃校となった。和平中学の生徒と輔仁小学の児童も解散となった。記録によれば、一九四七年四月二〇日の人数は九〇人（小学部：五七人、中学部：三三人）であった[37]。

残った子供たちは、そのあと、一九四七年五月に設立された台湾省留用日僑教育班（一九四七～一九四九年、現台北日本人学校の前身）に移った。国立台湾大学が運営したこの教育班は温州街に位置しており、経験者の話によると、台湾大学に残った旧台北帝大の先生及び夫人が教育に当たった。中学生は男女三〇人弱（小学生人数は不明）だったという[38]。

ここで戦前台北における中学校の変遷を整理し、「和平中学」の当時の様子について、もう少しみておきたい。

日本の敗戦により、戦後の新しい動きが開始され、台湾の諸々の行政が変化を始めるのは、一〇月下旬からである。このような動きの中で一九四五年一二月、学校制度の第一段階の変革が公にされた。当時の台北には、男子中学校は台北州立台北第一中学校、台北州立台北第二中学校、台北州立台北第三中学校、台北州立台北第四中学校（以下、台北一中、台北二中、台北三中、台北四中）の四校があり、台北二中だけが台湾人生徒中心の学校で、それ以外

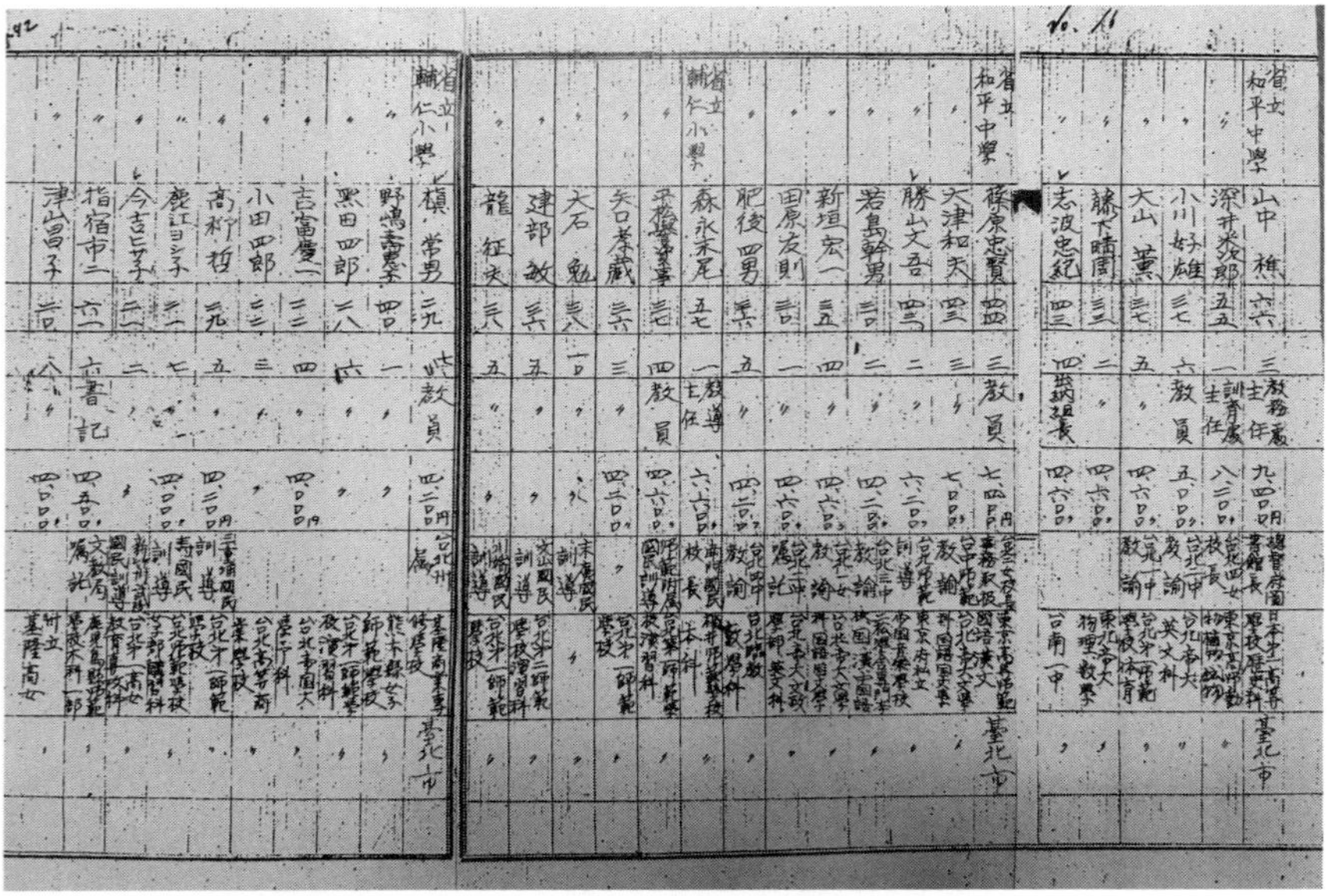

図4　和平中学と輔仁小学の日本人教員一覧
『台湾引揚・留用記録』第8巻より

は日本人生徒中心の学校であった。一九四五年一二月、四校のうち台北四中が廃校となり、同校の日本人生徒は、半分ずつ一中と三中に移った。

　これにより台北一中の校舎では、台北一中と台北四中の日本人生徒たちが授業を受けた。台北一中の学校名は一九四五年一二月に「台湾省立台北第一中学」、一九四六年一月に「台湾省立台北仁愛中学」と改称された。そして一九四六年三月の四年生卒業とともに廃校となった[39]。

　一方、台北三中の校舎では台北三中の日本人生徒と一部の台北四中の日本人生徒が集まり授業を受けた。同じく一九四五年一二月に「台湾省立台北第三中学」となり、一九四六年一月に「台湾省立台北和平中学」（以下、和平中学）と改称され、一九四六年三月に廃校となった。そのあと、和平中学は一九四六年五月に再び開校されたが、これは留用者子女のための学校であった。

　言い換えれば、引揚者体験談の中にしばしば登場した「和平中学」は、一九四六年五月に一般引揚者の学校から留用者子女の学校に切り変わった。同じく留用者子女のために設けられた輔仁小学も和平中学と同じ学校敷地内にあり、男女共学であった。つまり、同じ学校名でも、時期によって学校の履修科目や雰囲気や特徴が異なっていた。

和平中学の歴代校長について、日本人生徒の回想では「五月一日……校長には、たしか台北第一高女《ママ》の志波先生が就任された」と述べられているが[40]、記憶違いの可能性がある。台湾師範大学附属高級中学の学校史によれば、一九四六年一月の時点では、日本統治時代の校長・大欣鐵馬が校長を務めており、一九四六年二月からは成功中学の校長・何敬燁が併任校長となり、一九四六年七月から教育処第二科科長葉桐が併任校長となっていた[41]。

葉桐の回想によれば、出勤は火曜日と木曜日のみだった。校務は、①人事の監督、②教材の選定、③経費や難航問題の処理の三点を中心に行っていた。また、英語と中国語以外の教職員はほとんど日本人で、自主的にやってもらっていたという[42]。中国語の授業風景は、当時父の徴用が決まり、台中州清水から台北へ移動し、最上級の中学四年に編入された蛯名恒義の回想からうかがえる。中国語、日本語、英語、台湾語の四か国語を自在に話し、愛嬌もあった香港生まれの若い女性教員もいたようである[43]。

和平中学の経験者について、筆者の調査によれば、台北市樺山小学校三三期の卒業生の中にも同校を体験した者が数名いた。上野正和氏、合田周平氏、古川千嘉子氏も和平中学に在籍していた。ただ、上野氏（一九四六年三月三一日に基隆港出港、四月六日に田辺港上陸）と合田氏（一九四六年三月下旬に基隆港出港、四月上旬に大竹港上陸）の引揚げた時期から鑑みると、両氏が通っていたのは先述した一般引揚者の学校であった時期の和平中学だと見て取れる[44]。

一方、古川氏だけが残留し、留用者子女のために設立された和平中学で勉強していた。そして後に二二八事件（国民党政府の本省人弾圧事件）に遭遇した。古川氏の回想によれば、事件後、第三次の引揚の指示があって、和平中学で一九四七年三月二五日付の修了証明書をもらってこの学期は終わったが、学校には四月一四日まで行っていたという[45]。

和平中学と輔仁小学の日本人教員一覧は『台湾引揚・留用記録』[46]に収録されている。図4のように上から順に留用機関、氏名、年齢、家族数、留用資格、給与（月額）、元の役職関係、出身学校及び専修学校、現在居住地などが記されている。留用資格及び給与の面から見れば、決して悪い待遇ではなかったが、後に台湾社会はインフレになり、物価高騰の中で厳しい生活を強いられ、生活が困窮化していたと推測される。

留台日本人は厳しい状況に追い込まれる中、一九四七年に起きた二二八事件もまた彼らに大きな影響を与えていた。多くの留用者が不安になり、日本への引揚を希望する者が続出した[47]。一方で中華民国政府としては、政府に対する本省人の不満の感情は、日本人の影響と煽動があったと考え、日本人の送還を急ぐように方針を変更したとも捉えられている。いずれにしても、留台日本人のほとんどは一九四七年四月以降の第三期の送還作業によって引揚げ、和平中学と輔仁小学も解散となった。

四　各時期引揚の状況とその事例

本節では、各引揚時期の事例を取り上げ、当時の状況を把握したい。

（1）第一期引揚の事例

三〇万人ほどの第一期引揚の状況は多くの台湾引揚者の回想録や自伝からうかがえるが、ここでは当時一六歳の少年だった高橋英男の「引揚げ日記」[48]を取り上げ、当時の状況を読み取ることにしたい。

高橋によれば、引揚当時に書いた日記が古いノートのなかに挟まれているのに気付き、その全文を同窓会文集に寄稿したという。一部を抜粋して考察すると、次の通りである。

当時一六歳の高橋にとって、引揚ということ自体が大変衝撃的なことであった。二月二七日朝出発の命を受け、家族七人の向かう先は集合地の幸国民学校であった。日記には「日頃より父の懇意なる台湾の知人、見送りのため人混みの中我等を探し求め訪ねあり。日本や日本人に同情的なる人にて感謝の他なし」とあり、台湾人の中には、日本や日本人に同情的でわざわざ見送りにいく人もいたことが分かる。

二月二八日は兵事部による物品検査があった。三月一日朝に荷物の再検査があり、午後一時に出発。台北駅ではなく樺山倉庫駅で列車に乗り、終着駅の基隆駅に到着した。その後、乗船待機のため、基隆港の近くにある双葉国民学校（現基隆市仁愛国民小学）に入り、教室を割り当てられ、そこで過ごした。

三月二日の日記には「明くれば今日こそは台湾との一生の別離となる日なり」と綴られ、乗船前の検査、船内の状況なども詳細に記されている。向かう先は田辺港であった。予定より二日遅れて三月八日の到着となり、三月九日に上陸開始と記されている。その後、三月一一日に列車に乗り、京都に集結し、そこより引揚者たちは各地に向かったという。

車窓から見た沿道の景色はかつてはがきや話で聞いたことがあり、「美しく」「きれい」と車内に感嘆の声が聞こえ、これが故国に対する第一印象であったが、ある駅に停車中、大きなみかんを持って、乾パンなどの食べ物と交換を望む土地の子どもたちが車窓に殺到してきた。子供たちの飢えている姿を見て、一抹の不安を覚えたという。

京都到着後の三月一二日は、大阪発東京行きの列車に乗り、沿道の風景を見た心情が細かく記され、その後東京駅に到着したことが綴られている。さらに中央線の電車に乗り、吉祥寺で乗り換え、やっと目的地の井の頭公園駅

かないが、ただただ旅の疲れに放心状態になったという。

に着いた。最終的に、叔父（父の弟）の家に落ち着き、この先、敗戦の故国には何が自分を待ち受けるか予想もつ

（2）第二期引揚の事例

第二期の引揚は前述したように残留一般引揚者、留用者に加えて沖縄出身者が対象であった。

ここでまず、日本本土に引揚げた久保智の事例[49]を見てみよう。久保によれば、父の残務整理があったため、家族五人で花蓮港刑務所官舎を出発したのは一九四六年一二月七日であった。花蓮港で集合した後、荷物の検査があったが、二〇個（一人四個）の荷物を携帯して乗船した。基隆港に到着した後、DDTをかけられて下船したが、検疫のための六日間の宿舎待機を経て、再び乗船し、佐世保港に向かったという。

次に沖縄出身者の引揚体験に注目する。沖縄籍の引揚者について、一九四六年四月（第一期）に帰国が実現した者もいたが、これらの事例は前述したように、先島諸島への引揚であった。また、沖縄への帰郷を諦め、日本軍隊とともに本土へ引揚げた者もいた[50]。多くの沖縄本土出身者は米軍許可を得られなかったため、第二期の引揚まで帰国できず、基隆に滞留した。

琉球官兵の一員だった永山政三郎の回顧[51]によれば、滞留した琉球官兵（琉球籍官兵集訓大隊の略称）は双葉国民学校（現基隆市仁愛国民小学）、滝川国民学校（現基隆市南栄国民小学）で日本人の帰国引揚業務を担当させられ、終了後、五月ごろから旧台湾総督府庁舎に移駐し、一般琉僑の滞在した台北集中営の運営を手伝わされていた。一般琉僑は、五月ごろ台湾各地から台北に続々と集まってきたが、帰還待機のため沖縄僑民総隊として旧総督府庁舎内の台北集中営に入り、琉球官兵と共同生活することになった。

台北集中営の生活は、思想教育の講習もあったが、生活面では日本語が堪能な管理委員会の人に世話になったと

いう。週に何回か国民党宣伝部から講師が来て、講話をしたり、華語を教えたり、時にはテーマを設けて討論もした。生活面では、日僑管理委員会の周氏（東大卒）、鍾氏（日本陸軍士官学校卒）などから支援を受けた。永山は、上記のような人々が監督であったことは「幸せなことであった」と述べている。

一九四六年一〇月、第二期の引揚が始まり、沖縄への帰還がようやく実現した。琉球官兵は再び基隆港で乗船地業務に従事させられたが、そのころの台湾人の対日感情はすこぶる穏やかで、巷に惜別の声が聞かれたという。一二月二四日が最後の送還となり、残った琉球官兵と沖縄同郷会連合会の残留者は、二四日に基隆港を出発し、二六日に久場崎港に上陸した。

(3) 第三期引揚の事例

第三期引揚の事例として『台湾引揚史』に寄稿した早瀬花子[52]の経験を取り上げることにする。

早瀬花子の夫は台湾総督府の下級官吏だったが、国民党政府に徴用されたため、一家七人が台湾に残った。一九四六年三月から夫は中華民国政府の体制下で勤め始め、輔仁小学も開かれたという。その時、多くの日本人が引揚げたため、戦前、台北市の外れ・馬場町に住んでいた早瀬一家は、東門町の官舎街の空き家に移った。子どもたちは輔仁小学に通い、集団登下校をしていた。

一九四七年四月の引揚の際には、第一期の引揚に比べ、携帯品の規制が緩和され、温かい待遇を受けたという。残留組には一人当たり金一〇〇〇円と荷物四個の携帯とが許されたのである。しかも、家族ぐるみで送別会をしてもらったり、徴用先の警務処から餞別として砂糖を四〇斤（持ち出し許可証付きでもらった）をもらったりしていた。

四月二〇日に早瀬一家は基隆港で集結した。米兵監視下で荷物検査を受け、ＤＤＴの噴射を浴び、四月二五日に高砂丸に乗り、思い出深い台湾を後にしたという。

佐世保港に上陸したのは五月一日であった。再び荷物の検査と人体消毒を受け、早岐駅から汽車に乗ったのは五月五日だった。大阪までは引揚者でにぎやかだったが、そこで彼らと別れ、北陸線に乗り換えた。引揚者乗り換えの世話は、学生《ママ》援護会とかいう若い人たちがしてくれたという。五月七日には故郷の富山駅に到着した。二十何年ぶりかで出迎えてくれた姉たちと感激の対面で、その時もらった、銀飯の大きなお握りの味は、子どもたちも一生忘れないという。

（4）長期残留の事例

長期残留の事例としては、旧台北帝大教授の高坂知武（一九〇一～一九九七）、磯永吉（一八八六～一九七二）、松本巍（一八九一～一九六八）[53]の三人がよく知られている。周知の通り、三人は台湾大学に留用され、学術の領域で活躍しただけではなく、台湾社会への貢献も大きかった。

高坂知武は台湾大学農学部に留用され、教鞭を執っていた。一九七三年の定年退職後も一九八三年に帰国するまで非常勤教授として勤めていた。台湾大学農学部は、高坂の遺徳を後世に伝えるために、一九八九年に落成した教育棟を「知武館」と命名した。教員の名前を建物の名前にしたのは前例がなかったようで、高坂知武の貢献を高く評価していたことがうかがえる。

「蓬莱米の父」として知られている磯永吉[54]も台湾大学の教授として長期にわたり台湾に留まった。磯は一九五七年に台湾大学を退職した後、日本に引揚げたが、蓬莱米栽培の貢献が高く評価され、一九七二年に亡くなるまで台湾から毎年一二〇〇キロの蓬莱米が日本に贈られてきたという逸話がある。

松本巍も台湾大学農学部に留用され、一九六五年の定年まで勤めていた。退職後も台湾糖業試験所の顧問として台湾に残り、サトウキビの病害虫の研究に没頭した。そのせいか、健康状態が悪くなり、それでも仕事を辞めずに研究し続けた。やむを得ず、一九六七年に治療のため、日本に帰国したが、一九六八年に亡くなった。その功績は「台湾植物病理学の父」とされ、今でも台湾大学植物病理与微生物学科のホームページで讃えられている。

さらに、長期残留の事例として、元台湾三菱商事会長・社長の豊沢浩一氏の体験も取り上げたい。

豊沢浩一氏は一九三七年に台北市南門町で生まれた湾生である。小学校二年の時、嘉義・奮起湖で終戦を迎えた。林業技師の父・豊は留用され、一九五八年まで台湾に留まった。その関係で留用者子女の浩一氏は、輔仁小学と台湾省留用日僑教育班で小学校教育を受けていた。輔仁小学と日僑教育班の両方の経験者は稀で、豊沢氏の事例は極めて珍しい。

豊沢氏によれば、当時、敗戦国民として辛い思いがあった。例えば、学校からの帰り道に現地の子どもたちに大勢で待ち伏せされて、石を投げられたりランドセルから筆箱を取られて壊されたりといったこともあり、裸足になって逃げかえるような日々が続いたという。

一方で良い思い出もある。豊沢氏は、一九五一年六月台湾省留用日僑教育班修了後、中国語能力がほぼゼロの状態で建国中学に進学した。建国中学には一九五一年から一九五七年まで在籍した。学校の先生は八割が外省人、生徒は七割が外省人、三割弱本省人の子女で、日本人は豊沢氏一人だけだったが、敗戦国民にも関わらず、先生たちが親切に接してくれて放課後の補習をしてくれた先生も何人かいた。豊沢氏は先生たちにとても感謝しているという。

その後、豊沢氏は一九五七年に台湾大学に入学し、一九六一年に台湾大学政治学研究所（大学院）に進学した。初等教育だけではなく中等教育から高等教育（大学・大学院）まで台湾で学び、帰国後は商社勤務の中で長く台湾と付き合い、退職後も日台経済交流の最前線で活躍した[55]。

おわりに

本稿は以上のように、日台双方の史料を用いて台湾引揚者の戦後処遇を考察してきた。従来、十分解明されていなかった台湾引揚の全貌は、本稿により系統的に整理できたと考えられる。台湾引揚者が概ね平穏な状況に置かれていたことは、従来指摘されてきた通りだが、その点についても、本稿は台湾引揚者の概況を把握し、その上で①日僑管理委員会による送還作業、②留用日本人子女の学校教育、③引揚事例の三方面から検証した。先行研究の不足を補完する点として次のように四点をあげたい。

（1）台湾引揚者の送還作業は第一期、第二期、第三期に分かれており、時期によって若干の違いが見られるが、居住地から港への移動、港での待機、乗船などが概ね順調に進められていたことが分かる。

（2）各引揚時期の特徴について、従来の研究は日本語資料を参考に分析が行われていたが、本稿は送り側の中華民国政府の資料を通して分析を行ったため、台湾引揚の全体像が一層明瞭となった。すなわち、第一期は一般引揚者が中心、第二期は一般引揚残留者、沖縄出身者、留用者が中心、第三期は留用者が中心となっていたことが分かる。

（3）本稿は従来の台湾引揚研究でほとんど言及されていない留用者子女の教育施設についても考察した。和平中学と輔仁小学が一九四六年五月九日に開校された。それにより教育問題に対する留用日本人の懸念が和らげられていた。そして、台湾引揚者の回想の中にしばしば登場した和平中学は、一九四六年五月から「一般引揚者の学校」から「留用者子女の学校」に移行したことも本稿により解明された。両者の違いは①輔仁小学の併設、②男女共学の特徴、の有無にあると指摘した。

（4）送還作業に携わる世話役が配置されていた。また台北集中営の中華民国側の役人の日本人に対する態度も温和であった。そして留用日本人は、物価高騰で厳しい生活を強いられていた時期もあったが、給与の面から見ると、生活状態は安定していた。なお、和平中学と輔仁小学の教職員はほとんど日本人であったため、学校運営の自主性がある程度保たれていた。これらの点を鑑みると、台湾引揚者の戦後は外地における敗戦国民としての辛さが比較的に少なかったと読み取れる。

注

1　若槻泰雄『戦後引揚げの記録』時事通信社、一九九一年、五〇―五一頁。
2　ソ連占領下の満洲に関しては多くの先行研究があるが、若槻泰雄（一九九一）、前掲書、一二二―一三三頁にも詳しい。
3　シベリア抑留については『母なる港　舞鶴――平和の願いを未来へ』舞鶴市（舞鶴引揚記念館）、二〇一六年改訂版（二〇一五年第一版発行）、一八頁を参照した。
4　樺山小学校33期同期会台湾引揚研究会編『歴史としての台湾引揚』樺山小学校33期同期会台湾引揚研究会、二〇〇八年初版発行、二〇〇九年改訂増補版発行。若槻泰雄（一九九一）、前掲書。加藤聖文『「大日本帝国」崩壊――東アジアの1945年』中公新書、二〇〇九年初版。津田邦宏『沖縄処分――台湾引揚者の悲哀』高文研、二〇一九年。加藤聖文『海外引揚の研究――忘却された「大日本帝国」』岩波書店、二〇二〇年。
5　厚生省援護局編『引揚げと援護三十年の歩み』ぎょうせい、一九七八年、八九頁。
6　『台湾引揚史――昭和二十年終戦記録』台湾協会、一九八二年。
7　厚生省援護局編（一九七八）、前掲書、巻末。

8 厚生省援護局編（一九七八）、前掲書、六九〇頁。

9 田辺市教育委員会編『引揚港田辺　海外引揚五十年』田辺市、一九九六年、六六頁。

10 加藤聖文監修・編集『海外引揚関係史料集成（国内篇）』第一〇巻、ゆまに書房、二〇〇二年、六一—六七頁。

11 田辺市教育委員会編（一九九六）、前掲書。

12 厚生省援護局編（一九七八）、前掲書、八九頁。

13 何鳳嬌編『政府接収台湾史料彙編』上下二冊、国史館、一九九〇年。

14 台湾省日僑管理委員会編『台湾省日僑遣送紀実』台湾省日僑管理委員会、一九四七年、一九五頁。

15 台湾省日僑管理委員会編（一九四七）、前掲書、九—一〇頁。

16 台湾省日僑管理委員会編（一九四七）、前掲書、一九頁、二九頁。

17 中国語の原文は以下の通りである。甲、特種日僑（1）行政主管人員。（如州知事廳長總務長官等）（2）退伍之軍人。（3）未經征用之公務員及中小學教育人員。（4）未經征用之警官警察。（5）流氓。（6）與臺籍學生不能共學之中等以上學生。（7）娼妓。（8）工廠大公司商店會社銀行經理。（9）在舊總督府登記自願回國者。

18 厚生省援護局編（一九七八）、前掲書、六九頁。

19 台湾省日僑管理委員会編（一九四七）、前掲書、二二五—二二七頁。

20 河原功「解題」河原功監修・編集『台湾引揚・留用記録：台湾協会所蔵』復刻、第一巻、ゆまに書房、一九九七年、六頁には一一名の世話役とあり、両者の齟齬が見られる。

21 河原功（一九九七）、前掲書第一巻、一三頁。

22 送還作業のプロセスは台湾省日僑管理委員会編（一九四七）、前掲書、一一七—一五四頁を参照した。

23 台湾省日僑管理委員会編『台湾省日僑管理法令輯要』台湾省日僑管理委員会、一九四六年、二〇二—二〇三間の挿入頁。

24 台湾省日僑管理委員会編（一九四七）、前掲書、一七一—一九四頁を参照した。ただし、同書七頁には台北県站と高雄県站も含め、計一七カ所の輸送管理站が設置されたと記されている。

25 日本側の資料、例えば『台湾引揚・留用記録』第一巻、四頁には一九四六年二月—四月と記されており、時期について両者の間には齟齬が見られる。

26 台湾省日僑管理委員会編（一九四七）、前掲書、一四五頁を参照した。

27 津田邦宏（二〇一九）、前掲書、二三六―二五四頁。

28 宮城悦二郎『沖縄占領の27年間――アメリカ軍政と文化の変容』岩波書店、一九九二年、五一頁。

29 台湾省日僑管理委員会編（一九四七）、前掲書、一五七頁。

30 現在の台北日本人学校との連続性を探るという目的で、本稿と関心は異なるが、小島勝「台湾における「留用」日本人児童生徒の教育の実際と近代化」『龍谷大学論集』四七三号、二〇〇九年、六二―九一頁という研究もある。

31 楊子震『帝国日本の崩壊と国民政府の台湾接収：戦後初期日台関係における脱植民地化の「代行」』筑波大学博士学位論文、二〇一二年、五二―六一頁。若林正丈『台湾の政治　中華民国台湾化の戦後史』増補新装版、東京大学出版会、二〇二一年、四三六頁。

32 日本人を留用したのは、外省人を起用するための布石ではないかと考えられる。すなわち、日本人は中継ぎのような存在であった。この点について、拙稿「台北帝国大学の接収と延平学院の設立」林初梅ほか編『二つの時代を生きた台湾――言語・文化の相克と日本の残照』三元社、二〇二一年、一二五―一五一頁を参照されたい。

33 台湾省日僑管理委員会編（一九四七）、前掲書、三六頁。

34 台湾省日僑管理委員会編（一九四七）、前掲書、一一四―一一五頁。

35 輔仁小学を経験した鈴木れいこ氏によれば、記憶が曖昧だが、男女は別のクラスだった。鈴木れいこ氏への電話確認による（二〇二四年一一月二八日）。

36 中島道一『流紋』誠文堂新光社、一九六五年、四八―五〇頁。

37 河原功監修・編集『台湾引揚・留用記録：台湾協会所蔵』第七巻、ゆまに書房、一九九八年、一二六頁。

38 台湾省留用日僑子女教育班の様子は、当時中学生の高野秀夫の寄稿文から読み取れる。高野秀夫「台湾省留用日僑子女教育班（一九四七―四九）」『麗正』台北一中同窓会文集、二〇〇六年、一三四―一三五頁による。先生方がいずれもボランティアで自宅を提供した話も豊沢浩一氏（当時は小学生）のインタビュー（二〇二四年八月一〇日）から伺った。

39 高橋英男「仁愛中学校」『麗正』台北一中同窓会文集、二〇〇三年、一四五―一四八頁。
40 蛯名恒義「ニキビ面に中国恋歌」『台湾引揚史――昭和二十年終戦記録』台湾協会、一九八二年、二二五―二二七頁。
41 楊千孝ほか編『国立台湾師範大学附属高級中学校史』二〇〇二年、一三―一五頁。
42 省立台湾師範学院附属中学「前任校長話旧」『新附中　五週年校慶紀念特刊』一九五二年、七―八頁。
43 蛯名恒義（一九八二）、前掲文、二二六頁。
44 上野正和氏（調査日：二〇二四年一〇月六日、一一月九日）、合田周平氏（調査日：二〇二四年四月二〇日）に関しては聞き取り調査による。
45 留用者子女の和平中学に関しては、古川千嘉子「二・二八事件と引き揚げ」台北市樺山小学校同窓会誌『樺の葉の旗ここに樹てり』二〇一四年、二九―三二頁を参照した。
46 河原功監修・編集『台湾引揚・留用記録：台湾協会所蔵』第八巻、ゆまに書房、一九九八年、二〇二―二〇四頁。
47 塩見俊二『秘録・終戦直後の台湾――私の終戦日記』高知新聞社、一九七九年、一四八―一五三頁。
48 高橋英男「引揚げ日記……昭和二十一年二月二十七日―三月十二日」『麗正』台北一中同窓会文集、一九九九年、一六三―一七二頁。引用部分は、原文がカタカナだった箇所をひらがなに直した。
49 久保智「引き揚げ」『麗正』台北一中同窓会文集、二〇〇一年、一五九―一六二頁。
50 知花成昇「沖縄籍軍人軍属の身分々離の経緯」『台湾引揚者関係資料集』編集復刻版、付録2（琉球官兵顛末記）、不二出版、二〇一二年、四頁。
51 永山政三郎「台湾残留回顧　栄光の「琉球官兵」」『台湾引揚者関係資料集』編集復刻版、付録2（琉球官兵顛末記）、不二出版、二〇一二年、一三―一九頁。また赤嶺守編『「沖縄籍民」の台湾引揚げ　証言・資料集』琉球大学法文学部、二〇一八年にも様々な沖縄出身者の事例が取り上げられている。
52 早瀬花子「銀飯のお握りの味」『台湾引揚史――昭和二十年終戦記録』台湾協会、一九八二年、一四五―一四七頁。
53 「台湾植物病理学之父――松本巍教授」https://ppm.ntu.edu.tw/PPMWhosWho.html（検索日：二〇二四年一一月五日）。
54 「蓬莱米之父――磯永吉」http://iso-house.agron.ntu.edu.tw/iso.html（検索日：二〇二四年一一月五日）。

55　本事例は豊沢浩一氏へのインタビュー（二〇二四年八月一〇日）による。また、長谷部茂「日台交流の八十五年――豊沢浩一氏インタビュー」『国際日本文化研究』拓殖大学、第七号、二〇二四年三月、二一七―二六一頁も参照した。

第２章

八重山と蘇澳・南方澳[1]

——石垣市『市民の戦時戦後体験記録』をひもとく

松田良孝

はじめに

国境は国家の内と外を区切るが、その国境の両側では、地理的な接続性を有するほか、社会的・経済的な準一体性・相互性の進展を経て、境域が形成される場合がある。日本の国境地域である八重山地方は、台湾との間で、とりわけ日本が台湾を植民地統治するようになって以降、境域を形成してきたといってよい。筆者は一九九〇年代後半以降、八重山在住の台湾出身者や、戦争末期の台湾疎開、与那国—台湾間の関係を取材し、宜蘭県蘇澳鎮にある港町・南方澳を出入口として台湾—八重山間を往来した人びとの経験に触れた[2]。戦後の台湾引揚において、八重山—南方澳間で構成される地域はその境域性ゆえの特異性を持つものと考えられるため、沖縄全体と八重山との間にある差異を実証することを目的に、引揚者の体験記録に依拠しながら、台湾からの出発港に着目して分析を行った。その際、八重山出身者の引揚体験については石垣市史編集室が一九八〇年代に編集した「市民の戦時戦後体験記録」(全四集。以下「体験記録」)[3]を、沖縄県全体については各市町村が編集した市町村史をそれぞれ使用し、比較を行った。台湾から引揚げようとする沖縄出身者は、沖縄全体としては出発港としての役割を基隆に期待・依存していたが、それとは対照的に、八重山出身者は蘇澳に対して、より強く期待・依存していた。八重山が有する境域性が引揚ルートの設定・選択を左右していたことが示唆された。「体験記録」が編集された一九八三年から一九八八年にかけての時期は、八重山で発生した戦争関連の事象を言い表すフレーズはまだ定着していない。「体験記録」に収録される引揚者の語りや聞き取りの内容は「個人の苦労体験」[4]としての性格が強いが、戦後台湾において発生した「内地人」に対する報復を時として生々しく語っており、その裏返しとしての日本による台湾統治のありようや、内地人に自己同一化した八重山出身者の立ち位置をはばかりなく表出しており、八重山人の台湾体験や台湾観を等身大に把握するうえでも無視することができない。

一　沖縄ではない石垣島・八重山

一―一　石垣～那覇と大阪～東京

大阪と東京は同じ日本のなかにあるからといって、東京の特徴をもって大阪の特徴を説明することはほとんどないであろう。大阪府庁と東京都庁がどれくらい離れているのか、国土地理院が公開している距離計算用のプログラムで計算すると、直線距離で三九五キロメートルとなる[5]。

なぜこのようなことをわざわざ指摘するかというと、本稿で取り上げる石垣島と、沖縄県の県庁所在地である那

台湾・八重山・沖縄の位置

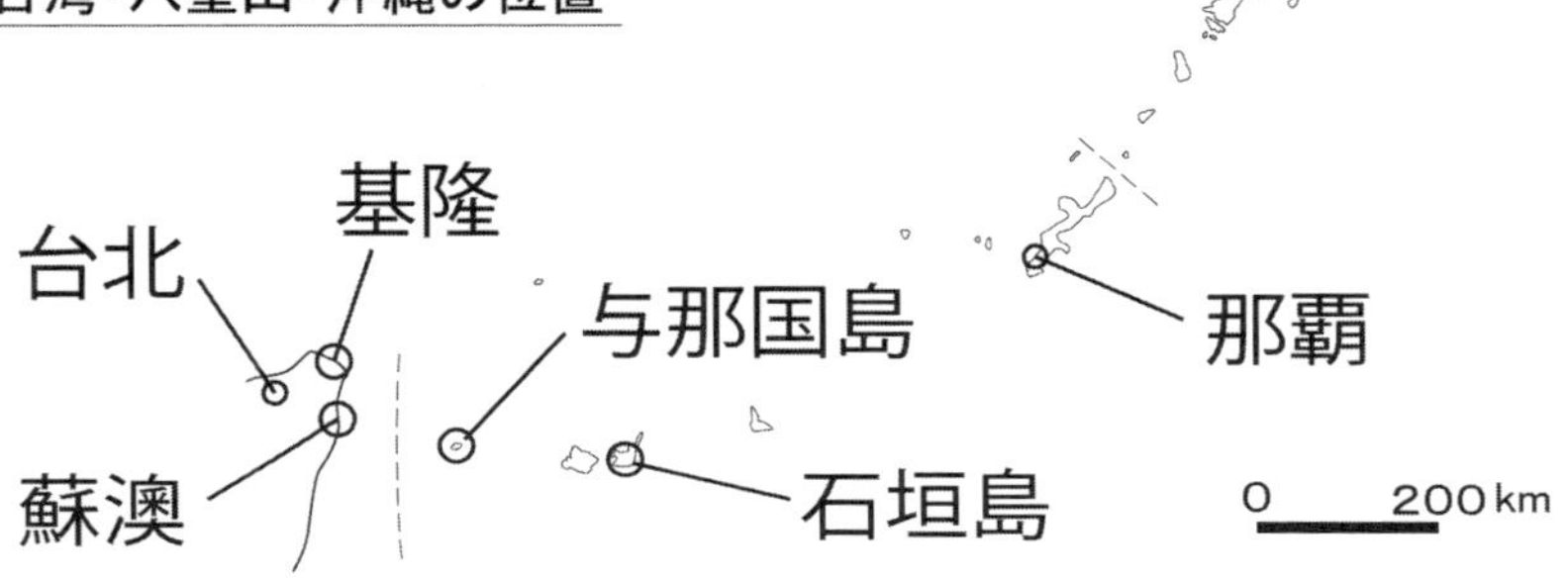

覇市とは約四一〇キロメートル離れており、大阪—東京間とほぼ同じだからである。日本では、国内の地域をおおまかに都道府県ごとに分ける方法が一般的に使われている。春夏の高校野球が開幕し、都道府県ごとの代表校が試合を行えば、そのニュースは広く共有される。都道府県というこの区分けは、日本社会に定着しているがゆえに、ある種の取りこぼしも生じさせる。都道府県ごとのカラーが定着すると、その都道府県のなかで主流ではない地域の特性が不可視化されうるのである。

一—二　沖縄の複合性と首里城

石垣島も沖縄全体のなかで不可視化されることがある。首里城を例に挙げて説明しよう。

首里城跡は二〇一九年一〇月に焼失した。宮田亮平文化庁長官（当時）は火災発生翌日に発表したコメントで「首里城は、沖縄県の皆様にとって心のよりどころ」と述べている[6]。

この出来事は国内外に衝撃を与えた。火災発生当時、筆者は台湾に滞在しており、台湾の日刊紙が火災発生翌日の一面で、首里城跡が炎上する様子をとらえた写真を掲載したことを確認した[7]。台湾の大学に通う沖縄県出身の留学生のなかから、台湾で義援金を募る活動を行う人が現れ、筆者は二〇一九年一二月一七日に淡江大学（新北市淡水区）で、二〇一九年一二月二〇日には環球科技大学（雲林県斗六市）で、それぞれ募金活動の様子を取材した。

その一方で、首里城跡の火災は、首里城に対する多様な見解や首里城によって象徴される琉球王国の抑圧性を浮かび上がらせもした。石垣島出身者が沖縄県の地元紙『沖縄タイムス』に寄稿したエッセーは「首里城が沖縄にとって「琉球文化の誇り」である一方、アカハチの乱や人頭税を引き合いに、宮古・八重山にとっては苛斂誅求の象徴と捉える人も少なからずいる」と述べたうえで、「八重山が琉球文化圏で培ってきたレガシーや与えた影響を、首里城を含めたさまざまな歴史遺産にみることもできるだろう」と指摘する[8]。沖縄、あるいは、琉球諸島が、複数の歴史観を内在していることを言い当てたものといえるだろう。国立歴史民俗博物館が二〇二一年三月一六日から二〇二一年五月九日まで開催した特集展示「海の帝国琉球――八重山・宮古・奄美からみた中世」は、首里城跡の焼失を受けて開かれたものではないが、その開催趣旨は「ほとんど注目されてこなかった琉球の帝国的側面に視点を据え、八重山・宮古や奄美といった周辺地域から琉球を捉え直」したものと説明され、ともすれば琉球の栄華を象徴する存在として受け取られがちな首里城が有する多様な意味を浮き彫りにした[9]。筆者も、首里城に対して沖縄県内で多様な見解がみられたことを指摘したことがある[10]。

首里城跡焼失という出来事が与えた衝撃により、沖縄県や琉球列島が内在する多様な歴史観や相互関係が顕在化した。沖縄・琉球の複合性は、通常は不可視化されがちであり、相当なショックが生じることによってようやく浮き彫りになったといえる。

この複合性は、沖縄における戦後の引揚にも当てはまり、沖縄内部には引揚をめぐる地域間の差異が存在するのではないか。東京の特徴をもって大阪の特徴を説明することが困難であるのと同様に、沖縄島の特徴をもって石垣島のことを説明することはできないのではないか。本稿では、境域性をテコに八重山を焦点化し、沖縄全体の平均的な傾向と相対化することにより、境域における引揚の特異性を明らかにしていく。「沖縄」という括りでは見えにくくなってしまう差異に目を向けようとする試みである。

二　境域の引揚

二―一　都道府県別の限界

「沖縄」という括りは、都道部県別に物事を考える際には便利なエリア分けである[11]。これに対して、本稿では、都道府県別の思考から離れ、端から石垣島にアプローチする方法として「境域」という枠組みを採用したい。都道府県別の大分類を行ったうえで、沖縄をさらに地区別に分類してから石垣島に到達する二段階の方法ではなく、石垣島に直接手を伸ばすイメージだ。石垣島を、「もうひとつの沖縄」ではなく、それそのものとして扱うのである。

境域については、上水流が詳細な検討を行っており、「「空間と場所の緊張」に加えて、境域ではトランスナショナリズムの視点も重要である」と述べ、トランスナショナリズムの問題から導かれる課題のひとつに「トランスナショナルな現象が個々の社会にどのような影響を与えるか」という問いを掲げた[12]。本稿では、場所や空間が与える意味性とともに、地理的な近接性に着目しながら、「境域」を取り扱っていく。

二―二　八重山の境域性

国境は国家の内と外を区切るが、その国境の両脇に広がる地域の間で、地理的な接続性のほかに、社会的・経済的な準一体性・相互性が生じた場合、両者をつなぐ境域が生まれ、「トランスナショナルな現象」の源泉となっていく。石垣島を主島とする八重山地方は国境線を隔てて台湾と接するが、これは戦後のことである。日本が台湾を統治していた時期にあっては、漢族系の本島人と蕃人[13]が籍を置く台湾島と、内地人が籍を有する沖縄県とを隔てていたのは国境線ではなく、政治的・行政的に区分けする線である。

八重山と台湾は、これら戦前の線と戦後の国境線を隔てて接し、戦前から人とモノが活発に往来することによって境域を形成してきた。八重山—台湾間の人とモノの移動については、水田[14]、松田[15]、野入[16]などの先行研究ですでに明らかにされている。

台湾の東隣に位置する与那国島はそもそも、島内で生産される産品の「取引市場は石垣、那覇であったが、一九二〇年代より台湾基隆、蘇澳との交通が盛になり、台湾銀行券が通用された時代もあった」[17]。戦後においては「台湾宜蘭蘇澳の漁夫（三二）が一九六〇年六月八日、台湾で二〇ドル紙幣一〇〇枚を入手し、のちに偽造紙幣だと気付き、六月一四、一五日、与那国島で使用した」[18]と報じられている。与那国と蘇澳との間にあるさまざまな近さは、地理的・社会的・経済的に顕在化し、意識されてきた。

南方澳と基隆の両港と八重山をつなぐエリアとして広義の境域が形成され、また、南方澳と与那国の間で狭義の境域が形成されていたと考えられる。この境域においては、戦前戦後を通じて社会的・経済的な準一体性が維持され、公式か非公式かにかかわらず人やモノが往来していることが確認され、「トランスナショナルな現象が個々の社会にどのような影響を与えるか」という上水流の問いに応答するものとなっている。八重山と台湾を包含する境域のイメージは、先行研究から導かれつつ、筆者自身が取材を重ねることで固まっていたものである。

二—三　先行研究

引揚との関連では、台湾で終戦を迎えた八重山出身者が引揚を行う状況について、石原昌家は、台湾で敗戦を迎えた石垣島出身者に対する聞き取りから、「スオウ南方（引用者註：南方澳のこと）に行きさえすれば沖縄へ帰れるルートがあることは、疎開者間にすぐに知れわたっていた。戦前からそこに沖縄漁民部落があり、与那国、糸満漁師が漁業基地にしていた」と述べている[19]。戦前期の南方澳にあった沖縄漁民部落については、国分直一らが一九四四年に調査を行っており、その民俗について発表している[20]。このテーマは現在も関心を呼ぶことがある。蘇澳鎮公所が二〇二二年三月から発行している季刊誌『地方誌　蘇澳人』は、蘇澳の地誌や歴史、文化、人物などを取り上げるものだが、二〇二二年一二月の冬号では「我記憶中的南方澳沖縄移民」（私の記憶のなかにある南方澳の琉球移民）を掲載し、琉球の漁民や、戦後も南方澳に留まっていた琉球人を取り上げている[21]。石原は、こうした戦前期の南方澳の状況を踏まえつつ、与那国の漁民たちは戦後、捕った魚を、戦前と同様に「台湾のセリ市」に持っていき、その帰途、「疎開引揚者、復員軍人の友人・知人を二、三人から四、五人ずつ、台湾から便乗さえて与那国に向かった」としている[22]。

赤嶺[23]は台湾から沖縄向けに行われた引揚を網羅的に取り上げ、「宮古・八重山への「ヤミ船」による引揚は、主に台湾東北部の蘇澳港を出港する形で始められていた」[24]と指摘する。台湾から池間島への引揚者七人が出席した「台湾引揚げ座談会記録」[25]では、出席者が引揚について振り返る発言のなかに「蘇澳」という言葉が七回登場する。座談会では、司会者が「どのように蘇澳から出ているという情報を得たんですか？　そこに沢山の沖縄の人がいたんですよね？」、「引揚げる時にはほとんどの人が裏南方とか蘇澳に」と水を向け、出席者はこれを否定せずに発言する。その内容は「とっても落ち着いて。魚を捕ってきて、マース汁なんかを作って飲んで」「蘇澳だから海があって、魚も豊富に採れていたようだけど、そこでも空襲にあって。母親が一番下の子を宿していたから、山に上がるのは非常に大変だったと思う」、「蘇澳の裏南方というところに行って。そこは佐良浜の人たちがいた」といったもので、南方澳を含む蘇澳と引揚のかかわりが具体的に描写されている。ただ、収録されている二五人分の証言のうち、八重山に引揚げてきた石垣島向けの一人と西表島向けの一人にとどまり、いずれも基隆から出発していた。出発港を南方澳とする引揚は収録されていない。本稿はこの点を補完することを目指すものでもある。

三　石垣・八重山への台湾引揚

三―一　台湾・中華民国側の資料に基づく推定

八重山と台湾によって形成された境域において、台湾引揚はどのような様相を示していたのかを分析する前に、台湾から石垣島に引揚げてきた人の数を確認しておきたい。まず、中華民国・台湾側の資料から検討していく。

台湾省日僑管理委員会[26]は、台湾から日本向けの引揚を▽第一期＝一九四六年三月一日―四月末▽第二期＝一九四六年十月一九日―一二月二八日▽第三期＝一九四七年四月初旬―五月三日の三期に分けて詳述しているが、台湾にいた琉球出身者の送還については特に「韓琉僑[27]輸送」の項を設けて説明している[28]。それによれば、台湾から沖縄に引揚げた人は計一万四九〇九人だった。このうち、一九四六年四月中旬に先島・奄美向けに四九六八人が引揚げた。沖縄本島向けの引揚は米軍の管制に伴い、一九四六年一〇月に可能となり、一九四六年一二月下旬まで行われた。その経過と内訳は次のように説明される。まず、基隆に九九五一人が集合し、このうち、一二人が留用され、五人が警察局に引き止められたほか、三人が港から逃亡した。また、二人が死亡し、四人が出生した。以上の加除により、最終的に九九三三人が引揚げた。このなかには八一七人の将兵が含まれていた。

沖縄本島向けの引揚が詳述されているのとは対照的に、先島・奄美向けの引揚は四九六八人という数字が示されているのみである。日本統治期の台湾に居住していた人の数と、アジア太平洋戦争末期の疎開によって台湾に渡った人の数に基づき、この四九六八人に含まれる八重山と宮古、奄美の三地区の人数を推定してみたい。

まず、「殖民地在住者調」によると、八重山に本籍を持つ人のうち、台湾在住者は一九三五年には一四五四人、同様に宮古出身の台湾在住者は八九七人であった[29]。一方、高嶋[30]によれば、『大島郡勢要覧』を分析した結果、鹿児島県大島郡に本籍を持つ人のうち、台湾在住人口は一九三五年には四〇一〇人であった[31]。

疎開のために台湾にとどまっていた人の数は、終戦直後の一九四五年九月末の時点で八重山出身者二一七一人、宮古出身者四八九二人だった[32]。この資料には奄美出身者の人数は記載されていないが、地理的な位置から推定して、沖縄島からの疎開者の人数を超えないか、同程度とみなし、沖縄島出身者は最大でも島尻郡の五二五人だったことから、大島郡から台湾に疎開した人は五〇〇人程度と推定した。

以上のデータに基づき、終戦時に台湾に留まっていた可能性のある人数を、台湾在住者と疎開者数を足し合わせた推定値として算出すると、次のような結果が得られる。

八重山：一四五四＋二一七一＝三六二五人

宮古：八九七＋四八九二＝五七八九人

奄美：四〇一〇＋五〇〇＝四五一〇人

合計：一万三九二四人

八重山出身者が先島と奄美の合計に占める割合は二六・〇％となり、一九四六年四月中旬に先島・奄美向けに引揚げた四九六八人のうち、一二九〇人程度が八重山出身者だったと推定することができる。

これとは別に、一九四六年一—二月に、すでに基隆発先島向けの送還船が四本運航され、五二五人が引揚を済ませたことを示す資料も確認できる[33]。台湾省日僑管理委員会[34]が引揚の第一期が始まった時期としている一九四六年三月二日より早い時期に当たる。宮古島行きと石垣島行きが二本ずつ運航され、石垣島行きの二本は蘇澳を経由していた。台湾から日本向けの引揚港は基隆、高雄、花蓮の三港だったが、石垣向けについては蘇澳もこれに準じる扱いを受けていたといえる。石垣到着は、一九四六年二月七日に六七人、二月一二日に六三人の計一三〇人であった。この引揚船の運航計画について基隆市政府が一九四六年一月に行政長官公署に送った文書には、これら四隻の船が基隆を出港するのを待たずに「一部は自ら漁船に乗って帰還した」と表記され、引揚者の中には、当局が引揚船を差し回すのを待たずに、自ら船を探して台湾を離れるケースがあったことを示している[35]。

蘇澳では、非公式の形で引揚を行おうとする人がいたことが、ほかにも二点の資料から確認できる。いずれも一九四五年一二月の文書で確認することができるもので、やはり第一期より早い。まず、新竹接管委員会の主任委員の郭紹宗が大渓郡守の張青雲からの電報に基づいて台湾省行政長官公署に送った電文では、龍潭（現在の桃園市龍潭区）で終戦を迎えた沖縄の疎開者のうち、自主的に引揚げていった約八〇人について「大部分は蘇澳から漁船に乗った」と伝えている[36]。台湾地区日本官兵善後連絡部渉外委員長を務めた諫山春樹・前参謀長は台湾省行政長官公署に対して、沖縄からの疎開者が船便を求めて基隆や蘇澳に移動していることを伝えている[37]。

蘇澳は、非公式の引揚港ながら、公式の引揚港に準じた扱いを受けることがあり、台湾からの離脱を急ごうとする人たちに出口を提供していた。台湾側の資料に基づけば、台湾から石垣向けに行われた引揚は、一九四六年四月中旬に引揚げた推定一二九〇人程度と一九四六年一—二月の一三〇人の計一四二〇人程度と、非公式な形で蘇澳などから台湾を去った人たちの合計ということになる。

三—二　日本側の資料に基づく推定

では、日本側に残されている引揚者の記録ではどのような人数を見出すことができるのだろうか。

八重山地方庁[38]は、終戦前後の状況から一九五二年九月二二日の琉球政府八重山地方庁設置までに発生した事項を年表にまとめて記載している（以下「年表」と記す）。発行年の記載はないものの、八重山地方庁が編集に携わり、かつ、八重山地方庁としての業務は記載されていないことから、一九五二年か、一九五三年の発行と考えられる。

「年表」には、引揚者の到着が日ごとに記載されており、一九四六年二月から一九四七年五月までの間に引揚があったのは三十三日だった。引揚者の合計は七九七一人だった。出発地別の内訳と引揚者の人数は▽日本＝四日（二一四〇人）▽沖縄本島＝一日（三六五人）▽台湾＝二八日（五四六六人）となっていた。出発港は記載されていない。台湾発は全体の六八・六％を占めており、平時から戦時期の疎開に至るまで、石垣島の人々が日本統治期の台湾と長期にわたって関わっていたことを反映したものとみていいだろう。

「体験記録」に記載された体験のなかには、一九四五年に引揚げてきたとする証言があるが、「年表」には記載がない。また、郷土史家の牧野清ら台湾で終戦を迎えた八重山出身者の主導により、一〇三八人が基隆から引揚げ、一九四六年一二月一五日に石垣島に到着している[39]が、これに該当する記載も見られない。さらに、楊[40]にみられる一九四六年二月の計一三〇人の引揚も記載されていない。日誌を思わせる日別の記録は「年表」を措いてほかにないが、データの網羅性には限界がある。

このように、石垣島側からみると、台湾からの引揚者は八重山地方庁[41]による五四六六人に加えて、ほかの記録二点に基づく計一一六八人が確認され、合計で六六三四人を超える規模となっていた。

一九四〇年の国勢調査人口は、沖縄県全体五七万四五七九人、八重山郡三万四三九五人（石垣町＝一万四八六九人、大浜村＝五九六八人、竹富村＝八九七八人、与那国村＝四五八〇人）となっており、八重山は沖縄全体の五・九九％である。一方、約三万人といわれる沖縄への台湾引揚者に対して、八重山への台湾引揚は少なくとも六六三四人を数え、二二・一％だった。八重山への台湾引揚は人口比の三・七倍に相当し、台湾との密接な関係をうかがわせている。

台湾側の記録に基づく集計との間にある数値の開きはどうとらえるべきなのか。八重山側が、公式か非公式かを問わず、引揚船が到着した日と人数を記載していたのに対して、中華民国・台湾側では基隆から公式の引揚船で台湾を離れた人を中心に集計を行い、非公式な引揚については必ずしも人数を把握できていたわけではないとの推測を指摘するに留めておきたい。

四 『市民の戦時戦後体験記録』

四―一 概要

本稿では、境域における引揚を分析するに当たり、「体験記録」をテキストとして使用し、沖縄県各地で編集されてきた市町村史に見られる引揚体験との比較を行うこととする。結論を先取りすると、台湾から引揚げようとする沖縄出身者は、沖縄全体としては出発港としての役割を基隆に期待・依存していたが、それとは対照的に、八重山出身者は蘇澳に対して、より強く期待・依存し、八重山が有する境域性が引揚ルートの設定・選択を左右していたことが示唆された。読者諸氏には、このゴールを念頭に本稿を読み進められたい。「体験記録」が編集された一九八三年から一九八八年にかけての時期は、たとえば二十歳で終戦を迎えた人が六〇歳前後であった。また、八重山で発生した戦争関連の事象を言い表すフレーズがまだ定着しておらず、戦前から戦後にかけての体験がまざまざと記録されている可能性が高い。

引揚とは「一般に、植民地としての勢力圏に生活基盤を置いていた宗主国側の人びとが本国へ還される、日本の場合でいえば、敗戦を機に外地と呼ばれた植民地域から母国へと帰還することを意味していることが多い」[42]。ここでは「帰還」をポイントとして引揚が説明されているが、「体験記録」では、いったん石垣島へ帰還した後に、あらためて台湾へ戻る往還のケースが複数みられる。そのなかには台湾に生活基盤を持つに至ることなく、石垣島へ帰還し、さらに台湾へ戻ったという体験も記録されていた。こうした事例は、数が多いとはいえないものの、境域における引揚の特異性を示すものといえる。後段で詳述したい。

「体験記録」には、四集合わせて一一七人分の体験が収録されている。発刊の時期は▽第一集＝一九八三年一月▽第二集＝一九八四年三月▽第三集＝一九八五年三月▽第四集＝一九八八年三月である。このうち、台湾から引揚を体験した人の証言は、第一集に五本、第二集に四本の計九本であった。次の通りである（かっこ内は筆者による補足）。

第一集
牧野清「戦時期を台湾で苦闘」（台湾在住者の引揚）
辻弘「台湾で妻や子を亡くして」（台湾在住者の引揚）
亀川紀代「戦火に脅えて――台湾疎開記」（台湾へ疎開後に引揚げ）
桃原幸「勝ちいくさを願って子に命名」（台湾へ疎開後に引揚げ）
伊賀八重「家財道具も投げ売りされる」（台湾在住者の引揚）
第二集
宮城文「惨めな境遇の台湾疎開」（台湾へ疎開後に引揚げ）
山城ミエ「敗戦を台湾で迎えて」（台湾在住者の引揚）
大浜秀「台湾での戦争体験」（台湾在住者の引揚）
崎原当弘「旧海軍駆潜艇に便乗――台湾引き揚げの記」（配属先部隊で終戦、戦後引揚げ）

発刊の趣旨を示した「はじめに」は、四集を通じて同じ趣旨の内容となっているため、本稿では第一集を取り上げておく。第一集の「はじめに」は「沖縄本島を中心とした沖縄戦」は「すさまじい地上戦」などすでに多くのことが知られているが、「八重山では沖縄戦がどのようなかたちで展開していたのか（中略）全体をとらえていく上では、やはりまだ充分ではない」との問題意識を示している。「沖縄本島とは異なって、八重山では米軍の上陸による直接の交戦こそなかったものの」と、わざわざ断っている点にも留意しておきたい。八重山における戦争被害を語る言葉が固有名詞化していない時期に編まれた証言集だということを示しているからである。八重山に固有の戦争被害としては、アジア太平洋戦争末期に住民がマラリア有病地帯への退避を余儀なくされ、多数の死者を出した「戦争マラリア」が挙げられる。死に至らなかったとしても、病者たちが戦後の再建を担わざるを得なくなり、八重山の戦争マラリアは戦後社会にも暗い影を落とした。「戦争マラリア」をめぐっては、戦後五〇年の一九九五年に犠牲者を慰藉する事業が政府によって決定され、一九九六年に八重山地域マラリア死没者慰籍事業による助成が行われた。全国的には、書名に「戦争マラリア」のフレーズを含む書籍として毎日新聞特別報道部取材班[43]が一九九四年六月に発刊された。この書籍によると、本土の全国紙が八重山で発生した戦争被害としてのマラリアによる死について報じたのは一九九三年五月一六日付「毎日新聞」大阪版が初めてだという[44]。この時期には八重山でも「戦争マラリア」のフレーズが違和感なく流通していたと考えてよい。「体験記録」が発刊された一九八〇年代は「戦争マラリア」という言葉は戦争体験を言い表すテクニカルタームにはなっておらず、それが証拠に、「体験記録」では、マラリアに関する戦争被害の態様や経過を事例ごとに細かく説明している。

記録の対象年代は、一九三一年の満州事変から一九五二年の八重山群島政府の廃止までである。

記録の方法としては、▽広く市民並びに八重山住民に呼びかけて、戦時・戦後体験の原稿を募集する▽聞き書き調査の方法により、戦時・戦後体験記録を広く求める——の二点を挙げたうえで、小冊子として刊行する計画が示されている。

収集項目は、参考事例として戦時体験四六項目、戦後体験三四項目の計八〇項目を挙げている（「その他」を除く。全項目は資料一に掲げた）。このうち、台湾からの引揚と関連しうる項目としては次の項目を挙げることができる（かっこ内は筆者による補足）。

▽台湾沖航空戦（日本統治期の台湾が直接的な攻撃を受け、八重山出身者も被害を受けた可能性がある）
▽台湾疎開、集団疎開と縁故疎開（アジア太平洋戦争末期に八重山から台湾向けに数千人規模の疎開が行われ、戦後、八重山に引揚げてきた）
▽マラリア（八重山から台湾に疎開した人が罹患、または、日本統治期の台湾に居住していた八重山出身者が戦時中に別の場所に疎開した際に罹患）
▽疎開から帰郷まで、疎開者の帰還推進（文字通り引揚を意味する）

四―二　往還のケース

「体験記録」に収録された台湾引揚に関する九件のなかから特異的なケースを二点紹介したい。いずれも南方澳から石垣島に引揚げた後、体験者自身またはその近親者が再び台湾に向かった往還のケースである。

（一）伊賀八重氏は、夫は校長、官舎で暮らしていた人物である。疎開ではなく、それ以前から日本統治期の台湾に住んでいた。体験記録では「蘇澳南方に、八重山出身者が集まっていた。引揚船のポンポン船を待つためである」とあり、台湾で終戦を迎えた八重山出身者の間では、蘇澳南方、すなわち、南方澳に行けば、八重山行きの船に乗れるということは周知の事実になっていたことが示唆されている。伊賀氏は、七世帯でグループを作り、Kという憲兵の仲介でポンポン船をチャーターし、一九四六年三月、石垣島に引揚げた。その際、持ち帰る荷物は三二個あったが、三個だけしか載せられなかったことから、残りをKに預け、追って送ってもらうという約束をした。ところが、荷物が送られてこないため、台湾へ行くことにした。その船の手配方法が興味深い。「衛生部にいた甥」の「取り計らいで、与那国経由台湾行きの密航船に、もぐりこませてもらった」というのである。「体験記録」には「甥」の実名が記載されており、戦後八重山の行政組織で衛生関係の業務を担当するとともに、文芸活動でも知られた人物だとわかる[45]。石垣島と台湾の往還は、公務に就いていた近親者が非公式の船を手配して行われていた。境域では、国境を挟んで接する地域の間で社会的な相互関係が維持されており、伊賀氏は荷物を取り返すため、公私双方のリソースを動員して台湾へ戻ることができたのである。

（二）山城ミエ氏は、製糖会社勤務の夫と台北に居住していた人物で、引揚当時四六歳だった。戦時中、山城氏の姑が石垣島から台湾に疎開してきたため、台北郊外に家屋を借りて住まわせることにした。終戦後は、まず姑を石垣島に帰らせることにしたが、その引揚については「蘇澳から闇船で送り出しました」と書かれている。その後、山城氏自身も引揚げることになったが、食料や家財道具など荷物は一五個になり、「これらを蘇澳までどのように運ぶかが悩みの種でした」という。こうした筆致は、引揚のために蘇澳に向かうことは特別視すべきことではなく、蘇澳で石垣行きの船を探すのが当然だったという当時の雰囲気を感じさせる。山城氏は、伊賀氏と同様に、持ち帰るべき荷物をすべて引揚船に積み込むことはできず、「黄さんという知人」に預けることになった。その後、山城氏の夫が台湾を訪れたが、預けた荷物は盗難に遭ったとの説明を受け、持ち帰ることはできなかった。山城氏自身は引揚げ後に台湾へ戻ってはいないが、荷物を引き取るという役割を夫が代行して台湾との間を往還していたとみなすことができる。

以上の二件はいずれも南方澳と石垣島の間を往還しており、八重山―台湾間の境域性と石垣島への台湾引揚の関連を強く示唆している。「体験記録」が収録する台湾引揚関連の九件について、石垣島に引揚げる際に使用した台湾の出発港を分類すると、南方澳（「蘇澳南方」の表記を含む）が五件、基隆（「社寮町」の表記を含む）が四件であった。石垣島において、台湾との歴史的・社会的な関係を検討するうえで南方澳が見逃せない場所なっていることがわかる。

五　台湾側出発港の依存度比較

沖縄全体の平均的な傾向と比較した場合、差異はみられるのであろうか。

赤嶺[46]は、沖縄県内の市町村史に掲載されている台湾引揚者の記録七三件を抽出している。このなかから、本稿の対象とならないケースなどを除外し、また、筆者が市町村史をあらためて閲覧して、分析の対象とすべきケースを追加した結果、台湾から沖縄に引揚げた人の記録は六八件となった。市町村史の編集作業は市町村それぞれの方針で行われたため、記録の方法に一貫性があるわけではない。なんらかの意図があって、あるいは、なんら特別な意図もなく、特定の港からの引揚者を対象として集中的に体験を収集する結果となった可能性が全くないとは言い切れない。その一方で、六八件の出典は一六市町村と一団体で計二二冊に及ぶため、何らかの偏りのある方法で収集した体験群があったとしても、その偏りは無視できる程度に希釈されるものとみなした（六八件の内訳は資料二参照）。また、六八件のなかには、八重山に戻ってきたケースが二一件含まれていた。

沖縄全体の六八件と八重山の二一件について、それぞれ台湾から引揚げる際に、どの港を使用したかを分類すると、表1のような結果が得られた。

表1　台湾引揚者の出発港　（人、%）

	沖縄全体		八重山	
南方澳	11	16.2	8	38.1
基隆	39	68.6	10	47.6
高雄	1			
花蓮	1			
詳細不明・記載なし	16		3	

※「基隆」」は「社寮島」を含む。「南方澳」は「蘇澳」「蘇澳南方」を含む。

本稿が着目する南方澳に対する依存度は、沖縄全体、八重山ともに基隆を上回っていなかったが、基隆と南方澳の間にある差は、沖縄全体では五二・四ポイントだったのに対して、八重山では九・五ポイントまで圧縮されていた。八重山向けの台湾引揚は、南方澳に、より依存していたことを示している。

むすび

ものごとを都道府県別に理解することに慣れてしまった思考から離れ、都道府県の主流とは別のところにある「もうひとつの」オルタナティブとみなされてきたパーツに、直接触れるための回路を探すうちに、筆者は境域性に着目するに至り、本稿では、石垣島における台湾引揚の経験を沖縄県というエリアを経由せずに直接読み解こうと試みた。日本が台湾を統治していた戦前期から戦後の一時期にかけて、台湾とその東隣に位置する石垣島や石垣島を主島とする八重山の間では社会的・経済的な準一体性が形成されており、そこに生じた境域性は、人や物の往来を可能とする「容れもの」としての機能を備えることになった。従来、引揚は、強いられた移動や追放といった文脈から読み解かれ、引揚げるその人の意志に左右されない他律的な移動とみなされてきた。境域性を有する「容れもの」のなかで、引揚を眺め直してみると、自律的な移動による引揚は、公的管理下における移動による引揚に匹敵する規模で行われ、しかも、離脱してきたはずの台湾へ自らの意志で戻っていく往還の様相を示すことさえあった。もっとも、これらの見解は無視せざるべき限界のなかから導き出されたものである。第四節で検討した結果からも明らかな通り、いったいどれだけの人が台湾から八重山に引揚げてきたのかははっきりせず、数千人規模というボリュームを折衷的に導き出すのがせいぜいである。戦後の引揚と南方澳の関係を示すエビデンスについては、台湾側の公文書に負うところが大きく、今後も引き続き行われる文書公開の取り組みを注視していく必要がある。それと同時に、『地方誌　蘇澳人』のように、南方澳の地元から発信される情報も有益なヒントを与えうる。八重山と南方澳によって形成される境域の在り様をめぐっては、その探求は日本と台湾の双方から実施していくことが肝要である。

資料一

『市民の戦時戦後体験記録』が収集項目の参考事例として挙げている項目は次の通り。

【戦時体験】

一九三一年の満州事変から、一九三七年の日中戦争を経て、一九四五年八月一五日の敗戦まで

1．戦時体制に関すること

・軍国主義教育・出征・四大節・八重山郡教員思想事件・思想統制・在郷軍人会・国防婦人会・大政翼賛会・標準語励行運動（方言札）・戦意高揚（精神作興）・献納運動・常会、隣組・物資配給・警防団・慰問・紀元二六〇〇年・青年学校・日本軍の進駐・陣地構築・軍事教練・防空演習・避難訓練・竹槍訓練・諸物資供出・土地接

収・飛行場の建設・強制貯金・徴用・勤労奉仕隊・朝鮮人労働者・自警隊・職場・住民の生活・その他
2. 空襲に関すること
・八重山における空襲の状況・飛行場及び陣地、学校、諸官庁、民家等の破壊の状況・台湾沖航空戦・機銃掃射・艦砲射撃・空襲の激化と避難の状況・その他
3. 疎開に関すること
・島内疎開・台湾疎開・集団疎開と縁故疎開・遭難・避難先での生活・マラリア・疎開から帰郷まで・その他

【戦後体験】

敗戦の混乱期より、一九五二年の八重山群島政府の廃止まで
1. マラリアの猖獗と食糧難に関すること
・マラリアとのたたかい・食糧、諸物資の欠乏・盗人の横行・与那国のヤミ物資・その他
2. 行政及び教育に関すること
・八重山支庁並びに市町村の状態・マラリアの緊急対策・疎開者の帰還推進・戦争孤児、寡婦、孤老の救済・行政の変遷・私塾・学校教育の復興・学制の改革・ＰＴＡの発足・その他
3. 自治の胎動と米軍の進駐
・自治会結成・夜警団・自警団・町村有地、飛行場などの払い下げ・米国海軍の進駐・マラリア患者の救済・新八重山支庁の復活・八重山議会・物資の配給・諸官庁の設置・八重山民政府の誕生・軍政官駐在・貨幣の交換・八重山復興博覧会・自治意識の高揚・群島政府時代・開拓・その他
4. その他
・御真影の処置・メーデー事件・石垣島戦犯事件・ＨＢＴ服

資料二

沖縄への台湾引揚において、台湾のどの港を使用したかを分析する際に用いた記録の一覧

1　石垣市史編集室『市民の戦時・戦後体験記録　第一集――あのころわたしは』石垣市役所、一九八三年（五件、詳細は本文に記載）

2　石垣市史編集室『市民の戦時・戦後体験記録　第二集――あのころわたしは』石垣市役所、一九八四年（四件、詳細は本文に記載）

3　糸満市史編集委員会『糸満市史 資料編七　戦時資料　下巻――戦災記録・体験談』糸満市、一九九八年（二件）

玉城次郎「台湾で迎えた終戦」一九〇―一九二頁

花城景保「武部隊で台湾に渡る」三六六―三六八頁

4　上野村役場『上野村誌』上野村役場、一九九八年（一件）

豊島貞夫「回想一台湾疎開」五二二―五二九頁

5　浦添市史編集委員会『浦添市史 第五巻 資料編四　戦争体験記録』浦添市教育委員会、一九八四年（二件）

比嘉正育「台湾の志願兵とともに」四六三―四六五頁

西原栄正「教員として渡った台湾で戦争に」四六五―四六九頁

6　浦添市移民史編集委員会『浦添市移民史　証言・資料編』浦添市教育委員会、二〇一四年（六件）

比嘉好子「同僚の紹介で浦添出身の夫と結婚」一七八―一八〇頁

金城隆「台中工業学校に入学、二年生のときに終戦」一八〇―一八五頁

喜屋武マサ「社寮町に生まれ育つ」一八五―一八八頁
稲福房子「小東京・台南での生活」一八八―一九二頁
下地健造「私の古里蓬莱宝島・台湾」一九二―一九四頁
久田友明「南洋で十年、八重山で十年、台湾で十年、そして浦添へ」一四七―一四九頁

7 沖縄市企画部平和文化振興課『美里からの戦さ世証言　沖縄市史資料集六』沖縄市役所、一九九八年（三件）
平正宗「マリアナ沖海戦で救助、気が付けば中城湾」一二三―一二四頁
川上勝盛「武部隊は台湾に転出」一一六―一一九頁

8 金武町史編さん委員会『金武町史　第二巻　戦争・証言編』金武町教育委員会、二〇〇二年（三件）
仲間保善「ほんとうに戦争なのか」二三四―二三六頁
大城孝太郎「兵役・入営から終戦・復員まで」三三五―三四九頁

9 具志川市史編さん委員会『具志川市史　第四巻　移民・出稼ぎ　資料編』具志川市教育委員会、二〇〇二年（一件）
宜保清三郎（題名なし）八八八―八九〇頁

10 城辺町史編纂委員会『城辺町史　第二巻　戦争体験編』城辺町役場、一九九六年（六件）
小川マツ「苦労した疎開地台湾」一三三―一三七頁
下地芳子「台湾生活の思い出」二一九―二二二頁
比嘉俊子「惨めな台湾疎開」二二八―二三七頁
伊計キヨ「台湾の軍需工場で働く」三〇九―三一二頁
友利寛信「苦労した疎開地台湾」三七三―三八〇頁

11　池村カマド「台湾疎開と惨めな生活」五六七―五七〇頁
町史編集委員会『東風平町史――戦争体験記』東風平町役場、一九九九年（四件）
浦崎宗次郎「初年兵として台湾へ」二二五―二二六頁
具志堅古栄「戦前・戦中及び戦後の体験記」二二七―二三二頁
大城ヨシ「台湾での戦争体験」五二一―五二四頁
山城剣治「台湾での私の戦前戦中回顧記」五三九―五四九頁
12　佐敷町史編集委員会『佐敷町史　戦争　四』佐敷町役場、一九九九年（一件）
具志かほる「台湾の自宅で玉音放送を聞く」三六〇―三六一頁
13　竹富町史編集委員会町史編集室『竹富町史 第一二巻　資料編　戦争体験記録』竹富町役場、一九九六年（一二件）
東里トヨ「台湾での生活、疎開先を転々と」六六―七一頁
根本盛吉「戦中戦後の回想」一六一―一六七頁
長堂静「台湾からの引き揚げと島の生活」一六九―一七〇頁
亀井秀正「太平洋戦争、そして戦後復興」一七〇―一七六頁
本盛ミツ「台湾疎開と苦しい戦後生活」二二〇―二二三頁
知念竹子「台湾での看護婦生活と空襲」四〇六―四一五頁
仲盛冨太郎「満州事変・日中戦争・太平洋戦争従軍記」四五九―四六八頁
新川文「台湾での疎開生活と軍属」四九四―四九八頁
黒島成子「台湾疎開と激しい空襲」六三一―六三二頁

14
西大洋子「母子三人の台湾疎開」六三三―六三五頁
塩川實隆「九死に一生を得て台湾を脱出」六三六―六三七頁
那根弘「台湾で体験した『大東亜戦争』」六八一―六八五頁
玉城村史編集委員会『玉城村史　第六巻　戦時記録編』玉城村役場、二〇〇四年（四件）
石嶺眞吉「台湾疎開」三九三―三九八頁
石嶺真福「戦時体験記」四一三―四一六頁
幸喜正「徴用・出征・敗戦、復員して家族に会うまで」二四二―二四六頁
中山俊彦「兵役での思い出」五七〇―五七三頁

15
玉城村史編集委員会『玉城村史　第7巻　移民編』玉城村役場、二〇〇五年（一件）
湧上元雄「台湾観の甘さを反省」五八四―五八七頁

16
豊見城村教育委員会村史編纂室『豊見城村史 戦争編 第六巻』豊見城村役所、二〇〇一年（一件）
大城亀保「台湾での戦争体験」八四三―八四五頁

17
豊見城市市史編集委員会移民編専門部会『豊見城市史第四巻 移民編（証言・資料）』豊見城市役所、二〇一六年（六件）
赤嶺保則「幼き頃のほろ苦い思い出」三八三―三八六頁
比嘉フミ「結婚後、台湾の南部へ」三七六―三七七頁
當銘保晴「恵まれていた集集での暮らし」三七八―三八二頁
伊良部ハル「父の呼び寄せで台湾へ」三八七―三九〇頁
當銘定子「台湾で頼られていた父」三九一―三九三頁

18　玉城京子「台湾で生まれ育つ」三九四―三九八頁
那覇市企画部市史編集室『市民の戦時・戦後体験記二（戦後・海外篇）』那覇市、一九八一年（三件）
渡慶次賀裕「武部隊での軍隊生活」四六四―四七二頁
比嘉賀友「台湾の琉球官兵」四七二―四七七頁
19　西原町史編纂委員会『西原町史　第三巻　資料編二　西原の戦時記録』西原町役場、一九八七年（一件）
与那嶺栄幸「台湾での軍隊生活」一五三―一五八頁
20　与那原町史編集委員会『与那原町史 資料編一　移民』与那原町教育委員会、二〇〇六年（一件）
山内ハル「台湾疎開体験――山内ハルの場合」三五六―三五八頁
21　読谷村史編集室『読谷村史　第5巻　資料編4　戦時記録　上巻』読谷村史編集室、二〇〇二年（三件）
山内敏子「台湾で生まれて」六三八―六四三頁
喜友名健一「昭和十五年、台湾へ」六四三―六五一頁
上原健勇「昭和十九年台湾疎開」六五一―六五六頁
22　字楚辺誌編集委員会『字楚辺誌「戦争編」』字楚辺公民館、一九九二年（一件）
島袋敬助（無題）六〇五―六〇六頁

注

1 八重山地方は多数の有人島で成り立っているうえ、引揚が行われていた当時、石垣町と大浜村、竹富村、与那国村の一町三村に分かれていた。このため、台湾からの引き上げに際しては、与那国島（与那国村）を経由して石垣島に到達したり、まず石垣島に戻ったあとで竹富島や西表島などの島にある出身地域へ戻ったりするなど、複数の動きが見られた。つまり、「台湾から石垣島へ帰る」と表現される引揚のケースには、最初の上陸地点が同じ八重山内の与那国島である場合や、石垣島から八重山の別の島へ移動してようやく引揚が完了した場合が含まれうる。本稿では、沖縄県八重山地方全体を示す「八重山」の呼称と、八重山の主島としての機能を有する「石垣島」「石垣市」の呼称を用いるが、以上のような煩雑な事情をいちいち説明することを避けるため、あえて厳密な使い分けは行っていない。宜蘭県蘇澳鎮の「蘇澳」と「南方澳」についても同様に、厳密には使い分けていない。

2 台湾―八重山間の往来について具体的なケースを例示する。与那国島出身の男性、A氏（一九二三年生）は、蘇澳にいた兄を頼って台湾に渡り、漁船で働いた。戦後は再び台湾に渡り、船員の仕事に就いた後、私的な貿易に携わった。その間、一九四七年発生の二二八事件に伴う治安の悪化を受けて、一時的に与那国島に退避した経験を持つ。松田良孝『与那国台湾往来記』南山舎、二〇一三年、六七―七〇頁、二四八―二七四頁。戦前から石垣島で暮らしていた台湾出身の兄弟（一九三三年生と一九三五年生）は終戦直前に台湾へ疎開するため、石垣島から蘇澳へ渡った。弟は戦後、台湾人の妻（一九二九年生）とともに蘇澳から石垣島に戻った。松田良孝『やいま電子ブックシリーズ　八重山の台湾人　やいま文庫8　復刻版CD』南山舎、二〇一九年、六四頁、七二頁。

3 石垣市史編集室『市民の戦時戦後体験記録　第一集』石垣市役所、一九八三年、石垣市史編集室『市民の戦時戦後体験記録　第二集』石垣市役所、一九八四年。石垣市史編集室『市民の戦時戦後体験記録　第三集』石垣市役所、一九八五年。石垣市史編集室『市民の戦時戦後体験記録　第四集』石垣市役所、一九八八年。

4 川喜田敦子「第二次世界大戦後の人口移動」蘭信三他編『引揚・追放・残留　戦後国際民族異動の比較研究』名古屋大学出版、二〇一九年、七四―九七頁、九三頁。

5 「国土地理院　測量計算サイト」 https://vldb.gsi.go.jp/sokuchi/surveycalc/main.html（二〇二四年一〇月二六日参照）。

6　「文化庁ウェブサイト」 https://www.bunka.go.jp/koho_hodo_oshirase/hodohappyo/1422419.html（二〇二四年一〇月二六日参照）。

7　筆者は台湾で『蘋果時報』二〇一九年一一月一日、『自由時報』二〇一九年一一月一日、『中國時報』二〇一九年一一月一日を確認した。

8　宮良麻奈美「首里城とオキナワウラジロガシ」『沖縄タイムス』二〇二一年八月一七日、二〇二一年、一三頁の「唐獅子」欄。

9　「国立歴史民俗博物館ウェブサイト」 https://www.rekihaku.ac.jp/event/2021_exhibitions_tokushu_umino.html（二〇二四年一〇月二六日参照）。

10　松田良孝「首里城焼失に関する沖縄の人たちの受け止め」『東アジア文化研究』創刊号、二〇二一年、九八―一〇八頁。

11　筆者は二〇一二年、編著者のひとりとして八重山と台湾の関係を取り上げた著書の発刊に参加した際、その副題を「もうひとつの沖縄ガイド」とすることに賛同した。読者が都道府県別に思考することを習慣化しているものとみなし、沖縄に対する一般的な理解というものが存在すると仮定したうえで、それとは別に「もうひとつの沖縄」があり、それは八重山やその主島たる石垣島であるという趣旨である。国永美智子ら『石垣島で台湾を歩く　もうひとつの沖縄ガイド』沖縄タイムス社、二〇一二年。

12　上水流久彦「帝国主義的〈境域〉としての八重山・対馬」蘭信三他『帝国のはざまを生きる』みずき書林、二〇二〇年五四一―五六八頁、五四八―五四九頁。

13　「原住民」に対する日本統治期の呼称。現在の台湾では「先住民」を「原住民」と称する。

14　水田憲志「沖縄県から台湾への移住――第二次世界大戦前における八重山郡出身者を中心として」関西大学文学部地理学教室『地理学の諸相』、一九九八年、三八〇―三九七頁。水田憲志「日本殖民地下の台北における沖縄出身「女中」」『史泉』九八号、二〇〇三年、三六―五五頁。水田憲志「八重山と台湾を行き交う人ともの」『月刊地理』五五巻二号、二〇一〇年、六六―七五頁。

15　松田ヒロ子『沖縄の植民地的近代』世界思想社、二〇二一年。

16 野入直美「石垣島の台湾人──生活史にみる民族関係の変容（一）」『人間科学』第五号、二〇〇〇年、一四一─一七〇頁。
17 野入直美「石垣島の台湾人──生活史にみる民族関係の変容（二）」『人間科学』第八号、二〇〇一年、一〇三─一二五頁。
18 野入直美「パイナップルと開拓移民──石垣島・伊野田にみる台湾─沖縄関係」『思想』二〇一七年七月号、二〇一七年、六四─八四頁。
17 池間栄三・新里和盛『与那国島誌』私家版、一九五七年、四頁。
18 『八重山毎日新聞』一九六〇年七月二三日。
19 石原昌家『大密貿易の時代』晩聲社、一九八二年、六九頁。
20 國分直一他「海辺民俗雜記（一）──蘇澳郡南方澳」『民俗台湾』四巻二号、一九四四年、二─一二頁。
21 呉義芳「我記憶中的南方澳沖縄移民」『地方誌　蘇澳人』六巻四号、蘇澳鎮公所、二〇二一年、三二─三六頁。
22 石原昌家『空白の沖縄社会史』晩声社、二〇〇〇年、三〇頁。
23 赤嶺守『「沖縄籍民」の台湾引揚げ　証言・資料集』琉球大学法文学部、二〇一八年。
24 赤嶺守（二〇一八）、前掲書、四頁。
25 赤嶺守（二〇一八）、前掲書、一八一─一九七頁。
26 台湾省日僑管理委員会『台湾省日僑遣送紀実』台湾省日僑管理委員会、一九四七年、八頁。
27 台湾在住の琉球出身者を「琉僑」、台湾在住の朝鮮半島出身者を「韓僑」それぞれ呼び、「韓琉僑」は琉僑と韓僑を示す。
28 台湾省日僑管理委員会（一九四七年）、前掲書、一四五頁。
29 「殖民地在住者調」沖縄県教育委員会編『沖縄県史　第七巻各論編六　移民』沖縄県教育委員会、一九七四年、付表六四─六九頁。
30 高嶋朋子「大島農学校をめぐる人的移動についての試考」『日本語・日本学研究』第三号、二〇一三年、四三─五八頁。
31 高嶋朋子（二〇一三）、前掲、五三頁。
32 著者明記なし「沖縄県疎開者調」、一九四五年、『琉球人民遣送』、国史館台湾文献館蔵、典藏号003-4886、三二頁。
33 楊興宗「遣送琉球難民安全到達回報」善後救済総署台湾分署、一九四六年、『琉球人民遣送』、国史館台湾文献館蔵、典藏号003065100044009、五八頁。
34 台湾省日僑管理委員会（一九四七年）、前掲書。
35 善後救済総署台湾分署「基隆地區須遣送回籍之琉僑人數報査案」、一九四六年、『琉球人民遣送』、国史館台湾文献館蔵、典藏号003065100044005、四五頁。
36 郭紹宗「運送大溪郡琉球列島日籍居民返籍案」台湾省行政長官、一九四五年、『日僑遣送』、国史館台湾文献館、典藏号003065100010002、四頁。
37 諌山春樹「沖縄県疏散来台人民請遣送救済案」台湾省行政長官公署、一九四五年、『琉球人民遣送』、国史館台湾文献館蔵、典藏号003065100044003、二九頁。
38 八重山地方庁「八重山之部」『情報　第一四号』琉球政府行政主席官房情報課、一九五二年？-一九五三年？、一五—四七頁、沖縄県公文書館蔵、資料コードG80000213B。
39 牧野清「戦時期を台湾で苦闘」石垣市史編集室『市民の戦時戦後体験記録　第一集』石垣市役所、一九八三年、一七—二四頁、二三—二四頁。
40 楊興宗（一九四六）、前掲、五八頁。
41 八重山地方庁（一九五二年？-一九五三年？）、前掲書、一五—四七頁。
42 坂部晶子「総説　引揚げの表象　植民地を故郷とする人びとの視点から」蘭信三他『帝国のはざまを生きる——交錯する国境、人の移動、アイデンティティ』みずき書林、二〇二二年、二八九—三〇二頁。
43 毎日新聞特別報道部取材班『沖縄・戦争マラリア事件』東方出版、一九九四年。
44 毎日新聞特別報道部取材班（一九九四）、前掲書。
45 古川純「「八重山共和国」について」『専修大学法学研究所紀要』三四、二〇〇九年、一五五—一八一頁、喜友名英文『若い人　創刊号』若い人社、一九四九年。
46 赤嶺守（二〇一八）、前掲書。

第3章　引揚を見送った台湾の人たち

所澤潤

はじめに

本章では、敗戦を迎え、引揚に至る日本人を、台湾の人たちはどのように見ていたのか、その時の台湾の人たちの気持ちを台湾人の側から捉えたいと思う。

敗戦を迎えてしばらくたった頃、台北《たいほく》帝国大学（以下台北帝大）文政学部の一年次の学生であった台湾人張美恵《みえ》氏はこんな経験をしたという[1]。

〔台北帝国大学の〕授業が再開されていない頃、みんなで時々大学をのぞきにいって、どういうことになるのか、様子を見ていた時のことでした。大学で聴講していたある日本人の女子学生が中国服を着てやって来ました。

大陸で起こったようなレイプを恐れたからでした。なんでまた、と思いました。ピンとこないだけでなく、とても嫌な感じがして、異様に思いました。

張美恵氏は、当時長谷川ミヱと名乗っていた。

彼女は、内地人女子学生の様子を不快に思ったわけだが、しかし、内地人があながち台湾人の心を理解していない、とばかりはいえない状況もあった。

当時台北州立第四中学校の生徒であった画家の黄士嘉《しか》氏は、後に延平北路と呼ばれる大稲埕《だいとうてい》の地域でこんな場面を目撃したという[2]。

僕は日本の刑事が殴られているのを見たことがあるけれどね、あれはひどかったね。どうしてか知らないけど、彼は終戦後自転車に乗って台湾人町を通りかかったらしいんだね、延平北路。それを見つけられたんだ。「あいつ、誰それだ」というわけで引っ捕まえられて、みんなに殴られてどぶの中に突っ込まれて、自転車をまた上から。あれは死んだんじゃないかなと思うね。話によるとあれは刑事だ。しかし、もしそんなことをやったことがあるのなら、そんなところを彼一人で歩けるのかな。わからないね。群集心理もあっただろうけど。

黄士嘉氏は当時三松《みつまつ》士嘉と名乗っていた。

こちらの例も、刑事は自分がそれほどの怒りの対象になっているとは思いもよらなかったのだろう。黄氏が言うように、思い当たることがあれば、その地域に行くことはなかっただろう。日本人による厳しい戦時統制から解放され、また日本政府の権威も失墜していたとき、一部の地域では治安も悪化していたのである。まだ日本人がほとんどすべて去ると決まっていたわけではないときの出来事だが、去る側と残る側とはガラス越しに相手を見ていたような感じの人が多かったのかもしれない。本書全体は、引揚者の側をみているが、本章はその意味では視座を換えて窓ガラスの向こう側から日本人を見るといってよいものである。

以下、おもに三人の台湾人の回想を紹介し、併せて心情を探っていくことにしたい。一人は、当時台北四中の生徒であった黄士嘉氏、一人は台北帝大文政学部二年生の張美恵氏、一人は当時看護婦であった詹《せん》という姓の女性である。張氏と黄氏は本章冒頭の回想を述べた人物である。三人の環境は個別のものであり、その経験を一般化することはできない。しかし三人は、日本人との接点が大きかった方々であり、また日本語による表現力の豊かな方々でもあったので、その回想は今日の我々にも理解できる情感のこもった高度な日本語表現でなされている。そして多くの台湾人の、自分では言葉にする機会がなかった心情に通ずるものがあり、三人のそれぞれの回想を耳にした台湾の人たちは、いずれにも思い当たったり、共感できたりした人が多かったのではないかと感じている。

本章で取り上げる三人の回想は、筆者が一九九〇年代にインタビューした内容に基づいている。二〇歳前後に経験したことを六五歳頃に語っており、まだまだ記憶が鮮明であった。

筆者が選んだ出来事は三つある。台湾人の内地人に対する報復制裁の現場、引揚の際の物品文物の販売の現場、そして基隆港《キールン》で傷病兵を見送る現場である。そしてさらに、その後の日本人との再会にも言及する。一つめは中国人が台湾に入ってくる以前、二つめは引揚が目前に迫っていたとき、三つめは、一般人の引揚のものではなく、その前の傷病兵送還の時のものである。

台湾が、中華民国側に接収されたのは一九四五年一〇月二五日であった。そしてそのあとに引揚も始まる。本章で取り上げようとするのはその前後の意識であり、紹介する三つの出来事は、意識が急速に変化しつつあった時期のものである。

三人の回想に入る前に、終戦直後の台湾の様子を語る詩人高田敏子の回想、そして、日本人が台湾にいたことを、戦後台湾の人たちがどう感じてきたかを語る医師陳漢升《ちんかんしょう》氏の回想を確認しておくことにしたい。

一　引揚者がいた場

一―一　員林での終戦

後に詩人として著名になる高田敏子が、台湾の台中州員林《いんりん》で迎えた終戦時ののどかな台湾の様子を、終戦三五年の時点で回想している。従来恐らく引用されたことがないものなので、その部分を引用する。

高田は、終戦の時、員林という町のさらに奥に入った田舎に、夫と三人の子どもと住んでいた。彼女が台湾に渡ったのは一九四二年だった。


終戦は、その小屋に移って半年ほど過ぎた日だったように思う。

その日の朝、町まで出かけて行った人が、帰って来るといった。

「どうも日本が負けたらしい、町の様子がいつもと違って、市場には、いままで見なかったたくさんの魚や、米などがいっぱい売られている。」

これは予期していた日が遂に来たという感じで、不思議に何の感情も起きなくて、私は、ただ辺りがしいんとしてしまったような、空白の中にぼんやりと坐っていた。

膝には台湾で生まれて一歳になる息子を抱き、目は小屋の外にひろがる緑の水田をながめて、坐っているうちに、二日、三日と、日が過ぎてしまったように、いまの私には思われる。

「もうここは日本ではないのだわ」と、その思いを深くして、熱い太陽にかがやく水田の緑を目に入れ、水田に遊ぶ白さぎのまぶしい白さにも見とれていた。

農村の人達は、私達に対して別に変った様子もなく、野菜や果物もわけてくれる。いっそこのまま、ここで暮らそうかしら。などとも私は思うのだった。私は縫物も百姓仕事も好きだし、何とか村の人達の中で暮らせるように思えるのだった。[3]

この回想は、終戦直後の台湾のようすがかなり鮮明である。内地人に敵意をもつわけでもなく、普段のままの生活だった。ただ筆者には、終戦を迎えて台湾は日本ではなくなってしまった、と高田が感じていた点が、特に印象的である。内地から、一九四二年に商社に勤める夫と台湾に渡ってきたためかもしれない。それにしても自分はこのままここに住み続けていこうか、と思っているのである。当時の内地人庶民にも引揚という感覚がなかったことを物語っている。まして、台湾人にもそのような感覚はなかったのであろう。

それが、引揚に向かって変化していったのである。

一―二　日本人がいてもよい、という感覚

台湾の人々は、日本人が引揚げることを一般に喜ばしいことと感じていたわけではない。筆者がこれまでインタビューしてきた人たちは、むしろ、その様子を呆然と見ていたとしかいえない状態だった。ただし日本の敗戦を機

に、台湾の中にあった差別待遇が改善されることを期待した人たちは多かった。

そうした感情は、筆者が出会った一九一三年（大正四年）生まれの陳漢升氏が一九九四年から九六年にかけて筆者に語った内容から読み取れる[4]。陳氏は新竹州《しんちく》の龍潭《りゅうたん》公学校から基隆中学校に入学、台北高等学校（以下、台北高校）に入って長崎医科大学を卒業した方である。卒業後しばらく副手などで、長崎県下で働いた後、台湾に戻ってきて新竹州の竹東で開業した。筆者は、一九九六年にインタビューをまとめて発表したが、当時八〇歳ぐらいであった陳氏は、日本統治を次のように語っている。

もし、終戦がなかったら、太平洋戦争がなかったらね、昔のまま今日まで続いていたら、おそらく台湾ね、もっと立派になっておった。そしてね、おそらくは差別待遇は、まあずいぶん途絶えてると、僕は思う。日本人てのはあんなだ。月日が経てばね。段々段々薄くなっていく。要するに、あん時の日本人が今日まで続いていたらね、台湾、今日の台湾の騒ぎじゃないよ、もっともっと進歩しとる。

陳氏の回想を筆者がまとめ、発表した一九九六年、当時の名古屋大学教育学部の馬越徹教授が筆者にこういうことを質問された。「現在まで日本人が台湾にいても気にならないのだろうか。その人はどう思っているかを聞いてほしい。」

そこで、そのことを陳漢升氏に会って質問したところ、日本人がいることは全然問題はない、気にならない、と仰っていた。

筆者は、それが、日本語世代の大多数に共通した思いだと感じている。筆者は何十人もの台湾の日本語世代の人たちから昔話を聞いてきたが、日本人に対する不満反感を語っても、日本人が台湾にいたこと自体については、反感を語る人は皆無ではないが、殆どいなかった。

引揚は、そのような台湾人の気持ちを背景にして徹底して行われていくのである。

二　見送った日本人を回想する

敗戦から数ヶ月して、台湾では大多数の台湾人が、日本人の引揚げていくようすを目の当たりにした。見送った台湾人の心境は、事態に直面して大変複雑なものとなっていた。個別には様々な出来事があり、さまざまな感情が去来したことは当然のことだが、それが台湾社会に共通した経験であったことは間違いない。あまりにも台湾人の間で共通した経験だった上に、戦後の言論統制の雰囲気もあって、その心情はあまり刊行物には書き留められてこなかった。書かれたものの多くは、台湾にあった小中学校の同窓会誌のうち、日本で発行されたものである。

そのことは、また、引揚げる日本人に対する様々な台湾人の感情が、長い間戦後世代の台湾人には知られていなかったことを意味している。李登輝政権誕生後の民主化は、そうした状況を変化させ、台湾の日本時代に関する様々な情報を徐々に戦後世代に共有化させてきた訳だが、引揚を見送る状況や当時の台湾人の心情はなお共有化が不十分である。本章で紹介する心情は戦後世代の台湾人には目新しいものであろう。

筆者が行ってきたインタビューでは、筆者は内地人の引揚を見送る側の心情についても質問をしてきた。そこで、本章では話し手本人が語った思いにとどめず、話し手がそれに関連付けて語った出来事にも注目し、それらをとおして、一般の台湾人の側の引揚に対する思いを垣間見ることにしたい。

二―一　台北州立第四中学校での報復

日本の敗戦が確定し、台湾における台湾総督府の統治の権威が急速に低下していたとき、様々な混乱が生じた。本章の冒頭で紹介した刑事の事件もその現れの一つであった。

ここでは台北四中の報復行動を当時の在校生の黄士嘉氏の回想にもとづいて紹介する。

台北四中で行われたことは、戦時下台湾の多くの中学校で起こっていた出来事の仕返しの一つであった。内地人生徒が自分の立場を優位なものだと考え、同年代の台湾人に言いがかりをつけ、時に暴行を加えていたのである。内地人男子の中等レベルの学校で、内地人の多い学校の場合、差別的なことが全くなかったのは台北高等学校尋常科だけだったとみられる。

後に医師となる呂燿樞《ろようすう》氏は、一九四一年四月に台北高校尋常科に入学した方である[5]。筆者が新竹《しんちく》中学校卒業の同年代の人たちにインタビューしていた際に立ち会って、いかにひどい差別があったかを聞き、台湾の中学校で台湾人生徒が差別を受けていたことは、全く知らなかった、と驚愕していた。つまり、そのような差別や暴行は外部に知られない形で進行していたのである。

台北四中では、上級生の下級生に対する制裁が日常的であっただけでなく、戦時中に台湾人生徒を標的にした様々な暴行が行われていた。

回想を語るのは冒頭でも回想を取り上げた黄士嘉氏である。父は、黄演渥《えんあく》といい、判官であった。内地の判事のことを、当時の台湾では判官と呼んでいた。父は内地で判官を勤めていたが、台湾人の裁判官が必要だと言うことで、台湾に招かれた。ただ、その台湾人の姓では不都合だということで、日本内地の大分県の三松《みつまつ》家の養子という形で戸籍が作られ、三松という姓を称することになった。

台南州立第一中学校から、父の仕事の関係で台北四中に転校した。台北四中は今日の日本人では想像することが難しいほどすさんだ状態であった。

台北四中です。あのとき一中、三中は入れなかった。四中はたまたま新しい学校で、うちの親父が校長先生もよく知っているし、植物園の［近くだから］家も近いしね。あのときは一中と四中は一緒ですよ。先生も大体兼任していた。四中は新しい学校でいいそうだから、というので四中に入ったら、四中の内地人の子供たちはものすごいぐうたらばっかりで、喧嘩ばっかりでね。

台北四中に入学した当初、黄士嘉氏と兄は、三松という日本姓を名乗っていたため内地人と思われていたが、あるとき台湾人だと言うことを気づかれたため、兄は頻繁に暴行を受けることになった。黄氏は「いじめ」という表現を使うが、黄氏の語る実態から判断すると暴行というべきレベルであった。黄氏の語るところによれば、それに同調していた教師もいた。

兄はどうしてもいじめられるタイプなんだね。弱くてね、出来が悪いんだ。数学の先生にぶん殴られて、教室の後ろの雨合羽を掛ける釘にぶつけられて、後頭部を打ってひどい目に遭った。うちの兄はしょっちゅう殴られていたらしいよ。……だけど、これは誰［判官］の息子だとわかったらもうそうはいかんよね、あの頃。恐らく、その数学の先生もあとで校長にやられたんだろうな。大けがしたからね。そして、うちの兄を連れて帰って、うちの親父にお詫びに来た。

黄士嘉氏は語る。

兄貴は毎日いじめられてね。あのときはもうほんとにひどかった。

兄はしょっちゅう殴られた。兄は、クラスメートにしょっちゅういじめられて殴られているんだね。わざわざ僕を呼びに来るんですよ、「おまえの兄貴を殴るから見に来い」って。それが直立不動の姿勢で見ないと駄目。あのときはつらかったねえ。休み時間にやる。

黄士嘉氏自身は、体は小さかったが相撲は強く、「五十人力様」というあだ名がついていたという。

転校してきたその日にすぐ相撲に挑戦されて勝ったんですよ。それがよかったのか何か知らんけど、ずっといじめられなかった。

と語る。

筆者が学校の先生がほっぱらかしていたのか、という質問をしたところ、次のような説明をされていた。後に述べる土山悟《つちやまさとる》教諭の様子から見ても、教師は実態についてあまり気づいていなかった可能性もある。

ああ。僕は帰って親父にもそういうことを言ったこともないし、兄も言わないですよ。その頃の学生の心理というのは、学校で殴られても言わないいんだな。言っても役に立たんと思っているんだ。言ったらもっとひどい目に遭う。だから、あの頃はいじめられた人が多かったですよ。

生徒の矛先は、生徒同士どころか英語の教師にも向かっていたという。

まず、英語の先生なんか入ってくると、みんな追い出されるのね。「われわれは鬼畜米英に日本語をしゃべらせるんだ」と言って学生が先生を追い出すんです。先生が「日本が戦争に勝っても、やっぱり英語は必要だ」と言っても誰も勉強しないのね。

学校は明らかに荒廃していたというべきであろう。

日本の敗戦後、そうした事態に対して報復が始まった。黄士嘉氏は「形勢逆転」と語る。

戦後が始まると、内地人生徒は台北四中に集まり授業を受けていたが、しばらくすると台湾人生徒は近くの永楽《えいらく》国民学校に集まっていたという。黄士嘉氏は最初台北四中にいたという。

私はもう日本人だと思っていたのね。大分県に籍があるしね、さて、まいったな。台湾語もできないしね。そうしたら親父も「これから大変だよ、おい」。親父は大陸に行ったことがあるから、中国の政府に対して非常に自信がないんだね。だから、日本に行こうか行くまいか随分迷ったですよ。だから、僕たちも内地人の人たちと一緒に学校に残っておった。

しかし、黄士嘉氏は台湾人の生徒達に呼ばれ、台北四中から永楽国民学校に移ったという。

国旗を持ってね、「おい、三松、おまえ出てこい。おまえ、台湾人だぞ。明日から永楽国民学校へ来い」。そういうふうに呼びに来た。

そして、制裁は、こんなふうに何人かずつ永楽国民学校に呼び出して行われた。

台湾の学生が〔四中に〕入ってくるとみんな下を向いているんだ。いつ呼び出されるかわからない。あのときまだ授業をやっていたんだけど、中途からやってきて、先生に出席簿を貸してくださいと言って、「誰それ、誰それ、みんな出てこい」そうしたら先生もみんな黙っている。出てきたらね、「いま呼んだ連中は、明日、永楽国民学校に来い」。

そして、何人かずつ連れてきて制裁が行われた。合計で七〇人、あるいは一〇〇人も呼び出されただろうか、と言う。

それを四中の柔道の教師である土山教諭が、毎日永楽国民学校まで引率したと黄氏は言う。

そのときに偉いなと思ったのは、日本の内地の先生は責任をもって引率してきた。土山先生というのは偉かったな、先生が連れてくるんだからね、偉いよ。

植物園の近くの台北四中の校舎から永楽国民学校への道は、前述の延平北路のあたりを通る必要があった。その地域にいたのは皆台湾人であったので、「あれは相当な勇気がいるんですよ。」という。「出会った人たちが、日本人と見たら仕返しをしかねない」。冒頭に紹介した自転車に乗った刑事の出来事はそのようなところで起こった。

制裁は、一〇人ぐらいずつ集めて毎日行われたという。

まず最初に土山先生が「昔のことは水に流すこと、今日はもう制裁もしょうがない。ただあまり痛めつけないで」ということを挨拶して、それからみんなで制裁するんだね。

まず、台湾人生徒の側が、内地人生徒一人一人に自分がどのようないじめや暴行をしていたのかを話させた。そして、言わせたあとで台湾人生徒が制裁をしたという。

筆者が「要するに殴るわけですね？」と確認したところ、

ああ、もうそうでしょう。僕は兄貴が殴られているのを見ているとね、やっぱり人間は本当に……。それぐらいね……。

という答えであった。

どうしても来ないやつが一人だけ——Hというのがいた。家まで行って引っ張り出してね、あれはみんなを相当いじめた男なんだけど、あれ一人、引っ張ってきたときは本当に大変だったね。

家まで行って引っ張り出したのは土山教諭であった。

あとでひどかったね。だけど、土山先生はやっぱりついてきたよ。柔道の先生がね。そうして「もうこれぐらいにしてくれ。先生から頼むから」。そして、やっぱり保護して帰る。

土山教諭は、終戦まで「いじめ」が行われていたことにうすうす気づいていたからこそ永楽国民学校に生徒を引率していったのであろうが、そのようなひどいレベルの差別的暴行が行われていたことを知らなかったらしいと言う。制裁の前に、内地人生徒が自身の行ったことを話させられたことを聞いて初めて知り、衝撃を受けていた。そして、それぞれの日の最後に内地人生徒を整列させ、「おまえたちはそんなことをしていたのか」、と一人一人の顔を平手で殴り、それで一日一日の制裁が終わったという。

二―二　売り食いする日本人

二つ目の回想は、引揚の手伝いをした張美恵氏によるものである。日本に引揚げることが決まると、家財道具、物品の販売をし、売り食いする生活が始まった。台北帝国大学文政学部の正規学生であった張美恵氏は、手伝いの様子を語っている。

その概況は、黄士嘉氏が語る回想がよく示している。

最初、内地人の人たちが息巻いてね、われわれだけでやろうと言っておったけど、あとになったらだんだん声が小さくなってしまって、しまいにもう家財道具なんか売りに出しておったものね。生活はやっぱり困るしね。その頃から、そういう気分は、もう戦争は終わったなという感じだね。

さて、そのような状況で、張美恵氏は自分が指導を受けていた箭内《やない》健次助教授の手伝いをした。

彼女は一九二四年九月九日に、医師張文伴の長女として台北に生まれた方である。台北第一師範学校附属小学校に入学し、台湾人入学者の非常に少ない台北州立第一高等女学校に進学した。そして東京の聖心女子学院高等専門学校の予科を経て本科に進み、戦時特例で一九四四年九月に卒業した後、一〇月に台北帝大文政学部史学科の南洋史学専攻に正規の学生として入学した[6]。

その学歴が示すように、内地人と関わりの深い学生であった。

付け加えると、台北帝大はその第一期生の時から専門学校出身の女子学生を正規の学生として入学させていたことが知られているが、台湾人女子を正規の学生として入学させたのは、一九四四年一〇月が初めてであり、彼女は、そのとき入学した三人の台湾人学生の一人であった。

彼女は語る。

あの頃の日本人はもう給料もない人が多く、みんな竹の子生活でした。街頭に莫蓙を敷いて家財道具を並べて売って生活している人もいました。台湾人と日本人は立場が全然変わりました。

引揚げていく日本人が行ったことの一つが、家財道具や文物の処分であったことは、様々な所で語られている。容易に想像がつくことだが、売る側に二つの目的があった。一つは、敗戦の混乱で収入が得られなくなり、日々の生活費を得ようとしたことであり、もう一つは引揚のための財産処分である。

買う側の台湾人にも二つの目的があった。一つは、戦時下、輸送ルートが分断されたことで物資不足となっており、金があっても入手できなかったものを、中古品で購入しようとしたことであった。ミシンなどはその一つであった。もう一つは希少品の購入である。文物の購入、つまり美術品や古書籍の購入も行われていた。

張美恵氏は、当時文政学部史学科で南洋史学講座の助教授であった箭内氏の家庭の様子をインタビューの時にもよく記憶していた。

大学の先生方の家族も往来に莫蓙を並べて売り食い生活を始められました。大学の先生の宿舎と近い、高等学校の前の通りに莫蓙が並びました。今、和平東路と呼ばれている通りです。

高等学校とは、当時台湾に設けられていた台北高等学校のことを指す。現在、その校地は国立台湾師範大学に引き継がれており、莫蓙が並んでいたというのは正門の前の通りである。

箭内氏の回想によれば、留用を命じられていたが、辞令に記載された給与が現実には支給されなかった。そのため、売り食い生活をしたが、それも底をつき、帰国を願い出たところ許可された。それで一九四六年三月末に、最後の引揚船L・S・Tで台湾を去ったという[7]。

張美恵氏の指導教官の岩生《いわお》成一教授も留用と言うことになって残るつもりだったが、夫人が日本に帰りたがったため、やむなく引揚げたと、張美恵氏は語っている。岩生氏の夫人も売りに出ていたと聞いていたようなので、やはり給与がなかったのかもしれない。

箭内氏についていては直接ミシンの販売の手伝いをしたことで、印象に強く残ったらしい。

箭内健次先生が帰る時に、わたしは先生の家のミシンを買う人を見つけました。先生はさしあたって金が必要で、わたしに頼んで来たからでした。うちの近くにある達観眼科で買うことになりました。医学部に行っていた息子がうちによく出入りしていて、それでそのうちでミシンが欲しいということがわかったからでした。

あの時はバスがほとんど動かなかったので、リヤカーを引いて箭内先生のお宅まで一緒に歩いて行きました。家についたら先生が出てこられた。奥様がいないとそのミシンの値段の交渉ができないので「奥様は？」と訊いたのですが、その時、先生は「ほら、今そこら辺に立ってるでしょう」と往来を指しておっしゃいました。わたしにはピンとこず、「えっ？」と聞き返したら、先生は沽券にも関わるし、自分の口からは言い出しにくいらしく、「自分で行って見なさい」と言われました。

奥様は今の和平東路で家財道具を並べて売っていました。ほかの先生の奥さんも売っていました。とても気の毒で、さすがのわたしも正視できませんでした。わたしが奥様に「今、ミシン買う人を連れてきました」と言ったところ、奥様は誰かに見張番をするように頼んで、わたしと一緒に家に戻りました。それでミシンはその医学部の学生のうちが買うことになったのでした。

当時の様子が生々しく語られる。

わたしは、そのあとも何回か先生のお宅にあった家財道具を売るために行きました。あの奥様が、大きなすり鉢を使ってすりこぎでメリケン粉をすっているのを見たこともありました。お嬢様育ちの上品な奥様が菓子パンを作っていて、それを売るのですが、手はすっかり荒れていて、もうとても辛くて見られませんでした。

ある日、奥様は、いろんな瀬戸物やら陶器やらの立派な食器を行李いっぱいに入れて、わたしにミシンを売ってくれたお礼だと言ってくださいました。わたしには売る訳にいかないから、あげるとおっしゃいました。

家財道具の処分というよりは、売り食いしていたということらしいが、三月頃には引揚を決定したため、家財道具一切を処分することになった。

引揚間近になると、さらに貴金属も二、三個くださいました。金と銀でできた物は持ち帰れないのだそうです。結婚の時に買った宝石のついた指輪や、銀に金がちょっとついた菊の文様の帯留めも、なんやかんやくださいました。それは記念に今でもとってあります。お雛様も「これもあげます」とくださいました。雛壇を兼ねた大きい桐の箱に入ったお雛様のセット一式でした。先生にはちっちゃい六つか七つぐらいのお嬢さんが二人いましたが、その子達が「お雛様はいや、お雛様はいや」と泣きそうにしていました。それを「持って帰れないから」と奥様がなだめていました。わたしもとてもつらい思いでしたが貰って帰ってきました。

三月まで台湾にとどまっていたので、途中で売り食いの生活は終わって、留用の給与を得ていたのではないかと思われるのだが、帰国を決めたため、貴重品は、最後に張美恵氏に贈ったということであるのだろう。恩師と非常に密接な関係にあったこと、そして引揚という事態の中でその関係性が深まったことを示している。その様子は、引揚ではあっても、まるで国内で他の大学に転勤するような感覚であったのではないかと思われるような回想である。

貴重な文物の買いあさりについても、張美恵氏は言及している。

後に京都大学文学部教授となる小葉田淳《こばたあつし》氏は、終戦時に台北帝大文政学部史学科の国史の助教授で、その後国立台湾大学副教授となったが、台北高校出身で台北帝大の学生であった林宗毅《りんそうき》氏を連れて文物の買い上げをしていた。林宗毅氏は台湾の名家林本源家の嫡流である。

小葉田先生は、その林さんを誘って、一緒に古い絵画や掛け軸なんかの買い漁りをしていました。あの頃、日本人が茣蓙を並べて家財道具の叩き売りをしていたので、何かいいものが出てこないかと探していたのです。

なお、彼女にとって忘れられない学友として、一学年上の内地人女子学生の池部澄子氏（一九四三年一〇月文学科国語学、国文学専攻入学）がいたことを付け加えておこう。去り際の池部氏から家宝を貰ったことを語るが、そのことよりも最後の言葉が強い印象を残していた。

また、あの頃の日本人で今でも一番印象に残っているのは国文科の本科生だった池部さんです。戦争中、校庭にお尻を向けて一緒に窓にすわっていた頃はよく会って話をしていたけれど、戦後はあまり話もしなくなっていました。

それが、翌年［一九四六年］の春頃だったか、「もう日本に帰るから」と、ある日一緒にうちまで歩いて送ってくれました。そしてわたしに中国の墨で書いた、骨董品みたいな、巻き物みたいなものを「家宝として今まで大事にしてたけど、もう日本に帰るし、持っていけないから記念にあげる」と言って、くれました。そして、別れる間際に、最後の言葉として「日本は必ず復興する。このまま、潰れることはないわ」とわたしに言いました。「今に見てらっしゃい。日本は絶対復興する」と二回ぐらい繰り返して帰りました。非常に立派な態度だと思って、今でも印象に残っています。事実日本は復興しましたし。非常に張り切っている女性でしたが、感じがよかったです。池部さんとはその後連絡はありません。

二―三　陸軍病院からの傷病兵の見送り

三つめは、自分たちが台湾に取り残された、というような気持ちをもった台湾人看護婦・詹氏の思い出である。彼女は、景尾《けいび》公学校出身（景尾は現在の景美）で、高等女学校に進学したかったのだが、家庭の事情で進学することが出来なかった。卒業後近所の工場などで働いていたところ、公学校の二年と三年の時の担任の小田《おだ》富子（当時、植田）教諭（四年の時は家事科担当）が校長先生の家の留守番兼お手伝いの仕事を紹介し、その後機会があって、台北でよく知られた迎《むかえ》産婦人科の看護婦見習いになった。日本の終戦前に行われた看護婦試験に合格して看護婦資格を得た。一緒に同じ病院から受けた内地人二人は不合格であった[8]。

終戦後、彼女は台北の北投《ほくとう》にあった陸軍病院に勤めていた。

それで一時、北投にも陸軍病院があったんですよ。そこにも、短期間だけどいて。で、引揚に基隆《キールン》まで。あの時、台湾の陸軍病院における台湾の人、少なかったんです。台湾の看護婦少なかったんです。だからわたし、何回も患者護送で、基隆まで見送りましたね。

わたしはあの時台湾の人って、みんな誰も信じないのよ。わたし「台湾の人」って言ったってみんな信じないの。「あんた、それは台湾生まれだけど親はどこか」ってね、言われてね。わたし、お終いになったらね、もう面倒くさくなったから、「わたし、沖縄」って随分沢山嘘を言うたよ。だって「台湾の人」言ってもみんな信じないもの（笑い）。

筆者は、この方にはじめてあったのは一九八〇年二月のことだったが、まるで日本で日本人の友人の母親に会ったような感じのする標準的な発音だったので驚いたことを鮮明に覚えている。そのとき、筆者はまだ大学院の学生で、台北と台南に二週間ほど滞在し、何人もの留学生のご家族に多数会ったが、そのように感じたのである。聞いたところでは、しばらく前まで、数年間日本の会社員の家族が近くに滞在しており、日本人の奥さんとしょっちゅう話していたということだった。それでも一九八〇年の時点でそのようであったので、一九四五年頃、内地人の多い職場で使いこなしていた日本語の水準は、内地人と全く区別のつかないものだったと思われる。

その後、この方には一九九一年になって再会し、ここで引用している聴取りは、一九九五年にお会いしたときのものである。その時に、沖縄と嘘を言えば、引揚げる内地人が納得するという話に多少違和感をもっていた。というのは、一九四五年時点のこの方が沖縄の人の発音や雰囲気をもっていたとはとても思えなかったのである。あるいは乗る船舶が違うので、みんな納得したのではないか、とずっと気にかかっていたが、聴取りの後、ご本人が間もなく心筋梗塞で急逝され、それ以上詳しくは聴取ることが出来ず、筆者には疑問として残っていた。

疑問は、本書を出版するまでの研究プロジェクトで解明された。第一章で述べたように、沖縄への引揚は内地への引揚に遅れて一九四六年一〇月から一二月にかけて行われていたからである。台湾引揚研究会が整理し編集した資料によれば、内地への第一次引揚は、軍人・軍族が一九四五年一二月末から一九四六年二月末まで、一般邦人が一九四六年二月から四月末であった[9]。それら内地への引揚は、沖縄の人たちが台湾側として手伝っていたのである。おそらく見送りは一九四五年一二月から一九四六年二月にかけてのことだったろうと推測される。

この方は傷病兵として患者であった人たちが引揚げていくことに寂しさを感じていたという。

で、みんな結局、「ああ、どこどこ」って尋ね合わして、「ああ、もう先に」、――引揚が何回かに分けて引揚げるでしょう。だからもう、みんな「引揚げたら、ああ、自分はどこどこだ」って、そういう風な。だからあの時は、なんて言うんかね、わたくし達のあの時の気持ちは、わたし達も「昭和の身なし子」っていうんか、教育がそうだったからね。だからとても寂しかったですねえ。もう、知合いがみんな帰ってしまうっていうあれでね。

ここで使われた「昭和の身なし子」という表現は、非常に鮮烈な言葉だと筆者は感じている。そして、そのような気持ちを表現した言葉は、ほとんどの日本人引揚者は知らなかったのではないかと思われる。一九九〇年代になって筆者から質問された時に浮かんだ言葉ではなく、それまでの間、台湾人女性の間で、かなり広く共有されていた感覚ではないかと思われる。

そのような感覚は、それまでに公刊されていた文章に恐らく全く残っていないのではないだろうか。しかし一九九〇年代に李登輝政権がどんどん民主化を進めていく過程で、そのような自分たちが取り残されたという思いも他者の前で自由に語れるようになっていたようである。

三　それぞれの再会

引揚げていく日本人を見送った台湾の人たちの多くは、その時点では、日本は遠く簡単に行けるところではないと思っていた。ほぼ永遠の別れになるように感じた人たちも多かったと思われる。戦前の平和な時期、日本内地に渡るには船で三日も必要であったからである。まして戦争に敗れ、多くの都市が廃墟に近い状態になっていた。当時、東京に留学していた台湾人の多くは日本の復興を予想できず、台湾に帰っていったほどであった。

しかし、見送りで日本人との関係が途絶えてしまったわけではなかった。往復が容易になると、手紙のやりとりだけでは足りず、見送った側の台湾人の希望で、恩師との再会の機会が至る所で設けられることになった。回想を紹介した三人は日本人との関わりが深く、また引揚の際の日本人に対する惜別の情も強かったので、恩師に再会する機会を持とうとし、また機会を持つことができた。三人のその後の日本との交友関係を紹介したい。

三―一　台北四中教師たちとの再会

黄士嘉氏によれば、台北四中の同窓会は毎年一度、日本と台湾で交互に開かれ、元教師たちは戦後たびたび台湾を訪れているという。

あとで、僕らは土山先生を毎年ご招待している。四中の先生なんか、いまでもですよ。同窓会をやって日本の学生たちも来ます。こっちから行くし向こうから来る。

そう語ったのは、一九九六年一二月のインタビューの時点での話である。黄士嘉氏は海外勤務などの関係で、ずっと参加していなかったが、自分が知らない頃から、教師たちは度々台湾を訪問して、台湾人卒業生たちに歓待されていたという。

筆者は、「そのときそんなふうにやっていたわりには、あとで交友関係がつながっているんですね。」と感心して話したところ、鍾双麟《しょうそうりん》という同窓生が特に熱心だということであった。

特に、鍾双麟という人がおりますけどね、自分を相当殴って終戦後殴り返した人たちと、その後ずっと非常に仲良くしている人がおりますよ。

そのときは、台全という大きな会社の社長であった。

報復的制裁が行われたにも関わらず、教師たちを囲む同窓会が日本と台湾で交互に毎年行われている、ということについては、黄士嘉氏はある種の驚きの念を持っていたようである。というのは、黄氏の感覚では、いまわしい報復的制裁があった学校の教師たちに台湾人卒業生が会おうということに、意外だという気持ちがあるためらしい。また「自分を相当殴って終戦後殴り返した」鍾双麟氏は、その後国立台湾大学工学院電気学系を卒業して実業界で活躍することになるが、彼が台北四中の同窓会を最も熱心に推進していたことについても、黄氏は驚きの念を隠さない。本人の性格によるのだろうが、同窓会活動に熱心であったのは、清算の場に土山教諭が立ち会った影響もあるのではないか、と筆者は想像する。

一方で、同窓会で土山教諭を台湾に招き、歓待するのは当然のように感じてもいた。土山教諭は、内地人生徒を制裁の場に引率し、制裁に立ちあい、最後にもう限界と思われる時点で終わらせていた。黄氏はそうした土山教諭の行動に明らかに感嘆と尊敬の念を持っているからである。しかし、他の教員に対してはかならずしもそうではないのかもしれない。

最もひどい暴行を行い、最後には土山教諭によって制裁の場に連れ出されたHは、台湾に来ることはなかったという。また、ひどい暴行を受けた黄氏の兄は制裁の場に姿を現さず、またその後日本人の教師が台湾訪問をしても同窓会に参加することはない、という。

三―二　南洋史学の教授たちとの再会

張美恵氏は、台北帝大が改組されて誕生した国立台湾大学の第一回卒業生となるが、助手となり講師に昇進しても不遇で、一九五五年にスペインに渡って研究を続け、ソフィア・チャンとも名乗っていた。現地で大学の非常勤講師もしていたが、自分が所属していた台北帝大の南洋史学の教授たちとは戦後も頻繁に連絡をとっていた。

箭内健次氏はのちに九州大学の教授になるが、スペインのマドリードに居住していた張美恵氏は、一九六〇年に宿泊に自宅を提供している。箭内氏の渡航は、張美恵氏の指導教官であった岩生成一東大教授の力添えがあったようである。

彼女は次のように回想する。

台北帝大で南洋史の助教授だった箭内先生がマドリードにいらしたことがありました。子供が生まれる直前の大きいお腹をしている時でしたが、飛行場まで迎えにいってうちにお泊めしました。

その渡航は岩生先生がお世話されたみたいでした。その一ヵ月か二ヵ月前に、箭内先生から「スペインに行ったらよろしく」とわたしに連絡がありました。台湾にいらした当時から、わたしは奥様とも非常に親しくしていまして、奥様からも何回も手紙を頂きました。奥様は「最初の外国行きで、主人はおそらく戸惑うだろうから」と非常に心配していらっしゃったので、「それならうちにお泊めしましょう」ということにしていました。

箭内氏の作成した記録には、一九六〇年に南欧を訪問したと書かれているので、そのときのことである。

その時、スペインに来られた箭内先生から、小葉田先生は京都大学にいて非常に活躍しているとうかがいました。再婚されたというようなこともおっしゃっていました。

と、張美恵氏が接することの多かった小葉田淳助教授のその後の消息も聞いている。

張美恵氏の指導教官であった岩生氏は、日本に戻ってから東京大学の教授となるが、一九六〇年にマドリードを訪問して再会している。当時は国史学科の主任教授だったという。箭内氏が訪問してしばらくしてからのことであった。ポルトガルのリスボンで開かれたエンリケ航海王子没後五百周年を記念して盛大に開かれた世界の航路開拓史・東西交渉史関係の国際学会に参加し、帰路、立ち寄ったのである。

岩生先生にお会いしたのは一〇何年ぶりでした。わたしと卜《ぼく》［張美恵氏の夫］とで空港まで迎えに行きましたが、相変わらずお若く意気軒昂でした。先生は昔のことを思い出されたのか、とても懐かしがっておられました。先生から予めホテルの予約を頼まれていましたが、「うちにお泊り下さい」と言ったところ、大変喜んでくださいました。箭内先生とお二人を相前後してうちにお泊めすることになったわけです。その国際学会までは岩生先生にお会いする機会は全然ありませんでしたが、「いずれ行きます」という手紙がありました。

その日のことを彼女は回想する。

あの時はもうカルロス〔息子〕が生まれていました。ですから、市場にその日のおかずの買い出しにいく時なんかには、岩生先生に「赤ちゃんを見ててください」とベビーシッターをお願いしました。ところが市場から帰ったら、ピーピー火がついたようにカルロスが泣いているのに、先生はそのそばでどこ吹く風で書架の本を見たりしていました。そこはもういつもの学者先生でした。

先生は、今回のリスボンの国際学会では卜が大変いい研究を発表した、とおっしゃっていました。先生を案内して王宮の参観にいった帰りのことでしたが、先生は、「ご主人が非常にいい学者だから、できるだけ援助してあげなさい」とおっしゃいました。しみじみとわたしに、「自分ぐらいの歳になると、唯一の頼りは家内だけだ。だからあなたも、よく尽してあげなさい」と。

また、岩生氏は六〇年六月に安保闘争で亡くなった樺《かんば》美智子が自分の教え子だったことなども語ったという。

一九六〇年のことでしたから、先生はおいくつだったでしょう。東大の主任教授で、日本では安保の問題があってちょうど樺美智子さんが亡くなった直後のことでした。岩生先生がわたしに「自分のように世事にうとくて、学問一筋の学者でも、今回のことは非常に悲しみ憤慨している」とおっしゃっていました。樺さんは岩生先生の学生でもあったので、その葬儀主任に任命されたようでした。

彼女は、以上のような形で、箭内健次、岩生成一両氏と再会した。岩生氏にとっては、再会したものの、恐らく台北帝大の指導生の中で最も将来を嘱望されたと思われる張美恵氏の学問が、台湾でもスペインでも成就しなかったことは、痛恨の一事だったのではないかと思われる。

彼女の語るところでは、別の機会に東西交渉史の中村孝志、キリシタン史の松田毅一らも訪問したとのことで、彼女は、「その時はうちがまるで東西交渉史研究のセンターのようになりました。」と語っていた。研究者の道が事実上閉ざされてしまっていても、彼女の実力が自身の周囲に日本人の有力な研究者を引き寄せていた。

三―三　看護婦への道を拓いた恩師との再会

看護婦であった詹氏の場合は、見送った傷病兵と再会する機会はなかった。印象的な別れではあっても、患者と看護婦という関係の上での見送りであったので、それは当然のことだったろう。しかし公学校の担任で看護婦になる道を拓いた小田教諭を見つけ出している。

小田教諭は、彼女が看護婦になる道の出発点を作り出した方であり、しかも見送ることができなかったので、どうしても会いたいと思っていた。

家庭の事情で高等女学校に進むことはできなかったが、公学校を卒業したあと、次のようなことがあったという。

で、小田先生はわたしにね、「あんた一年生を教える能力があるから教えてみないか」って。そしてその時ね、なんか、正式の公学校資格の教師じゃないけれども、なにかの試験で国民学校を教える資格が取れる試験があったらしいんですね。それをあの先生は思っとって、わたしに「あんた、一年生教えてみないか」って言われたんです。でも、わたし自信なくてね、断わったんです。[10]

卒業後しばらくは家の助けをしようと、家の近くにあった大きな会社で、ちょっとした瓶詰めの仕事をしていたところ、小田教諭から「なにか術を身につけた方がいい」と言われていたという。筆者はこのオーラルヒストリーを発表する前に、存命であった小田教諭に手紙を書いて問い合わせたが、いただいたその返事には、転任先の河合国民学校（現・延平国民小学）の校長の夫人が亡くなられたため、校長の留守番兼お手伝いを紹介したことが書かれていた。「日本人家庭でのお手伝いさんの形で日本語なり、日本人の習慣を習得すれば、将来の役に立つのではないかと」勧めたのだという。日本語と日本人の習慣は「術」と考えていたようであった。そして、小田教諭によれば、校長が後妻を迎えたときに、迎《むかえ》病院に紹介されたのだという。

「内地人の先生たちが帰って行ったときのことは覚えていますか?」と訪ねたところ、いくぶん誇らしさをまじえて次のように話している。

学校の先生ね、殆どいつ帰られたかわからないの。この小田先生も、わたしいつ帰られたかわからないんですよ。

で、連絡が取れたのはもうこれ二〇年ぐらい前〔一九七〇年代〕ですかねえ。結局、家庭も落ち着いて、みんなでまた国民学校〔公学校が一九四一年に改称〕の同窓会をやるって、それで「ああ、あの先生どうなってるんかね」、いつも思うけどなかなかどういう風に探していいかわからないから。

で、わたしがこの小田先生を探し当てたのは、主人の公学校の先生が台湾にいらした時に、わたしがそれを話したの。こうこうこういう先生が今どうしてるか。で、それを話したら、その先生が日本へ帰られてからね。師範学校卒の名簿から、「あ、わたしが言ってる名前のこの先生は、この先生じゃないか」と。確かわたしも植田〔旧姓〕の「植」を間違えて言うたかね。ところが、下は「富子」っていう名前が同じだから、それで電話なさったそうです。「あんたは前に景尾で先生をしてらっしゃたんじゃないか」って、「あ、そうだ」って言ったから、「じゃ、こういう姓の、わたしの姓名、なんとか愛経っていう人知ってますか」って、「ああ、覚えてますよ」。それで探し当てたんです。

オーラルヒストリーには採録されていないが、招いた際に、詹氏は、日本語が話せなくなった同級生たちから、あなたは今も日本語が上手で、お話しできてうらやましいと言われたという。

五、六年の時の担任の青山教諭（男性）も印象深かったとのことである。一九四五年に看護婦試験を受けた際には、次のように心構えを言ってもらったという。

受ける前にも、「受かるっていう希望を強く持って、万一落ちたら失望するだろうから、まあ、あんまり大きい希望を持たない方がいい」なんて、ああいう風に、言うてくれたのは、今でも覚えているんですよ。

二人の教師にはずっと連絡を取っていた。青山教諭と亡くなるまで連絡を取り、小田教諭には自身が亡くなるまで連絡を取っていた。二人とも台湾に来たことがあるばかりでなく、詹氏の次女は日本留学中に、青山教諭の家を訪問したこともあったという[11]。

四　送り出した側の気持ち

三人の回想のうち、筆者は次の二点に注目したい。

一つは、往時を懐かしむ気持ちであり、もう一つは往事がそのまま戦後につながっているという気持ちである。往事を懐かしむ気持ちは、台湾人も日本人も同じ部分が多い。しかし、日本人は過去が戦後にそのままつながっているとは思っていなかった。多くの日本人は、戦後台湾を初めて訪問したとき、大歓迎されることに驚きを感じていた。そのような記録も多い。

引揚者は、自身の感情が共有されない状態が生まれていた。台湾引揚者ではなく、満蒙開拓団の引揚者の場合、その窮状を外務省に訴えた男性は、開拓民課長からGHQの見方を伝えられたという記録が残っている。「開拓民は戦犯者と同じである」「侵略の手先である」と言われ、「兵隊さんと開拓団を援助する道がありません」「国会に予算を出すときにGHQの査定がなければ出せない」「その査定の時に戦犯者並みに扱われて削られてしまう」と言われたという。[12]それは厚生省の担当課長が引揚者を戦犯者と見なしていたということではなく、対GHQの問題として話したものと思われる。政府ではなく、民間による支援はかなり行われていたようだが、引揚者はかならずしも共感をもたれる存在ではなかったようである。台湾引揚者もまた、そのような時代の雰囲気の中で引揚者以外の人たちに自分たちのことを積極的に語ることはなかったのではないかと思われる。

そのような時代を生きてきた台湾引揚者たちは、台湾を訪問して台湾人から歓迎されたことに驚いたのである。しかし、多くの台湾の人にとっては、見送るまでの関係は、台湾と日本本土との間に国境線が引かれたからといって忘れ去る対象ではなかった。

台湾人の日本人を懐かしむ気持ちが増幅していった背景には、敗戦を境目とした日本人の優越感の消失があったのではないか、と筆者は感じている。三人の回想には、そのことも現れている。

黄士嘉氏の回想には、過去の優越感の代償になる報復の場の設定と、報復の場に立ち会う土山教諭の姿が語られている。台北四中生が行っていたことを今日の我々が知ると、それでとても十分だとは思えないが、それでもそれなりの清算が行われたことも想像することができる。

張美恵氏の回想には、自分が指導を受けている教授たちが、立場が変わることによって、非常に苦労をしている様子に心を痛めていたことが語られている。帝国大学の教授、助教授は日本の学術界の中では最上、またはそれに次ぐ地位にあったわけであるが、台湾の中ではそれに加えて同時に内地人という優越した地位もあった。内地人という優越した地位を喪失した状況の中で、国家を越えた評価があって然るべきだった帝国大学の助教授箭内健次氏が、非常に厳しい貧困になった環境を耐え忍んでいた。張美恵氏は、それを手助けしたわけだが、そのことが、国境と学術を超越して戦後へとつながっていったとも見る事もできるだろう。

また、別れ際の学友池部澄子氏の毅然とした態度も強い印象として語られている。内地人という優越した地位が払拭されていても、対等な立場でなお高い気位を持つ姿に、本人が日本に自信を持っていることに感銘を受けたと考えられる。そしてその通りに、日本が復興を遂げたと言うことも池部氏の印象を強くしている。

詹氏の回想に現れていることは、二人の経験より複雑だと筆者は感じている。彼女は進学できず、一〇代で結婚するしかない状況にあった閉塞的な境遇から、優越的地位にある内地人によって言わば救い出され、自身の能力を発揮して、日本社会の中で看護婦という正規の資格を得るに至ったからである。そのときに、恩師たちが、内地人の優越的地位を巧みに利用して親を納得させたことは想像に難くない。いずれにせよ、その行動には彼らの人間性がにじみ出ており、彼女はそのことも感じたのである。

そして、基隆港での見送りでは、台湾と内地の優劣ではなく、話す日本語と身のこなしから単純に内地のどこ出身なのか、という気持ちで出身地を聞かれていたのだと思われる。実は、内地から戦場に渡ったほとんどの兵士たちは、台湾で内地人が優越的位置にあったことを知らなかったからである。詹氏はそのような内地人兵士の態度から、外国となろうとしている台湾の様子を考え、一つの国民が二つに切り裂かれるような悲哀を感じたのではないかと思われる。

筆者はここで「悲哀」という語に彼女の気持ちを込めてみたが、司馬遼太郎が『台湾紀行』で李登輝総統の「台湾という場所に生まれた「悲哀」ということを語っていたことを思い起こす[13]。それは日本人など他のいくつもの統治民族が次々に入れ替わっていくことを問題とした大局的な表現であり、台湾の精神史というべきものかもしれない。しかし、詹氏の語りに現れた「悲哀」は、自身の心に直接現れた感情であった。しかも、恐らくはたった一人の感情ではなかっただろう。自分のいた周囲の環境が台湾から去って行った。自分ではどうにもできず、元には戻らないということを実感したときに現れた感情であった。それが「昭和の身なし子」という表現を生み出したのではないか。

詹氏は、自分の恩師であり、恩人であった小田教諭、青山教諭がいつ引揚げたかに気づかなかったという。それはとても残念なことだったのだろう。戦後消息のなくなってしまった小田教諭を、夫の恩師の手を介して探し当てている。かつて台湾社会の中で、内地人の優越性があったからこそ親も従い、自分を閉塞した境遇から引き上げることが可能だったことを、彼女はよく理解していたはずである。戦後その優越性がなくなり、国境線が間に入り、平等な関係となってからも往時を偲び、恩師を台湾に招き、また文通を続けていた。次女が日本に留学したときに青山教諭を訪問したのもその気持ちの現れである。

五　二二八事件による台湾社会の変化、そして現在へ

引揚げた人たちとの交流を推進したのは、多くは台湾側の人たちであった。その中心的役割を担った人たちは、日本統治下で内地人一人一人が持つ人間性に魅力を感じたり、恩義を感じたりした人たちだった。そのことは、三人の回想にも現れている。

引揚は、台湾人に、日本人を人としてみる視点を強めたのではないかと考えられる。ただ、引揚者の中には、台湾を離れたときと、戦後台湾を訪問したときとでは、日本人に対する対応が全く違ったため、予想外に歓迎されたと感じている日本人たちも多い。台湾人のそうした気持ちが現れるようになった背景には二二八事件とそれに続く白色テロがあったことはほぼ定説となっている。

冒頭で日本人がいてもかまわないという陳氏の感覚を引用したが、おそらく終戦以前には日本人がいることは当たり前のことに化しており、そのようなことを考える機会がなく、終戦を迎えたことで意識がそのように表出したのであろう。ただ、筆者が話を伺ったときに感じたことは、それでも終戦直後とはかなり変わっていたのではないかということであった。そのことに触れておきたい。

陳氏は、大正デモクラシーの時代に生まれ育ち、民族意識が強かったのだという。祖父との間では日本人に対する意識が対立していたという[14]。

あん時はねえ、どうもその、「自分たちの祖国は大陸である」というナニがあったんだなあ、小さい時に。「この日本人は新しく来た政府だよ」と。

うちの祖父さんは言うんだよね。「昔。清朝時代は、土匪に苛められた、台湾とても惨めだったよ。それが今、日本来てね。治安は上等、日本が来てからね。こんなになった。おー、幸福ですよ」。〔日本批判に対して〕「やめろ、やめろ」と、いつもね、うちの祖父さんはね、そう言うんですよ。その時、僕は「あのじじい、何もわからん。何が清朝時代か、何が日本がいいか」。僕はね、反対するんですよ。お祖父さんに対してね。「お祖父さん言うのは間違いだ」と、ね。「日本人は、俺たちと民族が違う」「大陸はね。同じ民族だ」と。祖父さん、その話はね、聞いてわからん。何が民族か、うん、聞いて分からん。「とにかくいい主人が来たら僕は喜ぶ」と、お祖父さんは言うんですよ。

そのように民族自決という意識を持っていた陳氏だが、一九四七年の二二八事件を経験して気持ちが全く変わってしまった。

僕らね、終戦になった時に非常に喜んだ。「大陸。自分の祖国の人間が来た」と。非常に感激した。「なあんだ」、二二八〔事件〕、三万人ぐらい殺された。三万人も殺されたよ。
殺し方がね。ここんとこ〔てのひらを指す〕針金で刺してね、そして一〇人ぐらい一かたまりにしてね。針金に刺してね、引っ張って行くんだ。ああいう酷い事やるんだよ、連中はね。僕もね。二二八が起こる前まではね。僕は、非常に、自分の祖国だからね。大陸は祖国だと。二二八以後はもう祖国ない。僕は（笑い）。馬鹿野郎よ。けだものよ、あれは。

陳氏は、二二八事件をきっかけに民族意識が著しく変容している。ただしインタビューをしていた時の印象では、終戦時でも日本人がいることに対しては違和感がなかったように思われる。しかし台湾人の中には陳氏と違って日本人の存在に違和感を持っていた人もいた。しかしそうであっても、二二八事件を経験して、陳氏と同様の感情を持つようになった人も多いのではないかと思われる。

本章で取り上げた三人の見送りと再会の体験は、当時の見送りを経験した世代ばかりでなく、今日の若い世代にも共感できるものではないか、と筆者は思う。筆者は、本章の「はじめに」の部分で、それぞれが経験した見送りの体験は、当時の世代の台湾人の間で共感できるものだった、ということを述べた。再会の体験もその延長線上にある。

黄士嘉氏の感じた恩師への感情、張美恵氏の経験したスペインに恩師や関係者を引き寄せた際の感情、そして詹氏の経験した恩師を探し出した、という誇らしい感情は、引揚を見送った台湾人にはその延長線上に想像できるものであった。

しかし、台湾の戦後世代の間では、長い間、日本人との接点が理解されていなかったことにも注意したい。筆者と同年代の友人である元国立成功大学教授陳梅卿氏は、父が東京で学んでいた時の学友が、一九七〇年代に台南を訪問してきた際、その親しい様子を見て驚愕したという。戦後世代にとっては長い間日本人はそのように遠い存在であった。また、一九八〇年代には、小学校卒業時に卒業証書を受け取らずに引揚げた日本人卒業生に対して、台湾の小学校から卒業証書を授与するようなイベントがときどき台湾の新聞で報道されていたが、当時は戦後世代の台湾人に共感を呼ぶことはほとんどなかった。

それに対して、今日、若い世代が、日本人を見送る時の感情や、祖父母、父母の世代の日本人恩師との再会の感情に共感できるようになっていると筆者は感じている。日本統治時代の情報の共有化が進み、いまだ目新しいと思われる「引揚」も共感を呼び起こす素地が十分に整ったように感じられる。見送る際の感情だけでなく、本章で取り上げてきた恩師との感激の再会も、今では若い世代に広く共感を呼び起こすように思われるのである。

あるときから引揚げた恩師との再会は台湾人にとっての大きなイベントとなった。当初はその時代を生きた人の間だけの活動であったが、一九八〇年代に次第に新聞で報道されるようになり、一九九〇年代に民主化が進行し始めると、台湾全体で理解され、感覚が共有されるようになった。日本統治時代の歴史の見直しが進んだことが、戦後世代にまで影響を及ぼしたといってよいだろう。

おわりに

敗戦は、台湾人と日本人の相対的な位置関係を劇的に変化させた。そしてそれを最終的に定着させたのが引揚だった。自分たちと同じ国の人であった日本人は、見送ったあと、次に出会うときは別の国の人となるからである。去来する様々な感情の一つが、台湾全土に広がる寂しさ、あるいは切なさとでも言うべき感情だった、と筆者は感じている。詹氏の語りにそれが明瞭に現れていたが、黄氏、張氏の語りの背後にもそのような感情があったと感じることはできないだろうか。

終戦時に小学校在籍中であった日本語世代の曹明陽氏を二〇二三年一一月二五日に訪問して聞いた言葉が印象的であったので、最後に書き留めておきたい。

筆者が「日本人が台湾の中からいなくなって、だいぶ社会の雰囲気は……。」と訊いたところ次のように答えた。

変わってる。だから、今日本から来る人は、結局、お客さんになってしまっている。昔は一緒に暮らしとったわけでしょう。今は違うでしょう。[15]

注

1 以下、張美恵のインタビューを度々引用するが、それらは一九九四年六月から七月にかけてスペインのマドリードで行い、その後本人にも何回か目を通していただいたものである。それらは未公刊（未定稿）であるため、以下では出典は示さない。張美恵の生涯については以下で概要を紹介した。所澤潤「台湾人女子最初の帝大生――長谷川ミヱと張美恵」『段丘』一九、「段丘」同人。二〇一五年九月、四六―五六頁。

2 黄士嘉氏のインタビューは一九九六年一二月二六日、及び一九九七年三月二六日に行った。文字化は浅羽みちえ氏（オト研）によるものである。その後もコロナの期間を除き、毎年のようにお会いする機会があったが、本稿で引用するため、二〇二四年九月一三日及び一四日に補足のインタビューを行った。いずれのインタビュー内容も、本書発行時点では未公刊であるため、以下では引用の出典は示さない。

3 高田敏子「台湾高雄に居て」『歴史読本』〔戦後35年特集　ドキュメント戦後秘話〕一九八〇年八月号、四一―四二頁。

4 所澤潤・陳漢升「聴取り調査：外地の進学体験（Ⅲ）――抵抗の地・龍潭から基隆中学校、台北高校を経て、長崎医科大学卒業」『群馬大学教育学部紀要　人文・社会科学編』四五巻、九七―一六三頁、一九九六年三月。語りの引用は一六二頁。引用に当たって一部漢字を修正した。以下も同様。

5 所澤潤・呂燿樞「聴取り調査：外地の進学体験（Ⅴ）――石光公学校から、台北高校尋常科、同高等科、台北高級中学を経て、台湾大学医学院卒業」『群馬大学教育学部紀要　人文・社会科学編』、四七巻、一八三―二六六頁、一九九七年三月。

6 台北帝国大学入学の正規の学生の氏名は、『台湾総督府官報』やその前身の『台湾総督府報』に掲載されていたが、一九四四年一〇月入学生以降は掲載されていない。また学生名簿が掲載される『台北帝国大学一覧』も一九四四年度版は発行されていない。様々な資料から確認できるのは、文政学部での入学者は長谷川ミヱ（改姓名前は張氏美恵）と、二年次に編入学となった林こずゑ（改姓名前は林氏素琴）である。ほかに二〇一八年五月二七日、周婉窈氏提供の情報によれば、一九四四年一〇月入学者として理学部の曾氏麗珍（植物学科）がいた。

7 箭内健次「自己の足跡を辿って――年譜の形で」『駒沢史学』三四号、一九八六年一月、二一九頁。

8 所澤潤ほか「聴取り調査：外地の進学体験（Ⅶ）景尾公学校を卒業し、迎病院看護婦見習いを経て、台北陸軍病院の看護婦へ」『群馬大学教育学部紀要　人文・社会科学編』四九巻、一〇七―一三七頁、二〇〇〇年三月。以上に経歴等が示されているが、担任については一二二頁、語りの引用箇所は一三二頁。漢字の一部を引用に当たって修正した。以下同様。

9 台湾引揚研究会編『歴史としての台湾引揚（改訂増補版）』（二〇〇九年）八四―九九ページによれば、集団の引揚は一九四九年八月の最終引揚は第六次までである。第一次は一九四五年一二月末から一九四六年四月末までであり、軍人（軍族を含む）が一九四五年一二月末から一九四六年二月末まで、一般邦人が一九四六年二月末から四月末までであった。なお、同書八六―八七頁では台湾総督府残務整理事務所による、引継報告書（一九四九年六月一日付）の記録として一九四六年四月から一九四七年五月に沖縄県民一万五二六〇人が台湾から沖縄に帰国したという情報が掲げられている。

10 語りの部分は所澤ほか、前掲8、一三七頁、一三六頁、一二六頁。青山教諭訪問は、一二二頁。

11 所澤ほか、前掲8、一二二頁

12 「映像の世紀バタフライエフェクト　二つの敗戦国　日本　六六〇万人の孤独」ＮＨＫ総合、二〇二四年一一月一八日初回放送。

13 司馬遼太郎『台湾紀行』（街道をゆく四十）朝日新聞社、一九九四年、四八三―五〇二頁

14 語りの部分は、所澤・陳、前掲4、一〇九頁、一〇八―一〇九頁

15 文字化は若林作絵（オト研）による。

第4章　台湾における日本人引揚者雑誌『新聲』について

黄　英哲

一　日本人引揚者雑誌『新聲』

一九四五年八月一五日、日本は戦争に敗れ、台湾は中国（中華民国）に復帰した。当時、台湾には、軍人を含む約四七万人の日本人が居留していた。在台日本人は、一二月下旬から翌一九四六年の四月初旬までに、順次日本に送還された。このとき送還を待つ日本人引揚者は、当時の台湾を統治する最高機関―台湾省行政長官公署の許可と援助を得て、雑誌『新聲』を創刊した。編集長は、戦前の台湾総督府の機関誌『台湾時報』の編集長であった植田富士太郎である。

四七万人近い在台日本人の内訳は、一般民衆が約三二万人、軍人が約一五万人で、戦後の再建事業に従事するため留用された技術者や教員が、その家族を含め約二万八〇〇〇人であった。台湾省行政長官公署は「日僑管理委員会」を設立し、国民政府と台湾省行政長官公署が発する日本人管理に関する命令や訓示の伝達、日本人の送還、留用日僑の身分整理、在台日本人社会の秩序維持などの業務に当たらせた。「日僑管理委員会」は、新旧政権の交代における重要な窓口であったといえる。「日僑管理委員会」に対し、台湾省行政長官公署は、「留用日僑管理工作要綱」の関連法規の中で、次のような日僑留用の方針を示した。

倘欲使留用日僑儘量發揮其具有之技術經驗則須在物質上給予十足薪津以除生活不安在精神上灌輸其使命之嚴重性以向中華民國國策興奮盡瘁為要。[1]〔留用日僑にその技術経験を十分に発揮してもらいたいのであれば、物質的には生活の不安を除くのに十分な給料を与え、精神的には中華民国の国策に全力を尽くす使命の重要性を教えることが肝心である。（執筆者訳）〕

また、各措置の実施にあたっては、啓発・宣伝工作を重視することを求め、次のように命じている。

俾留用日僑蟬蛻其卑屈感、而切身懷抱中日兩民族互相提攜所以興起東亞之基礎並覺悟台灣就為其嘗試地區、故受命留用參加新台灣建設工作極為榮譽，凡振起此種精神非渙啟發與宣傳不可、然而此種啟發宣傳情事，如放任由留用各該機關以次要事務辦理之則不能獲得預期成效、是以則應留用之根本意義檢討其具體方策、向留用日僑予以指示以期管理日僑之完善與綜合統一整齊。[2]〔留用日僑に卑屈感を脱却させ、中日両民族の相互協力によって東アジアの基礎を築くには、台湾こそその試験的地域であり、そのため新しい台湾の建設に参加を命じられたことは非常に光栄だと自覚させる。このような精神を奮い起こすには啓発と宣伝が必要だが、これに関しては各関係機関の二次的な事務処理に任せていては期待する効果は得られない。したがって、留用の根本的な意味を踏まえて具体的な方策を検討し、留用日僑を統一的に秩序正しく管理し、指導すべきである。（執筆者訳）〕

「日僑管理工作要綱実施要領」では、さらに具体的に、「(一) 留用日僑ヲ対象トスル啓発宣伝(以下啓発宣伝ト称ス) ハ日僑管理委員会(以下本会ト称ス) ニ於テ綜合統一指導スルコト(略)(五)本会ハ雑誌新声ヲ啓発宣伝機関トシテ利用スルノ外各新聞諸雑誌ニ対シ常ニ日僑ニ対スル記事ノ掲載ニ努ムル」[3]とした。

こうして、雑誌『新聲』は、政治的な役割を帯びて刊行された。その主要な任務は、台湾に在留して送還を待つ、あるいは留用される日本人をして「卑屈感を脱却せしめ」、戦後の日中両国における相互協力と友好親善の必要性を宣伝指導することであった。『新聲』は宣伝刊行物として、台湾省行政長官公署の許可のもと、長官公署宣伝委員会[4]の指導と監督を受けて刊行された日本語雑誌なのである。『新聲』は、一九四五年一二月に創刊された。当時の台湾はすでに中華民国に「復帰」していたとはいえ、六〇〇万人の台湾人口のうち、日本語使用者が少なくとも七〇パーセントを占めていた。よって、『新聲』の購読者のなかには、日本人以外にも、当然ながら一定数の台湾人が含まれていた[5]。

『新聲』の編集者兼発行人は、前述したように戦前の台湾総督府の機関誌『台湾時報』の編集長であった植田富士太郎であった。雑誌の創刊目的とその後への期待が、雑誌の内容から窺い知れる。「創刊号」(一九四五年一二月二六日)の目次は、以下のようなものであった。

小説　藤野先生　　魯迅
　冬二題▽華北の冬　　T·D
　　▽華南の冬　　T·D
日本の動態――世界の放送と新聞から　　編輯部編
世界通信（世界の放送と新聞から）
　在台日本人に関する輿論とその動向
中國語講座（序・国語の窓）　　小田信秀
婦人欄・二十三歳の校長先生
台灣の文學界
　ファブルの言葉から
　讀者文苑募集
編輯後記

『新聲』は全六〇頁で、一種の総合雑誌の形態をとっていた。右記の目次を見ても、「中國之命運」など宣伝性を帯びた文章あり、中国語講座あり、「日本の動態」「世界通信」といった時事報道あり、「蘇東坡の逸話から」「冬二題」などの文芸あり、「小説 藤野先生」あり、また「婦人欄」も設けられ、実に多様な内容を含んでいたことがわかる。

『新聲』の創刊の辞には、中国政府と行政長官公署への深い感謝の念が述べられている。

過去四ヶ月私達日本人はとにもかくにも敗戦の現実に生きて来ました。

この間その境遇と立場によつて色々な思ひと体験を致しましたが、中国政府の寛大なる方針と本省人の理解ある態度は常に感激の的であり、私達の胸奥に深い感銘が印せられました。

私達は今後許されたる道を歩くにしても常に反省と自戒を伴侶としいささかなりとも希望を点じて努力を続けたいものであります。

今回行政長官公署の温い御同情によつて日文の月刊雑誌『新聲』の刊行が許可せられ、今日の生活に一縷の明りとなすことを許されました。これによつて私達は中国の文化の一端を学び、本省諸般の事情やまた母国の動静を知つて新しい真義をもつ生活にはいり度いものと思ひます。

皆さんにおかれては行政長官公署の御意図を明察せられ、本誌に対して御支援下さらんことを切望いたします。[6]

当時『新聲』の指導監督に当たっていた、長官公署宣伝委員会主任委員の夏濤聲は、『『新聲月刊』発刊に寄せて」という一文の中で、日本軍閥と軍国主義教育、またその影響を受けた日本国民を批判するとともに、日本人が中国や台湾に対して優越感を持ち、正確な中国認識に欠けることを非難した。文章の最後で、夏濤聲は次のように述べる。

『新聲月刊』の使命は日本人に対する再教育、侵略思想の粛正、民主思想の養成以外に一面に於て、日本人に今回の戦争失敗の原因とその実相を知らしめ、過去の誤りを徹底的に清算し、一方に於て正しき中国の文化思想及一般の進歩せる状況を紹介し、もつて日本人の中国に対する認識を是正し、増進するにありと云ぶべきである。[7]

『新聲』の目次と内容から見ても、その創刊の目的は確かに、「創刊の辞」に言うところの、当時台湾に在留していた日本人が『新聲』を通して「中国の文化の一端を学び、本省諸般の事情やまた母国の動静を知って新しい真義をもって生活にはい」ることを期待するものであった。また、夏濤聲が『『新聲月刊』発刊に寄せて」で述べているように、「中国の文化思想及一般の進歩せる状況を紹介し、もつて日本人の中国に対する認識を是正し、増進する」こと、いわば日本人の啓発も意図されていた。

しかし筆者は、『新聲』という名称それ自体に密かにこめられている意味があると考えている。「創刊号」の中で、意味深長な内容をもつ文章として、以下の二篇に注目したい。ひとつは「台湾の文学界」、そしてもうひとつが、「藤野先生」である。[8]

「台湾の文学界」の執筆者の署名は、「U」となっている。この人物について、筆者は編集長であるUEDA FUJITARO（植田富士太郎）である可能性が極めて高いと推測する。この文章は、五〇年にわたって日本の植民統治下にあった台湾人が、日本の敗戦から台湾が中国に復帰する「時点」までに創作した文学作品に対して、一人の日本人編集者が行った検討でありその見解である、と見なすことができる。文章の冒頭で、「U」は、単刀直入にこう指摘している。「日本統治時代の台湾の文学界は遂に一人の魯迅も出さずにおはったといってよい」。そして末尾には、「台湾省建設の一役を担って、いきいきとした『民族自覚』の作品活動が来春あたりから展開されることであらうと期待してやまない。大陸母国との文学界交流も楽しい宿題の一つである。」[9]と述べる。『新聲』の編集者が著したこの短文は、日本人編集者が、魯迅を近代中国文学において最も代表的な権威ある作家だと認識していたことを端的に表している。同時に、「藤野先生」を掲載した理由も次のように想像することができる。

一、編集者は、「日本統治時代の台湾の文学界は遂に一人の魯迅も出さずにおはった」と考えており、「藤野先生」を掲載することで、台湾人は再度、魯迅文学を読む必要があると呼びかけようとした。
二、「藤野先生」は、今後の台湾が「いきいきとした『民族自覚』の作品活動」を展開する際に手本とすることができると考えた。
三、一方で「藤野先生」という文章を通して、これまでの日中関係の歴史の中には、藤野先生のように、日本に留学した中国人学生に特別な関心を寄せる懐の広い日本人教師もいたのだということを、台湾に在留していた日本人に訴え、「卑屈感を脱却せしめ」ようとし、また一方で、「藤野先生」を日中友好のシンボル、文化記号として、中国人（台湾人）に対して日中親善の意をはっきりと示し、藤野先生の形象を借りて、侵略者となった日本人の軍国主義的イメージを是正しようと試みた。

しかし、『新聲』に掲載された「藤野先生」は、岩波文庫の『魯迅選集』（一九三五年出版）に収録されたものでも、創造社の『大魯迅全集』（一九三六年出版）に収録されたものでもなく、訳者の名前も明記されない、原文に添削を加えた抄訳版である。

二　台湾における魯迅の受容

魯迅作品の台湾における広まりには、二度の高潮がある。最初のピークは、植民地時期の一九二〇年代、二度目のピークは戦後初期の一九四六年から一九四八年である[10]。

植民地時期から戦後初期までの、魯迅作品の台湾での転載と出版の状況を、表1に示す。

植民地時期の部分については、中島利郎「日本植民地下の台湾新文学と魯迅（上）（下）――その受容の概観」（『聖徳学園岐阜教育大学紀要』第二四集・第二八集、一九九二年・一九九四年）を参照した。戦後の部分は、筆者の調査確認によって記入した。

魯迅文学伝播の第一次ピークである一九二〇年代、台湾は中国の五四運動、日本の大正デモクラシー、世界に広まる民族自決の風潮の影響を受け、政治面では台湾議会設置請願運動が起こり、台湾文化協会が創立された。また文化面では、言文一致を促す白話新文学運動と台湾話文運動が展開された。当時の台湾人唯一の言論機関であった雑誌『台湾民報』は、新文学の理論を紹介し、さまざまな新文学の主張を掲載するほか、しばしば、胡適・魯迅・郭沫若・周作人など、中国新文学作家の作品を掲載した。その中で最も多く掲載されたのが魯迅の作品や魯迅による翻訳作品であった。魯迅の老練な文章や訳文が、口語文の優れた手本となったからである[11]。

一九三七年、日本が中国に対し全面的な侵略戦争を開始すると、台湾総督府は台湾の言論・思想統制を強化するため、中国語による新聞を廃止した。台湾の白話新文学運動は、政治的な介入を受けて発展を阻まれ、中国新文学を紹介する主たるメディア――新聞は、以後、日本の敗戦に至るまで、魯迅を含む中国新文学の作品を掲載するこ

表1　台湾での魯迅作品転載、出版状況（1925年－1949年）

年	月日	作品名	掲載刊行物名	巻・号数	備考
1925	1・1	「鴨的喜劇」	『台湾民報』	三：一	中国文
	4・1	「故郷」	『台湾民報』	三：一〇	中国文
	4・11	「故郷」	『台湾民報』	三：一一	中国文
	5・1	「犠牲謨」	『台湾民報』	三：一三	中国文
	5・21	「狂人日記」	『台湾民報』	三：一五	中国文
	6・1	「狂人日記」	『台湾民報』	三：一六	中国文
	6・11	童話「魚的悲哀」（エロシェンコ著、魯迅訳）	『台湾民報』	三：一七	中国文
	9・6	童話「狭的籠」（エロシェンコ著、魯迅訳）	『台湾民報』	六九	中国文
	9・13	「狭的籠」（続）	『台湾民報』	七〇	中国文
	9・20	「狭的籠」（続）	『台湾民報』	七一	中国文
	9・27	「狭的籠」（続）	『台湾民報』	七二	中国文
	10・4	「狭的籠」（続）	『台湾民報』	七三	中国文
	11・29	「阿Q正伝」	『台湾民報』	八一	中国文
	12・6	「阿Q正伝」（続）	『台湾民報』	八二	中国文
	12・13	「阿Q正伝」（続）	『台湾民報』	八三	中国文
	12・20	「阿Q正伝」（続）	『台湾民報』	八四	中国文
	12・27	「阿Q正伝」（続）	『台湾民報』	八五	中国文
1926	1・10	「阿Q正伝」（続）	『台湾民報』	八七	中国文
	1・17	「阿Q正伝」（続）	『台湾民報』	八八	中国文
	2・7	「阿Q正伝」（続）	『台湾民報』	九一	中国文
1929	12・22	「雑感」	『台湾民報』	二九二	中国文
1930	4・5	「高老夫子」（上）	『台湾新民報』	三〇七	中国文
	4・12	「高老夫子」（中）	『台湾新民報』	三〇八	中国文
	4・19	「高老夫子」（下）	『台湾新民報』	三〇九	中国文
1932	3・14	「池辺」（エロシェンコ著、魯迅訳）	『南音』	一：五	中国文
	9・27	「魯迅自叙伝略」	『南音』	一：一一	中国文
1933	12・30	「無題――上海新夜報所載民生疾苦詩選」	『フォルモサ』	二	中国文
1935	6				佐藤春夫・増田渉訳『魯迅選集』（岩波文庫）、岩波書店 収録作品「孔乙己」、「風波」、「故郷」、「阿Q正伝」、「家鴨の喜劇」、「石鹸」、「高先生」、「孤独者」、「藤野先生」、「魏晋の時代相と文学（講演）」、「上海文藝の一瞥（講演）」

1936	4				『大魯迅全集』全七巻、改造社第二巻に「藤野先生」を収録 台湾人、在台日本人に『魯迅選集』と『大魯迅全集』が広く読まれる
1937	4・1				台湾で発行される新聞での中国語の使用が禁止されはじめる
1945	8・15				日本敗戦
	10・25				台湾省行政長官公署が正式に成立
	12・26	「藤野先生」(抄訳)	『新聲』	創刊号	日本語訳
1946	1・9				「藤野先生」を抄訳にした動機を問う、上杉一男による一文「文化人の信義——日文雑誌『新声』編集者に問ふ」が『新生報』に掲載される
	6・10	「孔乙己」	香坂順一著『華語自修書』巻四、台北：搠水軒		中国文と日本語対訳
	8・7				台湾省編訳館が成立し、許壽裳が館長に就任する
	10・21	「児時」	台中『和平日報』副刊「新世紀」第七〇期		「児時」一文の最後に「編者按:「児時」一文昔発表於申報自由談、『魯迅全集』中未補入、特為転載、以饗読者。」と記されている
	11・1	「魯迅旧詩録」(謝似顔輯)	『台湾文化』台北：台湾文化協進会	一：二	中国文
1947	1・15	『狂人日記』(王禹農訳注)	台北：標準国語通訊学会		中国文と日本語対訳
	1	『阿Q正伝』(楊逵訳)	台北：東華書局		中国文と日本語対訳
	6・10	「鴨鴨的叫」(「鴨的喜劇」抄録)	張我軍編著『国語自修講座』巻一、台中：聯合出版社		中国文と日本語対訳

	7・1	「美女蛇」(「従百草園至三味書屋」抄録)	同上、巻二		中国文と日本語対訳
	8・15	「澆花」(「馬上日記」抄録)	同上、巻三		中国文と日本語対訳
	8	『故郷』(藍明谷訳)	台北：現代文学研究会		中国文と日本語対訳
	11・1	「定局」(「祝福」抄録)	前掲『国語自修講座』巻四		中国文と日本語対訳
	11	「鴨的喜劇」	中学教科書『初級国語文選』台湾省教育庁編、台湾書店		中国文
		「看戲」(「社戲」抄録)	一九四七年度台湾省各県市小学教員暑期講習講義二『国文』、同上		
1948	1	『孔乙己・頭髪的故事』(王禹農訳注)	現代国語文学叢書第二輯，台北：東方出版社		中国文と日本語対訳
		『薬』(王禹農訳注)	現代国語文学叢書第三輯，同上		
	3・25	「剪辮」(「頭髪的故事」抄録)	前掲『国語自修講座』巻五		中国文と日本語対訳
1949	5・20				台湾に戒厳令が発せられる(一九八七年七月一五日解除)
	12・7				国民政府が台湾へ移る

とがほとんど不可能となった。また、その当時、日本による台湾統治はすでに四〇年を越えており、日本語教育にも顕著な効果があらわれ、台湾の文化界はそれまでの中国語文・日本語文の混合状態から、日本語文のみの表記へと移行しつつあった。日本語書籍市場も形成されはじめ、日本語は当時の台湾社会で、中国語よりも重要な位置を占めるようになった。また、台湾人による日本語文学の創作もしだいに成熟し、それにともなって中国新文学ブームは冷めていった。

しかし、同時期の日本内地に視点を移すと、また異なった状況が浮かび上がる。一九三五年、岩波書店から佐藤春夫・増田渉共訳の岩波文庫『魯迅選集』が出版され、一九三六年には、改造社からも『大魯迅全集』が出版された。これは、魯迅を代表とする中国現代文学が、日本では依然として注目されていたことを示している。台湾植民地社会において、はたして、中国語が萎縮していたという事実が、すなわち、中国現代文学に触れる手段をまったく断たれていたということになりうるのか。このことについては、慎重に検討すべきであろう。筆者は、日本語書籍市場が形成されたことによって、内地において日本語で出版された魯迅などの中国現代文学の作品が、一種の文学的養分となってさらに植民地に伝わったと考える。龍瑛宗の蔵書の中には『魯迅選集』があり[12]、楊逵の回想では、日本人警官の友人入田春彦の遺品であった『大魯迅全集』を譲り受けたことが語られている[13]。評論家尾崎秀樹は、第二次世界大戦中の台北での学生生活を回想し、宝のように大切にしていた愛読書として『魯迅選集』に言及している[14]。魯迅文学の影響は台湾の知識人にとどまらず、在台日本人にも広くおよんでいたことが窺える。また、当時の台湾の学生は競うように岩波文庫版の書籍を読んでおり、岩波文庫の『魯迅選集』の流布は、『大魯迅全集』以上であったことが認められる。この岩波文庫『魯迅選集』と『大魯迅全集』の広まりは、魯迅の作品が台湾から完全に姿を消したわけではないことを証明している[15]。しかし、台湾における魯迅作品伝播の第二のピークは、戦後初期を待たなければならなかった。

戦後、台湾は中国に復帰した。そのとき台湾の統治にあたった台湾省行政長官公署が採用した許壽裳の主導による文化政策は、魯迅精神を称揚・宣伝し、魯迅精神を以て台湾に「新五四運動」を巻き起こすことで、戦後台湾の「脱日本化」、「再中国化」を達成させるという、文化再構築事業であった。[16] しかし大々的に系統だって魯迅が論じられることはなかった。

前掲した表1から見て取れるように、「藤野先生」というテキストは、戦前はまったく注目されていなかった。日本の敗戦後にやっと公の言論の場――日本語雑誌『新聲』上に登場した。戦前の台湾ですでに広く読まれていた『魯迅選集』、『大魯迅全集』のどちらにも、「藤野先生」は収録されている。岩波版『魯迅選集』の「藤野先生」は増田渉訳、改造社版『大魯迅全集』の「藤野先生」は松枝茂夫訳である。「藤野先生」は、日本語雑誌『新聲』に掲載されるよりかなり前から、『魯迅選集』と『大魯迅全集』によって少なからぬ台湾知識人、また在台日本人に読まれていたはずである。だが、不可解なことに、筆者が調査した結果、戦前または戦後初期に、台湾の新聞や文芸雑誌に発表された文芸評論には、直接「藤野先生」に言及したものがひとつもないのである。「藤野先生」は、戦後初期に出版された日中対訳の魯迅作品の単行本にも収録されておらず、また民間あるいは政府によって編集された国語教科書にも採られていないにも関わらず、日本人編集者による日本語雑誌『新聲』に掲載されるや、日本人の間に熱烈な議論を巻き起こした。この事象の所以については、詳細に考察する必要があるだろう。[17]

三　抄訳版「藤野先生」をめぐる議論

名文「藤野先生」が生まれたのは、魯迅が厦門大学で短期間教鞭を取っていた、一九二六年一〇月のことである。魯迅が、自身の留学先の仙台医学専門学校で出会った日本人の恩師、藤野厳九郎（一八七四〜一九四五）を偲んでこの短編を著したとき、仙台と藤野先生に別れを告げてからすでに、ちょうど二〇年の月日が経っていた。「藤野先生」は一九二六年一二月一〇日に刊行された雑誌『莽原』（第一巻第二三期）にはじめて発表され、その後、一九二八年九月に、北京の未名社出版の「未名新集」のひとつ『朝華夕拾』に収録された。魯迅のこの作品は、一九三〇年代の中期、岩波文庫『魯迅選集』（岩波書店、一九三五年）、『大魯迅全集』（改造社、一九三六年）にそれぞれ収録され、台湾においても、現地の日本語書籍市場を経て流通し、かなりの読者をもった。しかし、台湾で発行されている雑誌に、最初に「藤野先生」のみが単独で掲載されたのは、植民地時期ではなかった。一九二〇年代、台湾人が編集長を務める中国語雑誌『台湾民報』に、魯迅の作品が盛んに転載されていた時期があったにもかかわらず、「藤野先生」があらためて雑誌に登場したのはその時期ではなく、日本の敗戦後、台湾が中国（中華民国）の版図に復帰してからであった。それは、原文の中国語ではなく、日本語の翻訳によって、送還を待つ日本人引揚者向けの雑誌『新聲』の創刊号（一九四五年一二月二六日発行）に載せられた。

本論では、一九四五年の日本敗戦時において、「旧植民地」となった台湾という特殊な地域で、敗戦国民である日本人によって編集された雑誌が、「藤野先生」というテキストをどのような「文化的シンボル」として掲げたのか、またそれにどのような「文化的意味」を込めたのかを検証していきたい。台湾省行政長官公署の日僑政策と直接的関わりはないにしても、「藤野先生」が終戦直後という時期に、日本人編集長によって、送還を待つ日本人引揚者を対象にした雑誌に掲載されたことについては、やはり編集になんらかの意図があってこのテキストを選択したに違いないと考えられる。「藤野先生」というテキストは、戦後間もない時期、台湾という場所において、日本人編集の雑誌に掲載されたことによって、重層的な意味合いを与えられている。問題点として次の四点を挙げる。

一、台湾における魯迅作品の伝播と受容の過程で「藤野先生」というテキストに付与された意味は何か。
二、戦後の台湾省行政長官公署の日本人引揚者対する「教育」政策が「藤野先生」の伝播と受容に作用した歴史的要因は何か。
三、日本人編集者が行政長官公署の日僑政策に呼応して、特に「藤野先生」を選択し雑誌に掲載した試みから、どのような未来の日中親善への期待がうかがえるのか。また、この選択には、戦前の日本帝国主義、特に戦前日本の中国観に対する反省の意図がどのように示されているのか。
四、雑誌掲載の「藤野先生」を批判した日僑の投書には、このテキストの読みを通して敗戦に対する反省と未来への期待がどう表白されているか。

ここでは、雑誌掲載時に「藤野先生」のテキストに施された添削、特に訳文掲載の際に、魯迅の「国民性」批判が表れている部分、および「支那」という戦前の用語が日本人編集者によって改められたことを批判する投書に焦点をあてる。この編集上加えられた微妙な添削と、それに対する読者の反応には、敗戦後の日本人が、戦前の日本を自己批判する際の相異なる態度が顕著に現れているように思われる。

つまり、「藤野先生」の伝播を検証することによって、戦後台湾における本テキストの受容には「過去」の継承と断絶の両面が見いだされるであろう。継承とは、一九二〇年代以来すでに、中国語・日本語の魯迅の作品伝播の背景があるということである。事実上、「藤野先生」は早くから台湾で読まれていたが、敗戦後の植民地台湾で改めて注目され、新たな時代と環境の下で新たな意味を持つことになった。断絶とは、在台の日本人による「藤野先生」というテキストの選択に表されている。彼らは「藤野先生」というテキストを、「過去」の日本帝国の中国観を放棄し、これからの日本の民主主義と日中親善への期待をこめて、軍国主義と決別するための出発点と位置づけたのである。

「藤野先生」訳文の「削除」問題について、掲載の翌年、一九四六年一月九日の『新生報』紙上に、上杉一男（経歴不詳）という日本人読者の投書「文化人の信義――日文雑誌『新聲』編集者に問ふ」が載った。左にその全文を掲げる。

日文の月刊雑誌『新聲』創刊号がその日本ニュース編輯につき完全に無定見であり、政治性をもたないことに関しては、既に本紙に於ても指摘されたところであるが、私はその外に魯迅先生の小説「藤野先生」について編者に問ひたいことがある、それは（一）何故何らの断り書きもなしに魯迅先生の原作の一部を削除したか(二)削除された部分が原作の中心点であることを編輯者は知つてゐたかどうか、この二つである、一般読者のために問題の発端を説明しよう、先づ『新聲』に訳載されてゐる「藤野先生」は「僕は東京を去つて仙台の医学専門学校へ行つた」といふ文章で始まつてゐるが、原作はその前に當時の東京に於る清国留学生の生活が描写された十数行がある、第二に『新聲』の四九頁下段十四行目と十五行目の間には次の如き文章が脱落してゐる、「支那は弱国である、だから支那人は當然低頭児で六十点以上の点数を取るのは自分の能力ではない筈だ、と彼等が疑ふのは無理もないことだつた、だが僕はついで中国人が銃殺される光景を参観する運命に立ち到つた、第二学年になると黴菌学が加はり、細菌の形状は全部映画を用ゐて教示されたが、一段落が完つてもなほ次の授業迄時間が残つてゐる時には時事映画を映した、自然それはみな日本が露国と戦つて勝つてゐる場面ばかりであつた、ところがある時ヒヨンなことに中国人がその中に現はれた、それは露西亜のために探偵となつて日本軍に捕まり銃殺される光景であつたが、それを取囲んで見物してゐるものがやつぱり一群の中国人であつた、そして教室の中にはまた一個の僕がゐた、『萬歳‼』と彼等はみんな手を拍いて歓呼した、かうした歓呼は一つ一つの場面でう為に起つた、しかし僕にとつてこの歓呼の聲は特別に耳を刺してひびいた、その後中国に帰つてから犯人の銃殺されるのを呑気に見物してゐる人々を僕は見かけたが、彼等もやつぱりいつでも酔へるが如くに喝采しない事はなかつた、――嗚呼、もう救ひやうはない――だがあの時あの地に於て僕の考へはすつかり変化してしまつたのだ」（改造社版『大魯迅全集』による）

そこで問題が起る、中国文化の紹介を主要任務の一つに掲げてゐる『新聲』が、中国の世界的作家の作品を訳載するのに、自分勝手に頭をチヨン切り胴体をえぐり取ることは一体許されるだらうか、しかも中段に於て削除された箇所は実に中国対日本の運命の縮図ともいふべき中心点であつて、此の箇所を削除されてはこの作品が完全に死んでしまふ、魯迅先生が医学をやめて仙台を去つた理由は『新聲』によれば全く留学生間のつまらないトラブルであるかの如くであるが、削除された部分を読めば全然さうではないことがよくわかるであらう、日本の軍国主義に嘔吐を催したことと、中国を救ふものが医学ではないことを覚めたこと、この二つが魯迅先生をして医学を抛せしめた理由なのである。魯迅先生はこの作品に書かれてゐる如く、また未亡人景宋女士の語る如く終生藤野先生を敬愛した、しかし日本の軍国主義は徹底的にこれを嫌悪し排撃した、中国人と日本人とで仲のよい友達、或は師弟の間柄にある人々は沢山ある、にも拘らず中国は常に日本を排斥し遂には今日のみじめな日本の大敗戦に終る大衝突を演ずるに至つた、何故か、日本の侵略的軍国主義ただ一つが原因である、この一篇に於て魯迅先生がいはんとしたところはこれに外ならないのだ、編輯者は或はスペースの関係で削除したといふかもしれない、もしさうであつたとしたら削除する箇所はもつと他にもあつたであらう（勝手に削除することそれ自体が既によくないのだが）私は編輯者が故意にある箇所を削除したとしか、どうしても考へられない、とすれば編輯者の頭は一体どちらへ向いてゐるのだらうか、民主主義へか、軍国主義へか。

『新聲』の編輯者は在台日本人の民主主義化を要望する前に、先づ自己の頭を切替へるべきである。[18]

上杉が文中で指摘している『新聲』掲載の「藤野先生」の削除部分のひとつは、次の冒頭部分である（次の引用は、天津・百花文芸出版社の未名社出版部『朝華夕拾』第三版一九二九年の複写版　二〇〇五年に拠る）。

東京也無非是這樣。上野的櫻花爛熳的時節，望去確也像緋紅的輕雲，但花下也缺不了成群結隊的「清國留學生」的速成班，頭頂上盤著大辮子，頂得學生制帽的頂上高高聳起，形成一座富士山。也有解散辮子，盤得平的，除下帽來，油光可鑑，宛如小姑娘的髮髻一般，還要將脖子扭幾扭，實在標緻極了。

中國留學生會館的門房裏有幾本書買，有時還值得去一轉；倘在上午，裏面的幾間洋房裏倒也還可以坐坐的。但到傍晚，有一間的地板便常不免要咚咚地響得震天，兼以滿房煙塵斗亂；問問精通時事的人，答道，「那是在學跳舞。」

到別的地方去看看，如何呢？

抄訳で削除されて脱落しているもう一つの部分は、まさに上杉が投書の中で「原作の中心点」であると抗議している、作品の最も重要な次の部分である。

中國是弱國，所以中國人當然是低能兒，分數在六十分以上，便不是自己的能力了：也無怪他們疑惑。但我接著便有參觀槍斃中國人的命運了。第二年添教霉菌學，細菌的形狀是全用電影來顯示的，一段落已完而還沒有到下課的時候，便影幾片時事的片子，自然都是日本戰勝俄國的情形。但偏有中國人夾在裡邊：給俄國人做偵探，被日本軍捕獲，要槍斃了，圍著看的也是一群中國人：在講堂裡的還有一個我。

〝萬歲〞！他們都拍掌歡呼起來。

這種歡呼，是每看一片都有的，但在我，這一聲卻特別聽得刺耳。此後回到中國來，我看見那些閒看槍斃犯人的人們，他們也何嘗不酒醉似的喝彩，——嗚呼，無法可想！但在那時那地，我的意見卻變化了。

上杉は、抄訳で削除された、また脱落している部分こそが、原作の要であると考えたうえで、編集者が故意に日本の軍国主義を擁護し、あるいは正視することを避けていると、怒りをあらわにしている。削除については宣伝委員会の検閲、指示による可能性も有り得る。上杉の意見は、台湾で新旧政権の転換点に直面した、ひとりの敗戦国日本の知識人による、「藤野先生」に対する解釈と見ることができ、また、日中友好を象徴するテキストとして「藤野先生」を受容した日本人の反応とも理解できる。上杉は、日本の敗戦によって植民地支配が終わった後も、なお日本人（すなわち無署名の「藤野先生」の訳者と、名の知られた『新聲』の編集者）の心に残る軍国主義思想を糾弾するとともに、編集者の軍国主義思想に対する姑息な態度を強く非難している。これは、「藤野先生」というテキストは、どんな立場に立ち、いかなる角度から読むかによって、受け止め方も解釈も異なってくるということを示唆しており、そこに「藤野先生」の文化記号としての受容の位相も浮かび上がってくる。

上杉が、投書の中で脱落部分を指摘する際に引用しているのは、創造社の『大魯迅全集』に収録された「藤野先生」の訳文である。では、『新聲』に掲載された「藤野先生」の抄訳は、いったい誰の手によるものなのか。筆者が調査したところ、岩波文庫の『魯迅選集』に収録された「藤野先生」の転載であることがわかった。ただし、訳文にはやや手が加えられている。

表2は、『新聲』の「藤野先生」と岩波文庫『魯迅選集』（一九三五年六月初版。対照表は、一九三八年一月、第六刷による）の訳文の異同を対照したものである。

表2　岩波文庫『魯迅選集』「藤野先生」・『新聲』「藤野先生」訳文異同対照表

岩波文庫『魯迅選集』「藤野先生」1938.1、第6刷	『新聲』「藤野先生」
僕はそこで仙台の医学専門学校へ行った。	僕は東京を去って仙台の医学専門学校へ行った。
また、支那からの留学生はなかった。	また、中国からの留学生はなかった。
幾人かの職員はまた僕のために食宿の心配をしてくれた。	幾人かの職員はまた食宿の心配をしてくれた。
僕は宿屋が囚人の食事差し入れを兼務にしてゐるからとて僕に関係のないことだとは考へたが、	僕は宿屋が囚人の差し入れを兼務にしてゐるからとて僕に関係のないことだとは考へたが、
けれども好意は無下に却け難く、	けれども好意は無下に斥け難く、
解剖学は二人の教授が分任してゐた。	解剖学は二人の教授が分擔してゐた。
一抱の大小さまざまな書物を持ち込んだ。やがて書物を教壇の上に置いて、	一抱の大小さまざまな書物を教壇の上に置いて、
中には支那の訳本を翻刻したものもあった。	中には中国の訳本を翻刻したものもあった。
決して支那に比べて早いとは云へなかった。	決して中国に比べて早いとは云へなかった。
先生は人骨と数多の単独の頭骨のまん中に座ってゐた。	先生は人骨と数多の単独の頭のまん中に座ってゐた。

そして今後毎週提出して看せるやうにと言った。	今後毎週提出して看せるやうにと言った。
支那人は大へん霊魂を敬重するといふから、	中国人は大へん霊魂を敬重するといふから、
先生は支那の婦人が纏足してゐるとは聴いてゐたが、	先生は中国の婦人が纏足してゐるとは聴いたゐたが、
僕はその時はマルがつけてあるのが可笑しいと思ったけれども、	僕はその時はマルがつけてあるのが可笑しいと思ったけれど、
幹事はまた懸命に運動して、	幹事は懸命に運動して、
だが先生がどうも凄然としてゐられるのを見て、	だが先生がどうも撫然としてゐられるのを見て、
多年写真をとったことがなかった。	多年写真をとらなかった。
それを云へば先生を失望させるものに外ならないし、	それを云へば先生を失望させるものに外ならない、
僕が僕の師と仰ぐ人々の中で、	僕が僕の師を仰ぐ人々の中で、
小にしてはこれ支那のためであり、	小にしてはこれ中国のためであり、
すなはち支那が新しい医学を有つことを希望されたのであり、	すなはち中国が新しい医学を有つことを希望されたのであり、
すなはち新しい医学が支那へ伝へられることを希望されたのである。	すなはち新しい医学が中国へ伝へられることを希望されたのである。
これを永久の記念としようと思って、	これを永久の記念にしようと思って、
運送局に探すようにと責問したが、	運送店に探すようにと責問したが、
今になほ僕の北京の寓居の東側の壁に、	今だに僕の北京の寓居の東側の壁に、
いつも夜間に倦んじ疲れて、	いつも夜間に倦み疲れて、

表2から分かるように、『新聲』の「藤野先生」の訳文には編集者によって手が加えられており、例えば、侮蔑的な意味を含む「支那」という言葉は、すべて「中国」に改められている。歴史の転換期にあって、『新聲』の編集者（または、岩波文庫版「藤野先生」の転載者あるいは訳者）が、「支那」を「中国」に改め、軍国主義を象徴する部分を意識的に削除したのは、このテキストを極力日中双方に偏見のないものへと修正するための方策であったと言

えるのではないだろうか。

しかし、上杉一男の指摘以外にも、『新聲』の「藤野先生」には削除された箇所がある。削除されているのは、「其時正値日俄戰爭，託老先生便寫了一封給俄國和日本的皇帝的信，開首便是這一句。日本報紙上很斥責他的不遜，愛國青年也憤然，然而暗地裏卻早受了他的影響了。」という部分である。ただし、この部分は岩波文庫の「藤野先生」でも削除されている。恐らくこれは意図的にではなく、『新聲』の「藤野先生」が岩波文庫の「藤野先生」をそのまま踏襲した結果であろうと思う[19]。

『新聲』における「藤野先生」の削除箇所はちょうど、同胞の銃殺を傍観する見物人を目の当たりにして、中国人の精神を改革する必要を感じたという、魯迅が医者の道を捨て文学を志すきっかけになったとみられる事件の回想部分にあたる。『新聲』掲載の「藤野先生」は、日中友好のために魯迅が行った自国への批判と日本への批判が内包する重層性を明らかにすべきところを、日中友好に重点を置き、さらに、中国人の国民性に対する魯迅の自己批判の部分を削除し、藤野先生への追慕の情を中心とした。それゆえに、『新聲』の編集者と読者である上杉の間に、敗戦後の日本人が「新しい真義をもつ生活にはい」(「創刊の辞」)る際、いかにして過去に向き合い、日本の未来を展望するかということについて、基本的なずれが生じたのである。『新聲』の編集者と上杉は、敗戦後の日本は、軍国主義を掲げて対中侵略と蔑視を行った「過去」と決別するべきである、という点では同意できたであろう。しかしたとえ「日中友好」の考えから出たにせよ、上から与える形で「削除」などが行われることについては、上杉は同意しなかった。

魯迅は日本の軍国主義を批判したが、一生にわたって藤野先生を敬愛し続けた。同時に、「見物人」の国民性に対する自己批判の手を緩めることもなかった。このような魯迅の思想の重層性を重視し、削除に対する抗議を行った上杉の行動は、戦後の日本が歩むべき民主主義の途は、軍国主義時代の総動員体制を蘇らせるような上意下達式の指令によって導かれるものであってはならないという思いを、暗に示しているように思われる。それだけではなく、これから歩む日本の民主主義によって以前の日中関係を調整改善しようとするのであれば、日中の親善友好のためにも、魯迅の中国の「見物人」に対する自己批判と、その根源的原因をなす「日本の軍国主義」を軽視するべきではない、という考えもあったのではないか。そのほか、「支那」を「中国」に改訂したことも考慮にいれるならば、『新聲』の編集者と上杉のあいだには、新しい時代にあって、いかにして旧時代の問題に向き合うべきか、という問題も存在していたといえよう。ただ新しい時代になったというだけで、名称まで改めていいのか、名称を変えることは、テキストの重要な点を削除することになるだけでなく、新時代の日本の、旧時代に対する徹底的な自己批判の可能性を遮ることにもなるのではないかと思う。「藤野先生」が日本敗戦後、台湾の日僑向け雑誌に改めて掲載されたことで起こった、編集者による削除と改訂に向けられた批判は、当時の日本人が日中関係の未来に対して抱いていたイメージを明示するものである。また同時に、日中関係改善の期待のなかで、逆にあらわになった、敗戦を境とした新旧の歴史の連続性と断絶性、戦後民主主義への出発の際の葛藤までをも映し出しているようである。

おわりに

魯迅の「藤野先生」の台湾への伝播は、そのテキストの再生産の過程に、重層的な文化的、歴史的意義を含んでいる。『新聲』への「藤野先生」の転載と、上杉一男の『新生報』への投書からは、戦前から戦後初期にかけて岩波文庫の『魯迅選集』と創造社の『大魯迅全集』が台湾で広く読まれていたことが分かり、戦後初期の第二のピーク期に発表された、龍瑛宗や楊逵の魯迅に関する論述の中には、『大魯迅全集』の「解説」の影響が顕著に認められる[20]。「藤野先生」は日本語書籍市場を通して早くから台湾に流通していたが、戦後に再登場したときには、日本の敗戦という歴史的背景と、魯迅の文中での表現内容が、テキストに新しい意味を付加する結果となった。特に敗戦後の植民地に居留する日本人にとって、「藤野先生」の再生産とそれに対する読者の反応は、このテキストに魯迅の原文の範疇を越える多くの意味を付加した。

台湾省行政長官公署の管理下にあった「日僑管理委員会」は、長官公署宣伝委員会の許可と監督を得て、送還を待つ日本人引揚者を慰撫し啓発するために、日本語雑誌『新聲』を発行した。『新聲』に抄訳版の「藤野先生」が転載された意図は、明らかに、「藤野先生」を戦後における日中両国の友好親善のシンボルとなし、「留用日僑をして、その卑屈感を脱却せしめ、中日両民族の相互提携が東亜の基礎を築く所以であることを、切実に感得させ」ることにあった。作中の中国人のマイナス面を描いた部分を意識的に削除することで、中国当局への配慮を見せ、また、藤野先生の形象を借りて、侵略者であった日本人の軍国主義的イメージを是正しようとしたのである。

戦後台湾の政権の転換期において、「藤野先生」は日中友好の文化記号として使用されたが、ここで注目すべきは、それが中国当局からではなく、在台日本人の側から提案されたということである。当然これは台湾省行政長官公署の許可を得たものであり、言い換えれば、「藤野先生」は国民政府の黙認があってこそ掲載されたのである。それは、中国当局の戦後の対日政策と深く関わっている。当時の対日政策は、いわゆる「以徳報怨（徳を以て怨みに報いる）」を方針として掲げ、『新聲』の裏表紙にも、「怨を以て怨に報ひず共に善を為すを楽しみとなす」と印刷されていた。『新聲』の発行と、抄訳形式による「藤野先生」の掲載は、戦後初期における日中双方の思惑を、それぞれに反映しているのではないだろうか。

植民地に居留していた日本人は、「藤野先生」を日中友好のテキストと為すことが、敗戦直後という時期に適っていると認識したが、しかし、「藤野先生」のテキストの再生産に対しては、それぞれ異なる反応をみせた。敗戦後の民主主義を標榜する新しい日本は、いかにして戦前の日本帝国の軍国主義に向き合えばいいのか。また、今後いかにして断ち切ることのできない中国との関係を発展させていくべきか。「藤野先生」掲載時に部分的な削除と用語の改訂を施した『新聲』の編集者と、それに異論を唱えた読者とでは、それに対して基本的に異なる考えを持っていた。この二つの立場が、添削された「藤野先生」というテキストに別の意味を与えたのだ。すなわち、敗戦後の新生日本やこれからの日中関係発展への期待のなかで、「軍国主義」と「民主主義」という、過去の歴史と新しい未来の間にある連続性と断絶性がもつれあう場の表現としての意味である。

注

1　「留用日僑管理工作要綱」河原功監修・編集『台湾協会所蔵 台湾引揚・留用記録』第二巻、ゆまに書房、一九九七年、二二—三四頁。

2　「留用日僑管理工作要綱」、河原功監修・編集（一九九七）、前掲書、二二—三四頁。

3　「日僑管理工作要綱実施要領」、河原功監修・編集、前掲書（一九九七）、三五—三八頁。

4　宣伝委員会は台湾省行政長官公署内の機関。主な業務は当時の政治制度、法令の宣伝、指導とマスメディアの統制、図書、雑誌、新聞の検閲。詳細は、拙著『台湾文化再構築の光と影（1945-1947）魯迅思想受容の行方』創土社、一九九九年の第二章「台湾省行政長官公署宣伝委員会の役割」三三—五一頁を参照。

5　筆者の手元にある『新聲』は、故台湾文献資料家、収蔵家黄天横氏（一九二二年—二〇一六年）が提供してくださったものである。故人に厚くお礼を申し上げる。

6 「創刊の辞」『新聲』創刊号、新聲月刊社、一九四五年一二月二六日、一頁。

7 夏濤聲「『新聲月刊』発行に寄せて」、『新聲』創刊号、二頁。

8 「小説 藤野先生」(訳者名の記載なし)、『新聲』創刊号、四七―五〇頁。

9 U「台湾の文学界」、『新聲』創刊号、一三頁。

10 詳細は、陳漱渝「坍塌的堤防―魯迅著作在台湾」『魯迅研究月刊』一九八〇年八月号、魯迅博物館、一九八〇年。北岡正子・黄英哲『『許壽裳日記』解説」『許壽裳日記』東京大学東洋文化研究所、一九九三年。中島利郎編『台湾新文学与魯迅』前衛出版社、二〇〇〇年。黄英哲『「去日本化」「再中国化」:論戦後台湾文化重建（一九四五~一九四七)』麥田出版、二〇〇七年。

11 中島利郎編(二〇〇〇)、前掲書、五八頁。

12 龍瑛宗の蔵書は、現在台湾台南市にある国立台湾文学館に収められている。

13 楊逵「一台湾作家の七十七年」『文芸』第二二巻第一号、河出書房新社、一九八三年一月、三〇六頁。

14 陳映真主編『迎回尾崎秀樹』人間出版社、二〇〇五年、一七―一八頁。

15 一九四三年、台湾芸術社が「戦時下における読書界の諸問題」という座談会を開き、台湾貿易振興会社長の貝山好美、総督府情報課情報係長の輿水武、興南新聞経済部長の陳逢源、評論家の黄得時、小説家の龍瑛宗などが出席した。この座談会において、以下のような発言があった。「貝山:この頃の学生は昔の学生程に勉強しない様ですね。黄:ところが書店に荷物が着いたと云ふことを聞いて早速駆けつけてその荷物を解く手伝ひをする熱心なものもゐるが……貝山:しかし昔ほど学生は一般に勉強してゐないのは事実ですね。黄:今頃の学生は岩波のものなら何んでもいいといふ信仰をもつてゐるやうですね、例へば岩波文庫が入つて来ると哲学であらうが科学であらうが、なんでもいいから一種類一冊揃へて呉れと云ふのです。輿水:先日もある本屋に荷物が入つて来た時に、学生たちが我先きにと押しかけて大へんなさわぎを演じてゐたが……陳:大稻埕の本屋にも岩波文庫が入つて来ると、すぐ売り切れてしまふ。(略) 高等学校の生徒が一列に並んで買つてゐるのをよく見受けるが……」「戦時下における読書界の諸問題」『台湾芸術』第四巻第一〇号、台湾芸術社、一九四三年一〇月、四—五頁。

16 詳細は、前掲の拙著『台湾文化再構築の光と影（1945-1947）魯迅思想受容の行方』を参照。

17 なぜ同文は、一九三〇年代には早くも台湾に伝播していたのに、なぜ、戦前も戦後も台湾人の共感を呼ばなかったのか。「藤野先生」は、一九四五年の日本敗戦後の台湾で日僑雑誌に再掲載されるや、日本人の側が主体的に掲げる「未来の」日中友好のための代表的なテキストとなったのか。換言すれば、このテキストの再掲載で、友好促進が想定される双方とは中国と日本である。台湾は、日中平和の構図の中にふくまれていたのか、あるいは「中国」側の一部分となっていたのか、このことに関しては、さらなる検討が必要である。また、頼和はかつて「藤野先生」に似た、教師・生徒と植民・被植民の重層関係を描いた「高木友枝先生」（遺稿、一九四三年『台湾文学』三巻二期に掲載）などを書いており、「藤野先生」に描かれているのと同類の回想や感情、内省は、台湾人にとっても馴染み深かったと思われる。それにも関わらず、台湾人による「藤野先生」の評論が登場していないことは、大いに熟考の余地がある。

18 上杉一男「文化人の信義——日文雑誌『新聲』編集者に問ふ」『新生報』、一九四六年一月九日。

19 岩波文庫『魯迅選集』の「藤野先生」がなぜこの部分を削除したのかについては、丸尾常喜教授が生前次のようにご教示くださった。「日本の権力は天皇制を犯すことのできない国体としたので、この点にいちばん敏感だったのですね。」（二〇〇七年一二月一九日の私信より）。下村作次郎氏もまた同様の指摘を行っている。詳しくは、下村作次郎「虚構・翻訳そして民族——魯迅『藤野先生』と頼和『高木友枝』」『中国文化研究』第二四号、天理大学国際文化学部、二〇〇八年三月を参照のこと。

なお、北岡正子先生のご教示によると、岩波文庫『魯迅選集』の初版の複数の刷り（一、三、八、九）でも、この部分は削除されている。

20 龍瑛宗の短文「名作巡礼 阿Q正伝」（原文は日本語、『中華日報・文藝』一九四六年五月二〇日）、楊逵訳『阿Q正伝』（日中対訳、東華書局、一九四七年）の序文「魯迅先生」（原文は日本語）の二文を、一九三七年の改造社版『大魯迅全集』第一巻「解題」（増田渉）、第七巻「伝記」（鹿地亘編）と照らし合わせてみると、その影響がうかがえる。この点について尾崎文昭教授にご教示を賜った。

付記：拙文は嘗て発表した論文「テキストの伝播――台湾における『藤野先生』」『野草』第九〇号、中国文芸研究会、二〇一二年、三九―六〇頁）をもとに改稿したものである。

第5章　『全国引揚者新聞』に見る台湾引揚者の戦後初期
――戦前の経験をどう生かすか

顔　杏如

はじめに

一九四五年、大日本帝国の敗戦により、植民地や占領地にいた日本人は日本へ引揚げた。台湾からの引揚は一九四九年まで残留日本人と留用者の還送として続けられたが、大半の日本人が一九四六年三月から一九四七年五月までに引揚げた。引揚げた際に、長年経営していた事業を失い、簡単な荷物と現金一〇〇〇円しか携行できなかったことは引揚者の証言に繰り返し登場し、彼らにとって最も印象的なことであった[1]。よく「裸一貫」と形容される形で日本の土を踏んだ台湾引揚者たちは引揚直後の戦後初期においてどのように生活を立て直したのだろうか。また、どのように「戦前」の「外地経験」を捉え、いかなる歴史観を抱いていたのか。

これまでの台湾に関する「引揚研究」[2]の関心は、主に引揚の過程、留用、日系資産の接収などの「引揚問題」に集中している[3]。一方、「引揚者問題」、つまり、引揚者の体験、戦後の再出発、受け入れ側の日本社会との関係、歴史観などに関する研究は少ない状況である。[4] 引揚者の「戦後」や戦後社会における引揚者という視点は近年徐々に関心が集まってきているが、[5] ほかの地域に比べて比較的「平穏」な引揚の過程を経た台湾引揚者を中心に考察する研究は未だ少ない。そして、その数少ない研究の蓄積は主に帝国のはざまにおかれ、特異性をもつ沖縄の台湾引揚者の経験と戦後に集中している。[6]

植民地台湾を経験した日本人に関して、出身地域や社会階層などの違いにより、個々にさまざまな戦前・戦後の経験があったことは疑いないが、他の植民地、占領地の引揚者に対して、台湾引揚者を一つの社会集団として捉え、戦後の日本社会における役割と位置付けを考察したとき、どのような歴史像が浮かび上がるだろうか。

戦後の再出発について、加藤聖文は台湾引揚者の特異性を指摘している。すなわち、敗戦から短期間のうちに旧総督府官吏が大量に国内の官吏となり、また経済界との結びつきの強さにより、台湾引揚関係者の活動に恩恵をもたらしたということである。特に、一九四六年三月の引揚開始以降の動向を辿ると、成田一郎元台湾総督府総務長官を中心に、旧台湾総督府の各局長と協議を重ね、台湾関係の大企業首脳の協力を得て、「台湾引揚民会」が結成され、住宅対策や就職斡旋対策などを含めた台湾引揚者の援護対策が展開された。[7]

一方、台湾引揚者は戦後の日本社会においてどのように「定着」していったのだろうか。また、外地での「経験」は生かされたのだろうか。河原林直人は、愛光新聞社が一九五七年に編集した『台湾縁故者人名録』を利用し、引揚者の戦前と戦後の職業を対照しながらその動向を分析した。結果、戦前台湾で公職に就いていた者が、戦後大学へ就職する傾向が強く見られ(特に中京地区の大学)、また、国や地方自治体の官吏への就職も多かったことを明らかにした。さらに、具体的な職業の内容から、台湾時代の経験を活用できる職業に就いた引揚者も散見されたとし、戦前と戦後の職業の連続性を浮き彫りにした。[8] また、野入直美は、厚生省が一九五六年に調査を行った在外事実調査票を利用し、沖縄の台湾引揚者の戦後の職業と戦前との関連性を考察した。同研究は主に専門職引揚者を対象とした分析である[9]。

　前述した研究は、旧台湾総督府官僚や経済界の動向と影響力、または社会の中層から上層に位置付けられる引揚者に着目したものであるが、多様な一般の人々の状況についてはまだ検討すべき課題が残されている。そして、一九五六年の在外事実調査票にせよ、一九五七年の『台湾縁故者人名録』にせよ、戦後復興期以後の資料であることに留意する必要がある。これに対して、経済も住宅もまだ落ち着いていない、引揚まもない戦後混乱期の一九四〇年代後半において、台湾引揚者がどのような状況にあったのかという点は課題として残されている。

　一方、生活の立て直しや戦後の再出発のほか、台湾引揚者の精神面の「故郷意識」の芽生えについて、これまでの研究が主に一九八〇年代以降の資料や語りを利用してきたことに対し、引揚まもない時期の史料を用いて「戦後初期」におけるこれらの実相を探ることも重要であると筆者は考える[10]。

　そこで、本稿は「台湾引揚民会」と深く関わる『全国引揚者新聞』（一九四八年発刊）を手かがりとして、台湾引揚者の戦後初期の「実態面」と「精神面」を探ってみたい。『全国引揚者新聞』における中心人物や寄稿した人物は、主に戦前の植民地台湾で活躍した政治・経済界の有力人物である。しかし、引揚者との連絡を図るために、社会各階層の人々の状況を報道したり、当時引揚者が直面した問題を議論したりして、言説の空間を提供している。そこには、上層から多様な一般の人々までを包括する台湾引揚者の戦後初期の姿が反映されていると考えられる。

　本稿は具体的に以下の問題を考察してみたい。まず、戦後初期において、台湾引揚者の関心はどこに集まっていたのか。また、引揚者は実際、どのように生活を立て直したのか。そして、その立て直しに、戦前の外地での生活経験がどのように生かされたのか。これらは生活再建という「実態面」に関する問題である。

　次に、戦後初期、台湾引揚者はどのように「戦前」の外地経験を捉えていたのだろうか。「故郷」としての台湾への想いや、台湾を「語ること」への意識はこの時期にすでに芽生えていたのだろうか。もし芽生えていたのならば、どのような形で表現したのだろうか。つまり、筆者としては、台湾引揚者の「精神面」に関わる「歴史観」、「故郷観」が戦後初期において、どのようなものだったのかを問いたいのである。

これら「実態面」と「精神面」の問題はどちらも戦前と戦後の経験の連続性と断絶性、そして、戦前とのさまざまな繋がり、人的ネットワークの移植とも関わるものである。

一　『全国引揚者新聞』に関して

一―一　創刊の背景

一九四八年八月三日「引揚同胞対策審議会設置法」が公布された。『全国引揚者新聞』創刊号の巻頭記事からは、海外財産を失ったことや、引揚者の苦境に対して同法が「無味無乾《ママ》燥」なものであるという政府への不満が読み取れる。「引揚者団体全国連合会」はこのような状況下で成立し、『全国引揚者新聞』を通して、引揚者を結束して政府に対応を求めたと考えられる[11]。

『全国引揚者新聞』が収録された『台湾引揚者関係資料集』の解題を記した河原功によると、同紙は一九四八年九月に「引揚者団体全国連合会」の活動を側面から応援する意味で創刊された。この「引揚者団体全国連合会」は「都道府県引揚者団体・関係団体の連合、連絡、調整」を目的として前月（八月）に結成された団体である。前述した、元台湾総督府関係者や台湾関係大企業との協議により、台湾引揚者の救済援護行う目的で成立した「台湾引揚民会」（一九四六年設立）も「引揚者団体全国連合会」に参加した。台湾からの引揚者は、他地域の引揚者と比較して、相対的に恵まれていたため、「台湾引揚民会」は「引揚者団体全国連合会」の中核的存在となった[12]。『全国引揚者新聞』は一九四八年九月の創刊以降、翌一九四九年九月まで発行された（月に二回、発行所東京都目黒区）。第一号から第二〇号の一面の左上の小口には「本紙の信条」が掲げられており、その内容は次のとおりである。

1. 未帰還者の引揚促進
2. 帰還者の在外資産返還に対し政府の保証確保
3. 未帰還留守家族遺家族の生活援護徹底
4. 引揚者の反共民主化
5. 引揚者ならびに縁故者相互連絡改善協力更生

これらの「信条」は『全国引揚者新聞』発行の目的を端的に表している。同紙は一年間しか発行されなかったが、敗戦直後の引揚者側の資料はほとんど残されていないため、引揚者の状況を知る手がかりとして貴重な史料である。また、『全国引揚者新聞』は社長の古賀千代子のほか、編集発行者に枠本誠一、幹部に柴山愛蔵などがおり、新聞社の重要人物と編集に携わる人物が台湾関係者であったため、台湾引揚者に関連する記事が多いことが特徴である[13]。ここから、引揚の過程において比較的に恵まれていた台湾引揚者が戦後の引揚者の連帯において、一定の役割を果たしたこともうかがえる。

一―二 『台湾婦人界』の人脈と経験

河原の解題を踏まえ、台湾関係者によりフォーカスしてみると、『台湾婦人界』（一九三四年五月創刊）の人脈と経営の経験が多く反映されていることが発見できる。

『全国引揚者新聞』が主催した座談会の記録を見ると、「本社側」の参加者として古賀千代子、枠本誠一、柴山愛蔵のほかに、小島倭佐男の名もある[14]。小島倭佐男は一九三七年一一月から現存する一九三九年六月までの『台湾婦人界』の編輯兼発行人を務めた[15]。また、先述した古賀千代子は一九三五年に『台湾婦人界』を刊行する台湾婦人社の社長に就任した人物であった[16]。これらの事実から、全国引揚者新聞社において台湾関係者や元新聞・雑誌社員が多かったことだけでなく、『台湾婦人界』の人脈が中核であったことがわかる。

新聞のコラムの内容や経営の手法も『台湾婦人界』時代の影響がうかがわれる。例えば、第一号には「花街の女人消息記 女人群像」という記事がある[17]。同記事では、カフェや飲食店を経営した女性たちの引揚後の再出発の状況が紹介されているが、「女人群像」という語を用いたタイトルとともに、文章の作風が『台湾婦人界』によく見られた異なる職業や趣味の女性を紹介する記事に類似している[18]。これら読者の目を引くタイトルと記事の内容からは、『台湾婦人界』の影が透けて見える。また「引揚者相談室」や「はがき回答」などの企画は、戦前の雑誌にも同様のものが見られ、読者との距離を縮める双方向性を持つ手法として共通している[19]。さらに、『全国引揚者新聞』の第一号では「全国引揚者の結束を緊密に」するため、地方支局を開設することを計画し、翌月の第二号で「引揚者の救済を目的」とする「事業部」を開設した[20]。戦前の『台湾婦人界』は読者を獲得するために、台湾各地に支局を設置し、「通信部」、「商事部」などを設けていた[21]。『全国引揚者新聞』は引揚者の繋がりを作り上げるために、戦前のメディア経営の経験を活用したのである。言い換えれば、読者を獲得・拡大する戦前の経営手法を戦後引揚者の連絡を緊密化させることに転用したとも言えよう。

二　内容に見る戦後の関心

一九四八年から翌四九年まで発行された『全国引揚者新聞』は、引揚者の同時期の心境と関心をどのように反映していたのだろうか。まず、新聞社側の関心と動きを見てみよう。新聞には第一号から第五号まで毎号「主張」という社説記事があった。第一号の「主張」は、前述したように、政府の引揚者対策への不満、引揚者の団結を表明するものであった。その後の「主張」は、主に住む家がない職なき引揚者に住宅を与えることを求めるものや社会の受け入れを訴えるものなどが見られた[22]。

また、新聞社が主催した座談会の内容を見れば、「国民感情の差別」を取り除くことや在外資産問題、「赤い思想」の防止[23]などにも関心を寄せていたことがわかる[24]。全体的な言説の傾向としては、生活面と精神面を含む日本国内の受け入れ態勢の整備や帰還者に対する定着援護の対策を求める主張が多く見られる。

「主張」や座談会のほかには、在外同胞帰還促進団体の訴えや活動を報道したり、ソ連抑留生活の状況について対談を行ったりもしており、未帰還者の引揚促進に力を入れていたことが見てとれる。台湾留用者のたよりや近状も掲載されている[25]。また、引揚者と縁故者の連絡の便を図るために、引揚者の住所を掲載する紙面や、各地域の引揚者、引揚民会の動向を紹介する記事も見られる[26]。これは安否の連絡の機能を果たすとともに、元台湾倉庫社長の三巻俊夫（春楓）が書いたように、「今後台湾と貿易再開の途が開けた場合、過去の経験智識を利用し得る」という期待も含まれたものであった[27]。

一年間の新聞の内容を鳥瞰すれば、ほぼ「本紙の信条」が掲げた目標、すなわち、「未帰還者の引揚促進」、「帰還者の在外資産返還に対し政府の保証確保」、「未帰還留守家族遺家族の生活援護徹底」、「引揚者の反共民主化」、「引揚者ならびに縁故者相互連絡改善協力更生」に対応していると言える。

注目に値するのは、「信条」においては、「生活援護」を訴える対象は「未帰還留守家族遺家族」とされていたが、実際に紙上で住宅などの生活援護の問題を言及する際には、「未帰還留守家族遺家族」に限っていなかった点である。また、「引揚者ならびに縁故者相互連絡改善協力更生」に関しては、地域ごとの引揚者、引揚民会の消息や動向を報道している。さらに、立て直しの記事が多いことも特徴的である[28]。敗戦後、日本に引揚げてからの各社会階層の人々がどのような生業を営み、どのように生活を立て直したのかといった内容が記述されているのである。これは、「連絡改善」のみならず、「更生」の要素としても意味付けられる。

これらの立て直しや引揚者の動向の記事からは、これまで知られていなかった一般の人々の台湾引揚者の戦後の再出発の状況もうかがい知ることができる。戦前、台北で料亭や料理店、喫茶店、カフェなどを営んでいた女性たちが、引揚後、東京駅や新宿、銀座などの交通の要所や繁華街に店を探し、関連した商売を続け、場合によっては地方で同じ屋号で商売を続けていた例も見られるが、形勢観望中、あるいは各地を転々とする例もある。民間企業の場合は、戦前の産業に関連する産業に従事し続けた例も少なくない。また、地方で貿易会社や商店、飲食店、小売店などを立ち上げたケースも多い。全体的に見ると、同紙の記事中に登場した一般の人々において、戦前と戦後の職業との間に高い連続性を有していることが読み取れる[29]。

一方、『全国引揚者新聞』には読者の寄稿も掲載されている。ここからは読者側の関心、訴えを読み取ることができ、特に、住宅や職場、資金の貸出など、引揚者の更生策に関心が寄せられていることが見てとれる。例えば、第四号に竹腰進一の「明るい希望につながる　引揚者更生の具体策」という寄稿文が掲載されている。竹腰は台湾関係者で、引揚前に台北で竹腰商店を経営しており、台湾絹工業組合常務理事、國防被服社長も勤めていた[30]。竹腰は引揚者が全資産を「日本軍閥のとく《ママ》罪のために賠償として接収された」、「国民に代って賠償の義務を果たしてきた」と考えており、政府に対して「引揚者に住居を与えよ」、「優先的に職場を与えよ」、「厚生資金の復金貸出を大幅に実施せよ」と要求している[31]。

以上のように、新聞社にせよ、読者側にせよ、引揚後の関心は在外資産の賠償、居住と職業を含む生活の立て直しに集中しており、また、引揚者の消息を提供し、日本社会の引揚者に対する同情と理解を求める記事が見られる。これらは戦後初期の引揚者に関わる問題をよく表していると言える。

一方、台湾への思い、ノスタルジアは記事中においてほとんど見られない。ただし、かつての同僚である台湾人の訃報に心を痛めながら、旧交を温め、昔の思いを振り返る記事は確認できる[32]。

三　戦前の経験を生かす

新聞の全体的な関心は、引揚者の更生と、日本社会内部に存在する差別の感情を取り除くことにあったが、それに関しての具体的な主張を見てみよう。

三―一　日本国民への訴え――国民感情の差別を取り除くために

一九四八年一一月、新聞社は「引揚者対策座談会」を催した。参加者は衆参両院の在外同胞引揚特別委員会の委員を務める議員数名が中心であった[33]。座談会の話題は主にいかに「国民感情の差別」を取り除くのかという点に集中した。朝鮮関係者で引揚者団体全国連合会委員長を務めた穂積真六郎は次のように述べている。

（前略）外地に行くと内地にいる人との間に国民としての感情的差別が生れているのです。つまり勝手に行ったのだから、今帰って来ても吾々の責任ではない。と云う気持を捨てて貰いたい。しかし一方に於て外地から来た人もよく国内のことについて反省してみる必要がある。[34]（傍線は筆者）

穂積の言及のうち、傍線部分は戦後日本社会が引揚者に対して持っていた普遍的な気持ちを端的に表したものと思われる。「国民感情の差別」を感じたのは朝鮮引揚者だけではなく、地域に関わらず全ての引揚者に共通する点であった。引揚者と国民の間になぜ「垣根」が存在しているのかという点について、台湾引揚者で新聞社の社長でもある古賀は「一般に国内にいた者は海外生活者が今まで可成りよい生活をしてきたと云うことに反感を持っているのではないか」と述べている[35]。このような社会の雰囲気を認識したのは古賀だけではなく、すべての出席者が共有していたと考えられる。このような時代の空気の中で、穂積は前述のほかに「引揚者に対して恵み与えると云う様なことではいけない」、「それより生活再建の出来る方法をとってほしい」と述べている。つまり、穂積は日本国内にいる国民と引揚者双方に向けて、相互理解と感情の交流を呼びかけながら、国民感情の対立を避けるために、引揚者への援助を「恵み与える」ものとするイメージを避け、「生活再建」と「国民感情」の衝突の間でバランスを取ろうとしていたと言える。また、司会を務めた台湾関係者の川村直岡[36]も「感情的対立」に対して「私共引揚者は甘やかしてはいけない」としながら、「政府に対して強く当ってやらねばならぬ」と述べている[37]。

一方、在外同胞引揚特別委員会の委員で、女性教育者でもある木内キヤウは引揚者でない立場から、引揚者に対する受け入れ感情について、次のように述べている。

この引揚者の人達は既に海外に出かけて行く時に、大きな思想を持って出て行った人達だから、海外の生活、大きな線の太い生活をしていたのだから、その大きさがこれからの日本の島国根性を救うものの大事なものであるのだから、これらの人達の力を日本の再建に生かして貰らはねばならない人達であると云うこともよく考えて貰いたい。[38]

木内は、引揚者が戦前大きな思想（＝新天地開拓の考え）を持って海外へ行った者として、日本の再建に不可欠な人々であると日本国民に訴えている。言い換えれば、戦前の開拓の思想が戦後日本の再建に生かせることを強調し、日本国内の人々が「引揚者」に対して持っている、「外地で恵まれた生活を過ごした」というマイナスのイメージや偏見を取り除こうとしていることが見てとれる。

三―二　更生の方法――戦前の経験を生かせ

一方、引揚者向けの訴えに関しては、「祖国再建に海外生活の体験を活かせ」という寄稿が見られる[39]。寄稿者の森田正夫は引揚者を二種類に分類している。一つは「武力の恩恵によって栄華をほしいままにした所謂帝国主義的渡航者」で、もう一つは「本当に海外発展の大道を歩いた者」、すなわち「よりよき社会」を作るために出かけた渡航者である。この言説は、森田ら引揚者の自己認識と歴史観を考えるにあたり、重要であると考える。森田自身は自分が「よりよき社会」を作るために海外へ渡っていった「開拓」者として自己を位置付ける。これはおそらく少なくない引揚者の自己認識と一致しているのであろう。戦前台湾の有名な実業家、三巻俊夫も「過去の幻影を忘却」できない人は台湾での生活が「衣食足□（□は判読不能）宴遊相次ぎ生活上の不安なく、社会的の地位を得、当人はもちろん家族までも一般民衆を指導する意気込で優越感に浸って居った」からであると指摘している。その一方で「元来我々は侵略者でもなければ搾取者でもない、条約下公然日本領土に編入せられた新領土に移住して、半生をその開発に傾倒し、いささか文化の向上に貢献したつもりであった」と述べている[40]。この語りにも、優越感のある植民者／海外発展に傾倒した貢献者という構図が存在しており、自らを後者に位置付けていることがうかがわれる。

森田の寄稿に戻る。「開拓」者として自己を位置付ける森田は、文章のはじめに、「旧大陸から新大陸へ渡った人達が理想にもえる有能な分子であった」ことが「高度のアメリカ文化社会」の建設ができた要因の一つであるとしている。さらに、文章の後半に森田は「祖国再建の天命によってよび戻された以上は、かつて外に向って発揮した「開拓精神」——パイオニアスピリットと、その有為な能力と、豊な生活経験を内に充満させせなければならぬ」と述べている。これをもって、引揚者に「貴重な体験を新建設の方向に」発展させることを訴えている。

アメリカ新大陸への開拓精神と、日本の植民地経営を結びつける言説は戦前の新聞にもよく見られる[41]。このような新天地「開拓」の言説が引揚後「祖国再建」に転用されたと言える。ただし、戦後の「祖国再建」に貢献するための言説には、戦前に強調された「開拓」の言説だけではなく、外地での経験が遺産として付け加えられたのである。

戦前の体験を活かして戦後の再建に貢献する、という言説を用いたのは森田だけではない。『全国引揚者新聞』第七号の一面の「論壇」で「国家の再建と引揚者　復興の源動力たらしめよ」という文章が掲載されている[42]。執筆者は台湾関係者で水産技術者として一時期留用され、当時南日本漁業理事長を務めていた前根寿一である。前根について述べると、一九四六年の台湾引揚民会が設立直後から台湾引揚者の就職斡旋対策として海産干物の全国的な背負販売が展開されたが、前根はこの援護事業に参画し、彼の援助協力のもとで事業が進められた[43]。

前根は「引揚者の特質」について「大部分は外地において活躍し特殊の経験を重ねてきた者である。国内で得られぬ技能や技術を有するものもいる」と述べている。自分が台湾で水産業に従事した例を取り上げ、「台湾及び南方で畜産業に従事したものには国内業者の到底及ばぬものがある筈」と自負しながら、「引揚者の特異な体験と技術を活かし国家再建に寄与する事業を興すならば引揚者自らの手による救済ともなり一石二鳥の効果をおさめることが出来る」と期待を示している。

以上のように、座談会の発言にせよ、寄稿や論壇にせよ、戦前の開拓精神を強調しながら、国民の差別感情を払拭しようとする姿勢が見られる。それと同時に、引揚者向けの訴えから、戦前の経験を生かし、自力更生と国家の再建に寄与するという主旨の言説がうかがえる。この戦前以来の開拓精神に外地経験の活用が付加された言説からは、戦前と戦後の連続性が見てとれる。

三―三　台湾との繋がり――経済復興と「ノスタルジア」

前述したように、『全国引揚者新聞』には、台湾を「故郷」として考える叙述はほとんど見当たらない。これまで見てきたように、引揚者たちは戦後の生活の再建や日本内地の社会に適応していくことに精一杯で、台湾を想う余裕がなかったと考えられる。また、この時期、まだ日本に帰還できない者さえいたため、「故郷」と目されたのは、むしろ日本であった。

『全国引揚者新聞』の第三号には農業技術者として留用された磯永吉の「望郷私信」が掲載されている。これは磯の友人への私信であるが、「短信の中にせつせつたる慕国の情胸に迫るものがある。特にしう録したゆんである」と新聞社によって説明されているように、ここでの「郷」は日本を指しており、内容は日本の風景と旧友を偲ぶものである。台湾に留用され、「さびしい帰心矢のごとく胸をつく」磯は台湾に身を置き、目の前の風景と心境を次のように吐露している。

想ひ出はつきず、昔を夢に山川を散歩しても、自然は変らねど環境は異り、もれる燈火は同じながら住む人も、往き交う人も全く等しからず。世の変転を語りながら、督府の塔は今なお中空にそびえている。[44]

前半部や「督府の塔は今なお中空にそびえている」という一節が物語るように、目の前の風景は戦前と同じであっても、その意味合いや実態がすっかり変わったことに対する磯の複雑な心情が切々と伝わる文章である。

では、『全国引揚者新聞』において、台湾への思いや意識はどのような形で現れたのだろうか。これに関して、興味深い記事がある。『全国引揚者新聞』の第一号には「時の話題　バナナの香りもほのかに　待望の日台貿易」という記事が掲載されている。一九四八年七月に台湾から貿易再開のためにバイヤーがやってきて交渉が続けられたという記事であるが、その報道は次のように展開している。

バナナの絵、描いてみせれど子は識らず、川柳になるかどうかと知らぬが、乾燥バナナがバナナとだけしか知らない敗戦国の幼児たちは可愛想である、そして、曽ては街の夜店の景物であったあのバナナのたたき売りの声を忘れてから久しい、砂糖とバナナ、せめてそれだけでも手近な台湾産のやつを少し豊富に仕入れたい、というのば偽らぬ国民全部の感情ではあるまいか

台湾を失ったことは南方の感覚から切離されたに等しい、そしてその感覚の連絡が何時つくのか前途のみ透しがつかなかったところえ思いがけなく、七月半ばに台湾から、うれしい話をのせて、バイヤー五名が貿易再会のためにやって来たという、正に旱天の慈雨といった感じを受けたのは記者のみではあるまい

（中略）

台湾からは、砂糖、バナナ、パイン、ショウ脳など、何れもノドから手が出そうものばかり、最も未だ香り

だけだが、香りだけでもダ液が出ようというもの……[45]

台湾というかつての領有地の物産の豊富さとその味を「敗戦国」の子どもが知らないということから、過去の栄光を思う感情が表現されている。バナナの香りと南方感覚は戦前へのノスタルジアともいえよう。一方で、このバナナの貿易再開の交渉は生活の立て直しとも関連している。言い換えれば、戦前の誇りと台湾へのノスタルジアは、貿易再開への希望と結合し、複合的な意識として現れたのである。

結びに代えて

本稿では、『全国引揚者新聞』を通して、引揚者の戦後初期を「戦前」との関係から検討してきた。その結果、以下のことが確認できた。

まず、『全国引揚者新聞』の新聞事業の経営面と新聞発行の目的の一つである引揚者との連絡において、戦前雑誌の経営面及び読者獲得の手法などの技術・経験の連続性が見てとれた。

次に、『全国引揚者新聞』の記事内容に注目すると、日本に引揚げてからすぐに直面する生活の立て直しや国民統合の問題に、台湾関係者を中核とする『全国引揚者新聞』は一定の役割を果たした。戦後日本社会の引揚者に対する「差別感情」をいかに取り除くかという点においても、引揚者の生活の立て直し方においても、『全国引揚者新聞』の論調は共に戦前の「開拓精神」を強調するものであった。また、「外地経験」も遺産として付け加えられ、

「祖国再建」の糧とすることを求める言説が見られた。

また、大半の日本人が引揚げた翌年に発行された同紙には、生活の再建、在外資産の返還、未帰還者の帰還促進といった問題に関する記事が掲載されており、この時期の台湾引揚者たちの関心が反映されていた。一方で、一九八〇年代以降に出版された自伝や回顧録、『台湾引揚史』に見られる台湾を「故郷」と目する叙述は『全国引揚者新聞』にはほとんど見られなかった。その代わりに、台湾への「ノスタルジア」は経済復興に向けて戦前の台湾経験を生かし、台湾との貿易再開を希望する言説と結合し、植民地台湾経験者の「南方感覚」の想起という形で表出した。

総じて言えば、戦後初期の台湾引揚者は、相互の連絡と生活の立て直しにおいて、戦前の経験と人的ネットワークを活用し、日本社会の差別的感情を取り除くために、戦前の「開拓精神」の言説を活用した。一方で、台湾への郷愁はこの時期ほとんど見られず、生活の再建と貿易再開への希望とを複合した形で、「南方感覚」として意識の中に伏在していた。台湾への郷愁は、一九五〇年一〇月に『台湾協会報』が発行され、台湾を追憶する記事や文章、また、台湾の現状や文芸活動を報道する記事が次第に増えたことで、異なる段階に入ったとも言える。『全国引揚者新聞』から見た台湾引揚者の関心と意識が、一九八〇年代以降の「郷愁」を中心とした叙述と異なるのは、史料の性格や語り手の世代の違いによる部分もあるが、時間点の違いによるものも大きい。すなわち、これらの記事と文章は、まさに「戦後初期」の状況と心境を反映しているのである。

注

1　歐素瑛「戰後初期在臺日人之遣返」『國史館學術集刊』六一巻三期、二〇〇三年、二〇一―二二七頁。

2　加藤聖文は引揚に関する研究を「引揚問題研究」と「引揚者問題研究」に分類している。「引揚問題研究」とは、引揚そのもの、例えば、引揚の過程、留用、日系資産の接収の問題などが挙げられる。「引揚者問題研究」とは、引揚者を対象とする研究を指している。引揚者の体験、戦後の再出発、生活、受け入れ側の日本社会との関係、歴史認識などがその例である。加藤聖文『海外引揚の研究　忘却された「大日本帝国」』岩波書店、二〇二〇年、七―一二頁。

3　陳幼鮭「戰後日軍日僑在臺行蹤的考察――戰後初期日軍日僑在臺記事年表(上)」『臺灣史料研究』一四期、一九九九年、二〇〇〇年、六五―九八頁。歐素瑛（二〇〇三）前掲論文、二〇一―二二七頁。吳文星「戰後初年在臺日本人留用政策初探」『臺灣師大歷史學報』三三期、二〇〇五年、二六九―二八五頁。許育銘「戰後留臺日僑的歷史軌跡――關於澀谷事件及二二八事件中日僑的際遇」『東華人文學報』七期、二〇〇五年、一五一―一八五頁。楊子震「帝国解体の中の人的移動：戦後初期台湾における日本人の引揚及び留用を中心に」『東アジア地域研究』第一三号、二〇〇六年七月、二五―四七頁。楊子震「戦後初期台湾における脱植民地化の代行：国民政府の対在台沖縄人・朝鮮人政策を中心に」『国際政治』一六二、二〇一〇年一二月、四〇―五五頁。

4　加藤は国際関係の視点から海外引揚の全体像を包括的に扱っており、台湾に関しては、引揚の過程、台湾引揚者団体の結成と戦後日台関係、日本の台湾観の形成について分析し、帝国崩壊による脱植民地化の特異性を明らかにしている。加藤聖文（二〇二〇）、前掲書。加藤聖文「台湾引揚と戦後日本人の台湾観」台湾史研究部会編『台湾の近代と日本』中京大学社会科学研究所、二〇〇三年、一二一―一四七頁。また、浅野豊美は戦後の国際関係と冷戦下の脱植民地化の視点から、引揚者が日本社会への再統合というプロセスを経る中で、「植民」と「引揚」の記憶がどのように変遷していったのかを検討した。浅野豊美「折りたたまれた帝国――戦後日本における「引揚」の記憶と戦後的価値」細谷千博、入江昭、大芝亮編『記憶としてのパールハーバー』ミネルヴァ書房、二〇〇四年、二七三―三一五頁。

5　島村恭則編『引揚者の戦後』新曜社、二〇一三年などが挙げられる。

6 松田ヒロ子『沖縄の植民地的近代――台湾へ渡った人びとの帝国主義的キャリア』世界思想社、二〇二一年。野入直美「沖縄における台湾引揚者の特徴――引揚者在外事実調査票と県・市町村史の体験記録を中心に」蘭信三編著『帝国以後の人の移動――ポストコロニアリズムとグローバリズムの交錯点』勉誠出版、二〇一三年、三〇五―三五〇頁。

7 加藤聖文（二〇〇三）、前掲論文、一二一―一四七頁。

8 河原林直人「引揚後の邦人『南方』経験の行方」浅野豊美編『南洋群島と帝国・国際秩序』慈学社、二〇〇七年、二二九―二六四頁。河原林は引揚者の外地経験の行方を分析したほか、引揚者の抱える最大の問題は在外資産問題で、それをめぐり政府との「溝」が見られたことも指摘している。

9 野入直美「植民地台湾における沖縄出身者――引揚者在外事実調査票から見えてくるもの」『アジア遊学145　帝国崩壊とひとの再移動――引揚げ、送還、そして残留』二〇一一年、一五九―一六九頁。野入直美編『引揚エリートと戦後沖縄の再編』不二出版、二〇二四年。

10 筆者には戦前から戦後にわたり、異なる世代の「故郷意識」とその変化を分析した論考があるが、戦後の資料についてはは主に一九八〇年代出版の『台湾引揚史』（台湾協会編）を活用した。（顏杏如「流轉的故鄉之影：殖民地經驗下在台日人的故鄉意識、建構與轉折」若林正丈、松永正義、薛化元編『跨域青年學者台灣史研究論集』稻鄉出版、二〇〇八年、一七三―二一七頁。）松田ヒロ子、石井清輝は戦後の「記憶」と「住宅」の保存問題について考察し、林初梅は同窓会の活動について考察しているが、現地調査のほか、主にオーラルヒストリーを利用している。松田ヒロ子「『故郷』としての台湾――台北市青田街のコミュニティ活動と植民地の記憶」『アジア遊学145　帝国崩壊とひとの再移動――引揚げ、送還、そして残留』勉誠出版、二〇一一年九月、一七〇―一八〇頁。石井清輝「植民地時代の遺構をめぐる価値の生成と「日本」の位相」、林初梅「湾生日本人同窓会とその台湾母校――日本人引揚者の故郷の念と台湾人の郷土意識が織りなす学校記憶」ともに所澤潤、林初梅編『台湾のなかの日本記憶――戦後の「再会」による新たなイメージの構築』（三元社、二〇一六年）に収録。

11 河原林直人（二〇〇七年）、前掲論文、二二九―二六四頁。

12 台湾引揚民会は一九四九年九月に、目的と使命を果たしたとして、また台湾関係団体を一元化することに賛同して、解散することを決定した。その後、一九五〇年九月「財団法人台湾協会」の成立に合わせて解散した。河原功「『台湾引揚者関係資料集』解題」『台湾引揚者関係資料集　第1巻』不二出版、二〇一一年、三—一二頁。

13 枠本と柴山はともに台湾で新聞人として活躍した。前者は『財界之日本』を発行、後者は『昭和新報』の主筆を務めた経験がある。河原功（二〇一一）、前掲書「解題」、三—一二頁。

14 「本社主催　引揚者対策座談会（一）」『全国引揚者新聞』第五号、昭和二三年一一月一五日（一）。

15 鄭涵云「殖民地臺灣的婦女雑誌《臺灣婦人界》之研究（1934-1939）」國立師範大學臺灣史研究所碩士論文、二〇一八年、三五頁。

16 河原功（二〇一一）、前掲書「解題」、七頁。

17 「花街の女人消息記　女人群像」『全国引揚者新聞』第一号、昭和二三年九月一日（四）。

18 例えば、「秋は競馬から 競馬をめぐる女人群像」『台湾婦人界』九月号、一九三五年八月、三八—四〇頁。「台北対抗水泳国際競技会に氣を吐いた?女子水泳家列伝」『台湾婦人界』九月号、一九三五年八月、五五—五六頁。

19 「女性身の上相談部の設置」『台湾婦人界』一二月号、一九三四年一一月、一七四頁。「引揚者相談室」『全国引揚者新聞』第一号、昭和二三年九月一日（四）。「反省と明るい希望　はがき回答（一）」『全国引揚者新聞』第八号、昭和二四年二月一日（三）。

20 「支局を募る」『全国引揚者新聞』第一号、昭和二三年九月一日（四）。「事業部開設」『全国引揚者新聞』第二号、昭和二三年九月一五日（四）。

21 「商事部便り」『台湾婦人界』九月号、一九三五年八月、一〇一—一〇三頁。「社告」『台湾婦人界』九月号、一九三四年八月、九三頁。「社告」『台湾婦人界』十月号、一九三四年九月、九六頁。

22 「主張　住宅を与へよ」『全国引揚者新聞』第二号、昭和二三年九月一五日（一）。「主張　引揚者と思想問題」『全国引揚者新聞』第三号、昭和二三年一〇月一日（一）。「主張　受け入れ感情について」『全国引揚者新聞』第四号、昭和二三年一〇月一五日（一）。「主張　砕氷船と冬引揚げ」『全国引揚者新聞』第五号、昭和二三年一一月一五日（一）。

23 共産党勢力の浸透防止を指す。特にソ連からの引揚者が思想的な教育を受けてきたと疑われ、座談会の中では、その思想が日本にも上陸することが危惧されていた。

24　注14のほか、「座談会 引揚援護「愛の運動」と引揚者の当面の問題に就て（1）」『全国引揚者新聞』第七号、昭和二四年一月一日（二）。「座談会　引揚援護「愛の運動」と引揚者の当面の問題に就て（2）」『全国引揚者新聞』第八号、昭和二四年二月一日（二）。

25　「残留同胞の完全帰還」『全国引揚者新聞』第一号、昭和二三年九月一日（二）。日比野信一「最近の台湾事情」『全国引揚者新聞』第一号、昭和二三年九月一日（一）。「四たびの冬に引揚げ遅々けっきした促進団体」『全国引揚者新聞』第二号、昭和二三年九月一五日（一）。「対談　ソ連抑留生活の実相」『全国引揚者新聞』第三号、昭和二三年一〇月一日（三）。磯永吉「望郷私信」『全国引揚者新聞』第三号、昭和二三年一〇月一日（三）。速水和彦「台湾留用者よりの近状報告者」『全国引揚者新聞』第五号、昭和二三年一一月一五日（二）。

26　「九州だより」『全国引揚者新聞』第二号、昭和二三年九月一五日（四）。「私はここに居る」は第二号から、「引揚風土記」は第五号から最終号の第二十号までほぼ毎号掲載している。「私はここに居る」『全国引揚者新聞』第二号、昭和二三年九月一五日（四）～第二十号、昭和二四年九月一五日（四）。「引揚風土記」『全国引揚者新聞』第五号、昭和二三年一一月一五日（四）～第二十号、昭和二四年九月一五日（四）。

27　三巻春楓「私は生きている」『全国引揚者新聞』第一号、昭和二三年九月一日（三）。

28　「花街の女人消息　女人群像」『全国引揚者新聞』第一号、昭和二三年九月一日（四）。「引揚げて来た新聞人」『全国引揚者新聞』第二号、昭和二三年九月一五日（四）。「民間再起組の噂話」『全国引揚者新聞』第二号、昭和二三年九月一五日（三）。「更生の女神となった生業資金　台湾引揚東京都　尾形とらさんの巻」『全国引揚者新聞』第十一号、昭和二四年三月一五日（二）。

29　「花街の女人消息　女人群像」『全国引揚者新聞』第一号、昭和二三年九月一日（四）。「民間再起組の噂話」『全国引揚者新聞』第二号、昭和二三年九月一五日（四）。「引揚風土記」『全国引揚者新聞』第五号、昭和二三年一一月一五日（四）　第二十号、昭和二四年九月一五日（四）。

30　竹腰進一、一八九七年岐阜県生まれ、一九一二年盛進商行満洲支店に入り、一九一七年台北本店に転じ、一九二九年独立

創業した。帝國秘密探偵社編『大衆人事録――外地・滿支・海外篇』帝國秘密探偵社、一九四三年、（台湾）四一頁。
31 竹腰進一（寄）「明るい希望につながる　引揚者更生の具体策」『全国引揚者新聞』第四号、昭和二三年一〇月一五日（二）。
32 栗原廣美「呉金錬を憶う」『全国引揚者新聞』第三号、昭和二三年一〇月一日（四）。
33 「本社主催　引揚者対策座談会（一）」『全国引揚者新聞』第五号、昭和二三年一一月一五日（一）（二）。
34 「本社主催　引揚者対策座談会（一）」『全国引揚者新聞』第五号、昭和二三年一一月一五日（一）。
35 「本社主催　引揚者対策座談会（一）」『全国引揚者新聞』第五号、昭和二三年一一月一五日（二）。
36 川村直岡、一八九二年鹿児島生まれ。一九二一年から台湾総督府内務局地理課に勤務してから台北州内務部、専売局などを転々として、一九三六年―一九三九年台南州知事、一九三九―一九四一年台北州知事を歴任した。興南新聞社編『台湾人士鑑』興南新聞社、一九四三年、九九頁。中央研究院台灣史研究所『台灣總督府職員系統』。
37 「本社主催　引揚者対策座談会（一）」『全国引揚者新聞』第五号、昭和二三年一一月一五日（一）。
38 「本社主催　引揚者対策座談会（一）」『全国引揚者新聞』第五号、昭和二三年一一月一五日（一）（二）。
39 森田正夫（寄）「祖国再建に海外生活の体験を活かせ」『全国引揚者新聞』第五号、昭和二三年一一月一五日（二）。森田の生い立ちや引揚元は不明、寄稿の時点では「山口県光女子高校」の教員を務めている。
40 三巻春楓「猫の髭　台湾を想う」『全国引揚者新聞』第十五号、昭和二四年六月一日（三）。
41 例えば、「植民地と簡易生活」『台湾日日新報』一九一〇年六月二四日（一）。
42 前根寿一「（論壇）国家の再建と引揚者　復興の源動力たらしめよ」『全国引揚者新聞』第七号、昭和二四年一月一日（一）。
43 加藤聖文（二〇〇三）、前掲論文、一二一―一四七頁。
44 磯永吉「望郷私信」『全国引揚者新聞』第三号、昭和二三年一〇月一日（三）。
45 「時の話題　バナナの香りもほのかに　待望の日台貿易」『全国引揚者新聞』第一号、昭和二三年九月一日（二）。

第6章　女性引揚者を可視化する
――沖縄の台湾引揚者を中心に

野入直美

はじめに

この章では、階層の視点から、女性引揚者を俯瞰的にとらえることを試みる。台湾から引揚げてきた沖縄女性を対象とし、主なリソースには引揚者在外事実調査票データを用いる。

引揚者の中の女性の姿は、写真や体験記録の中に見いだせる。なぜ、改めて「女性引揚者を可視化する」という課題を立てるのか。第一節では、これまでに研究者が取り上げてきた引揚者の語りは、男性のものが女性よりずっと多かったことを指摘する。また、光があてられた女性の語りについても、離島出身の「女中」経験者、あるいは引揚後に町議員や弁護士となったような卓越した女性が多く、中間層が欠落しがちであった。さらに、聞き取りの文脈にも偏りがあった。女性引揚者は、疎開を中心とした戦争体験や、引揚道中の苦難を中心に調査されることが多かった。一方で、日本植民地下の台湾に定住し、学んだり働いたりしていた女性の日常や、引揚後の経験は看過されがちであった。

第二節では、計量研究においても、引揚女性が十分にとらえられてこなかったことを指摘する。これまで、引揚者の階層研究は、引揚者在外事実調査票データを主要なリソースとしてきた[1]。引揚者在外事実調査票は、一九五六年に厚生省が実施した調査において記された個票で、生年、本籍、出生地、渡航年、渡航先、外地での職業、終戦時職業、引揚後の住所と職業などの情報を含んだ貴重な情報源である。ただし、そもそも世帯主が回答する形であるため、配偶者や父親に同伴して引揚げた女性の情報は、部分的にしか記載されていない。またデータ公開は途上であり、現時点では全国の引揚者を一望できない。沖縄では、地理学研究者の宮内久光が、沖縄県庁が所管してきた個票にあたり、全外地からの沖縄引揚者の全数データベースを作成して研究の端緒を開いた[2]。その後、筆者は西崎純代、渡邊勉と共同研究を行い、改めて台湾と満洲を標本抽出によってデータベース化し、引揚前後の職業移動が辿れるように整えた[3]。その結果、女性が男性よりも引揚後の就労において困難に直面しがちであったという傾向は見えてきたが、引揚女性をいくつかの層としてとらえるまでには至らなかった。渡邊と筆者は、女性票を台湾、満洲の抽出データベースに追加し、引揚女性に特化した共同研究を進めることにした。

第三節と第四節では、引揚女性の階層的研究の試論として、台湾―沖縄引揚女性の職業移動を分析する。渡邊が指摘したように、女性引揚者は男性よりも顕著に「家事・無職」または「農業」になりやすかった[4]。一九五〇年代半ばの沖縄において、「農業」は零細自営農が多く、農業従事者は相対的に低階層であった。ここでは、引揚女性の戦後再包摂を困難にした要因として、地域（本籍地および引揚後の居住地）と台湾への渡航年齢に着目する。地域は、石垣島・宮古島とその周辺離島（宮古・八重山諸島）に、渡台女性の本籍地、さらには引揚後の居住地の分厚い層があることを指摘し、その特徴について考察する。年齢は、若年渡航という移動類型に光をあて、そのことが台湾で、さらに引揚後の沖縄において、女性の就労にいかなる影響を及ぼしたのかを検討する。

実際に台湾へ渡航した女性は、どのような経験をしたのか。第五節では、台湾で初職の「女中」から看護婦に転じた玉城喜美代さんの事例[5]を取り上げ、離島出身女性にとっては〈共助〉─同郷者どうしの助け合いが容易に得られなかったことについて考察する。また〈公助〉─就学や資格取得へのアクセスがきわめて限定的であったことが、台湾において、また戦後の沖縄において、女性の就業の幅を狭めてきたことを指摘する。

最後、台湾から沖縄に引揚げた医療専門職女性のキャリアの継続と断絶を論じ、地域に着目することの重要性を述べて今後の課題につなげる。

一　引揚体験の語りにおける偏り

これまでに研究者によって語りを取り上げられてきた沖縄の台湾引揚者は、男性が女性よりもずっと多かった。

筆者は、一九九九年に琉球大学生による台湾引揚者の聞き取りを、沖縄本島において行った。[6]対象者は、引揚者の親睦団体「沖縄台湾会」から二〇人の紹介を頂き、また本籍地への調査依頼の郵送によって一人の協力を得た。その二一人の対象者のうち、女性はわずかに六人であった。その女性六人のうち、出稼ぎで単身渡台したのは郵送で協力を得た一人だけで、この人の初職は家事使用人、いわゆる「女中」であった。他の五人の女性はすべて、父親は官吏、教員または経営者で、母親は主婦であり、父親に随伴して家族で渡台し、あるいは台湾で生まれ、父親に随伴して引揚げていた。六人の女性のうち台湾生まれの「湾生」であった人は一人、幼少期に家族渡台した人が二人、台湾で就労経験のある人は二人であった。台湾で就学した三人の女性は、引揚後、沖縄で教職に就いていた。

ひとりだけではあったが、離島出身のもと出稼ぎ女性を調査したことで、単身渡航の出稼ぎ女性と、世帯主男性に随伴して渡台し引揚げた女性とでは階層が相当に異なっており、台湾での経験も隔絶していたことがうかがえた。後者は、本人または母親が主婦であった人が多く、台湾での就労経験は聞き取れなかった。彼女たちが、上下水道が完備された快適な公官吏の宿舎などで暮らしていたとき、出稼ぎ女性は「女中」からバス車掌、運転手へと懸命に技能を高め、郷里に一銭でも多くの仕送りをするのに必死であった。

沖縄―台湾引揚については、歴史学研究者らによる本格的な聞き取りが行われ、『「沖縄籍民」の台湾引揚げ証言・資料集』[7]が刊行された。一二五人の引揚者の証言が掲載された貴重な証言・資料集であるが、こちらも女性の語り手は六人であった。そのうち疎開で渡台した人は三人、台湾で就労経験のない「湾生」女性は二人であった。台湾に働きに行った唯一の女性は西表島出身で、台北市役所に勤務していたのであるが、語りの重点は、敗戦後に台湾在留願を出したが引揚を余儀なくされたというエピソードにあった。この証言・資料書は「引揚げ証言」ということもあり、日本統治下の台湾で学んだり働いたりしていた日常の経験はあまり記されていない。「引揚げ証言」は、疎開などの戦争体験、そして外地から郷里への帰還までの道中の困難を焦点化して聞き取られ、また語られることが多かった。同様の傾向は、市町村史の住民体験記録にもしばしば見いだせる。

台湾における沖縄女性の労働研究は、台湾と地理的に近い八重山（石垣島とその周辺離島）からの出稼ぎ「女中」の研究として始まった。先鞭をつけたのは浦崎成子で、論考は『八重山研究会会報』に掲載された[8]。また水田憲治は、一九九五年から一九九七年にかけて八重山諸島で聞き取りし、台北職業紹介所のデータを参照して、日本統治下の台北市で働いていた竹富島と与那国島出身女性たち五人の事例を分析した[9]。彼女らはみな一五歳くらいで渡台したが、台湾に姉が先住していたというパターンがいくつか見られる。初職をずっと継続した人よりも、「女中」の勤め先を変えたり多職を転々としたりした人が多く、職業の流動性は高かった。彼女たちは家事使用人として雇用主から蔑視されることもあったが、雇用主に気に入られて転勤先に伴われ、その口利きで希望していた郵便局員に転職した人もいた。

彼女たちは多くの場合、同郷の男性と結婚した。結婚のための帰郷は出稼ぎ女性の移動の定型であり、結婚で帰郷しなかった人も出産に際しては帰郷し、そのまま郷里に定住することが多かった。その場合、帝国崩壊より前に帰郷しているため、「引揚者」にはカウントされなくなる。結婚後、夫婦で再渡台した女性がいたが、この場合も、世帯主である夫に随伴して引揚げたとしたら、やはり引揚者在外事実調査ではカウントされない。「引揚者」というフレームからこぼれ落ちた出稼ぎ女性は、相当数にのぼると考えられる。

与那国島から渡台し、「女中」から看護婦に転じ、戦後は郷里で産婆、さらに町議員となった女性引揚者がいる。松田良孝「台湾・助産婦・参政権——玉城喜美代の半生」は、『八重山毎日新聞』で一八回にわたって連載され、反響を呼んだ[10]。玉城喜美代さんは、一九〇六年に八重山諸島の南端に位置する与那国島で生まれ、単身、台湾に渡航して「女中」となったが、「女中奉公先の奥さんの世話で」見習い看護婦となり、資格を取得し、看護婦として働いた。引揚後は与那国島で、助産婦として一二四八人の赤ちゃんをとりあげ、出馬を請われて町議員となった。経歴のユニークさに目が行きがちであるが、台湾で「女中」から専門職に昇った女性がどれくらい存在したのか、そのキャリアの特異性/代表性にも関心がそそられる。

傑出した引揚女性としては、『世の光　地の塩——沖縄女性初の法曹として八十年の回顧』を記した大城光代さんがいる[11]。大城さんは、一九三二年に台南で、弁護士の父、新潟出身の母から生まれた。名門の台南第一高等女学校に進学するが、ほどなく引揚となり、石垣島で高校を卒業後、本土の大学で弁護士資格を取り、琉球政府時代から判事、裁判長を歴任した。弁護士志望は父の影響が大きかったと思われる。自らすすんで書く力のある女性引揚者はきわめてわずかだが、その貴重な作品においても、台湾で働いた経験や、台湾での学びが戦後就労に及ぼした影響を見いだすことは容易ではない。

女性引揚者の語りは男性よりも少なく、その語りを聞きとる文脈もまた、戦争被害に偏りがちであった。日本植民地下の台湾における就学や就労は、あまり記録されてこなかった。階層的には、離島の出稼ぎ「女中」などの下層の女性と、戦後に目覚ましい活躍をしたひとにぎりの卓越した女性には関心が寄せられたが、中間層の女性たちは看過されがちであったといえるだろう。

二　見えにくい女性引揚者の階層性

沖縄の引揚者在外事実調査票の総数は二万七六六四で、全引揚者のおよそ七割が捕捉されていると推測されている。地域別では台湾が最多で六五二三にのぼり、沖縄引揚者の二四・四%を占めているのだが、その約四割、二二一二人は女性であった。ここにカウントされていない、男性世帯主に随伴して引揚げた女性も含めて、台湾に看過しがたい規模で沖縄女性がいたことは疑いを容れない。たしかに女性渡台者数は男性を下回ったが、「女性は少数だったから着目されてこなかった」と切り捨てることはできないのである。

前述したように、出稼ぎ女性には、帝国崩壊前に結婚や出産で帰郷し、「引揚者」としてカウントされなかった人が少なくないため、引揚者だけでなく台湾居住者にも目を配る必要がある。後者については、台湾総督府が行った外地国勢調査がひとつの情報源となる。ここでは、男女別の職業大分類集計が復刻版に収録されている一九三〇年のデータを参照する[12]。

表1　1930年台湾の沖縄・全国人口と男女比

	総数	男性	女性	女百付男
沖縄	7,442	3,935	3,507	112.2
全国	228,281	124,744	103,537	120.5

出典：臺灣總督官房臨時國勢調査部編（2000）『昭和五年国勢調査結果表』復刻版、文生書院

表2　1930年台湾における沖縄・全国の性別職業大分類（%）

	農業	水産業	鉱工業	商業	交通業	公務、自由業	家事使用人	その他	無業
沖縄女性	0.5	0	0.8	7.8	1.6	3.8	11.7	0.5	73.3
全国女性	0.9	0	1.0	6.8	0.7	3.0	1.5	0.3	85.8
沖縄男性	2.7	9.7	10.3	7.5	13.6	15.7	0.1	4.0	36.4
全国男性	2.8	1.3	11.3	8.9	6.7	27.7	0	2.1	39.2

出典：表1に同じ

表3　台湾—沖縄引揚者の性別「公務、自由業」内訳

	医療	書記	教員	官公吏・雇用員	軍人	法務	自由業	計
女性	168	97	50	26	1	1	0	343
男性	43	199	237	593	7	1	14	1,094

出典：引揚者在外事実調査票（沖縄）全数データベース

一九三〇年時点で、台湾には七四四二人の沖縄出身者がいた。日本人総数二二万八二八一人のうち最多は鹿児島県で、沖縄県は全国で七番目であった。そして沖縄出身者の男女比は、女性を一〇〇として男性が一一二・二であった。引揚者在外事実調査票データよりもはるかに、女性の比率は大きい。日本人総数では、女性を百として男性は一二〇・五であり、沖縄は全国よりも、女性の比率が高かった（表1）。

沖縄出身者の女性比率を押し上げたのは、働く女性たちであった。台湾在住の日本人女性に占める無業者の比率は八五・八%であったが、沖縄女性は七三・三%で、沖縄は全国よりも有業女性の比率が高かった（表2）。内訳を見ると、沖縄女性において最多の職業は「家事使用人」四二一人で、有業女性九三六人の約四五%を占めており、これが全国とは異なる特徴となっている。二番目に多かったのは「商業」二七五人、次いで「公務、自由業」一七七人であった。ち

なみに沖縄男性は、全国に比べて「公務、自由業」の比率が低く、「交通業」と「水産業」の比率が高かった。

外地国勢調査では「公務、自由業」の内訳が不明であるが、それについては引揚者在外事実調査票データを参照することができる。台湾─沖縄引揚者六五二三人のうち、外地における最長職が「公務、自由業」に該当したのは、男性一〇九四、女性三四三人であった（表3）。女性は男性よりも大幅に「公務、自由業」が少ない。しかし看護婦・保健婦・産婆などの医療系専門職が一六八人と、医師を中心とする男性の医療系専門職四三人を大きく上回り、ひとつの層を成していたことがうかがえる。女性の「官公吏・雇用員」は二六人で、男性の五九三人に比べて大幅に少なかったが、「書記」九七人、「教員」五〇人と、ホワイトカラーや専門職として働く沖縄女性たちは確かに存在していた。

しかし、引揚前後にまたがる職業移動を分析しようとすると、このような専門職女性を層としてとらえることは予想以上に困難であった。筆者は、戦後沖縄の再編を担った引揚者を「引揚エリート」というフレームによって、定量的・定性的にとらえなおす共同研究に、二〇一九年から三年をかけて取り組んだ[13]。その定量分析によって階層性が見えてきた引揚者は総じて男性であり、層としての働く女性は十分に把握できなかった。

渡邊勉は、台湾、満洲引揚者の潜在クラス分析を行い、「那覇市以外の沖縄本島で農業をしている満洲引揚者（二六・六％）を筆頭に七つの潜在クラスを析出したが、上位五クラスまではほぼ男性のみで構成され、クラス六「石垣島または宮古島の無職女性（台湾引揚）」、クラス七「石垣島または宮古島で農業をする男女（ほぼ台湾引揚者）」に、女性がかろうじて位置づいた。渡邊は改めて男女で台湾、満洲引揚者を比較し、「女性は男性に比べて無職、農業への移動が大きかった。継続可能性が低く、待遇のいい職業への移動も難しかった」と結論づけた[14]。戦後の再包摂において男女格差があったという指摘は重要であるが、外地で働いていた女性をいくつかの層としてとらえ、戦後職へのつながりや断絶を明らかにするという課題は残された。渡邊と筆者は、引揚の階層研究を、女性に特化して継続することにした。

三　試論――女性引揚者の職業移動分析

沖縄の引揚者在外事実調査データを用いた研究は、地理学研究者の宮内久光が全地域の外地引揚者のデータベースを作成することで始まった（①全数データベース）。次いで、「引揚エリート」の共同研究にあたり、改めて標本抽出によって台湾と満洲の引揚者をデータベース化し、戦前と戦後の職業移動を辿れるように整えた（②標本抽出データベース）。そして今回、女性に特化した引揚研究のために、②に女性票を追加した（③女性追加データベース）。女性票は、台湾は②の抽出標本一七六に二〇七を無作為抽出で追加し、三一三票とした[15]。満洲はもともと女性渡航者が少なく、追加段階で無作為抽出できなかったため、欠損がない票をかき集めて九五を追加し、一六八票とした。

引揚女性の台湾での最長職と、引揚後、一九五六年の調査時に就いていた戦後職とを照合すると、台湾で最も多かった「サービス業」は三八・六%から一二・三%へと大幅に減少していた（表4）。もともと数が少なかった「公務」「製造業」「運輸・通信業」は、ほぼゼロにまで減少し、代わって増加したのは「家事・無職」と「農業」であった。農業以外では「卸売・小売・金融・不動産業」が微増しただけで、あとはすべて減少であった。台湾ではごく少数であった「農業」は、二・六%から一九・六%に増加したが、それでも四分の一に及んでいない。戦後、台湾―沖縄引揚女性の半数弱は、「家事・無職」になっていた。彼女たちは引揚によって、賃金労働者であることから大幅にこぼれ落ちたと言えるだろう。

表4　台湾—沖縄引揚女性の職業移動

	在外最長職	%	調査時職	%
サービス業	119	38.6	41	12.3
無職・家事	53	17.2	147	44.3
公務	23	7.5	3	1.0
製造業	21	6.8	2	0.6
卸売・小売業・金融・不動産	19	6.2	28	8.4
日本軍（外地）・米軍（戦後）	17	5.5	4	1.2
運輸・通信	15	4.9	0	0.0
農業	8	2.6	65	19.6
漁業	6	1.9	0	0.0
不明・その他	27	8.8	22	6.6
計	308	100	312	100

出典：引揚者在外事実調査票（沖縄）女性追加データベース

これを満洲引揚女性と照らし合わせると、新たな特徴が見えてくる（表5）。日本帝国期、満洲にいた沖縄女性は、「農業」の比率が三二・三％と大きく、「無職・家事」はわずかに五・五％と、台湾よりもかなり少なかった。満蒙開拓団の存在は、女性の「農業」比率を押し上げ、専業主婦を少数派にしたと考えられる。戦後職との比較では、「農業」の比率はほとんど外地最長職と同じであった。「家事・無職」は五・五％から二九・五％へと増加しているが、それでも半数弱を占めた台湾引揚女性よりは大幅に少ない。満洲引揚女性の受け皿となったのは、「農業」以外では「サービス業」と「卸売・小売・金融・不動産業」で、それぞれ約一割であった。台湾引揚女性と比べると、「農業」は、伸びとしては台湾が大きいが、職業構成上の比率では満洲が上回った。また満洲引揚女性は、「農業」以外の職業もいくらかは受け皿となり、台湾のように引揚女性が賃金労働者であることから大幅にこぼれ落ちることはなかった。また少数であるが、台湾引揚女性がほとんど就かなかった米軍基地関係の軍作業に、満洲からの引揚女性たちは就くことがあった。

台湾と比べると、満州引揚女性は、外地で「無業、主婦」であった層が薄く、農業の他にも就労経験はさまざまに広がってい

表5　満州—沖縄引揚女性の職業移動

	在外最長職	%	調査時職	%
農業	53	32.3	56	33.7
サービス業	27	16.5	19	11.4
卸売・小売業・金融・不動産	22	13.4	19	11.4
製造業	14	8.5	2	1.2
建設業	1	0.6	0	0.0
運輸・通信	11	6.7	0	0.0
公務	8	4.9	1	0.6
日本軍（外地）・米軍（戦後）	9	5.5	8	4.8
無職・家事	9	5.5	49	29.5
不明・その他	10	6.1	12	7.2
計	164	100	166	100

出典：表4に同じ

た。そのことは、戦後、沖縄における労働市場に再包摂される過程において、台湾引揚女性よりも有利な状況を満州引揚女性にもたらしたと考えられる。

性別で比較すると、台湾引揚男性の調査時における「失業・無職」は七・三%で、女性のように半数弱ということにはなっていない（表6）。「農業」は戦前の一・七%から二四・九%に増えたが、女性のように、その他の仕事がほぼ軒並みゼロ水準まで減少することはなかった。「公務」は、戦前の三〇・〇%から一二・五%にまで減ったが、ひとつの受け皿になっている。男性は、「製造業」「サービス業」「建設業」「卸売小売・金融・不動産業」などでも働いた。

満洲引揚者を性別で比較すると、男性の失業者が女性に比べて非常に少ない（表7）。「製造業」や「運輸・通信業」のように沖縄に受け皿が少ない職業は減少しているが、「公務」は微増しており、「サービス業」や「卸売・小売・不動産業」、そして米軍基地の軍作業も男性引揚者のひとつの就労先となっていた。台湾引揚者の性別比較と照らし合わせると、確かに満洲引揚者においても女性が男性よりも無業になりやすい傾向があるが、台湾引揚女性ほどには顕著ではない。

表6　台湾―沖縄引揚男性の職業移動

	在外最長職	%	調査時職	%
公務	75	30.0	36	12.5
運輸通信	44	15.2	23	8.0
漁業	40	13.8	17	5.9
サービス業	40	13.8	49	17.0
失業・無職	9	3.1	21	7.3
日本軍・米軍	17	5.9	4	1.4
製造業	31	10.7	26	9.0
鉱業	9	3.1	1	0.3
卸売・小売・金融・不動産	9	3.1	19	6.6
農業	5	1.7	72	24.9
建設	4	1.4	10	3.5
不明・その他	10	3.5	11	3.8
計	293	100	289	100

出典：引揚者在外事実調査票（沖縄）標本抽出データベースから女性票を除いて作表。

表7　満洲―沖縄引揚男性の職業移動

	在外最長職	%	調査時職	%
農業	224	37.6	262	44.0
製造業	158	26.6	24	4.0
運輸通信	77	12.9	29	4.9
公務	54	9.1	60	10.1
サービス業	23	3.9	50	8.4
日本軍（外地）・米軍（戦後）	13	2.2	47	7.9
建設	11	1.8	37	6.2
鉱業	10	1.7	3	0.5
卸売・小売・金融保険	8	1.3	46	7.7
漁業	0	0	5	0.8
失業・無職	0	0	6	1.0
不明・その他	17	2.9	26	4.4
計	595	100	595	100

出典：表6に同じ。

四　女性の就業の幅を狭めたもの——離島からの若年台湾渡航

なぜ台湾引揚女性は、引揚によって大幅に賃金労働からこぼれ落ちたのか。ここでは地域と年齢層に着目し、「離島からの若年台湾渡航」を、引揚女性の戦後再包摂を困難にした要因として検討していく。

まず一九五六年調査時の居住地別に職業を見ていくと、石垣島・宮古島とその周辺離島の居住女性に、「無職・家事」と「農業」の比率が高いことがわかる（表8）。とくに石垣島とその周辺離島は、母数が大きいために、引揚女性における「無職・家事」の四二・五％、「農業」の四三％を占めている。ただし、「無職・家事」比率は、那覇市の六一・九％が宮古・八重山諸島を上まわっていることも留意を要する。「無職・家事」に含まれている、都市の勤労者世帯の専業主婦層という存在が、那覇市の比率を押し上げていると考えられる。「農業」の比率は、宮古島とその周辺離島で最も高い。一方、「公務」や「卸売・小売・不動産業」、「サービス業」で働く女性は、那覇市をはじめとする沖縄本島に集中しているわけではなく、都市部に顕著な優位が見られないことも興味深い。もし那覇まで行ったとしても、女性が働ける製造業や商業、公務などの就労先は限られていた[16]。それゆえであろうか、台湾引揚女性の六三・七％は、一九五六年調査時点で、宮古・八重山諸島に居住していたのである。

もともと、沖縄から台湾に渡航した女性には、宮古・八重山諸島、とくに石垣島とその周辺離島の本籍者が多かった。その傾向は、男性よりも女性において著しかった（表9）。さらに引揚後の宮古・八重山諸島からの地域移動は、女性より男性が活発で、女性は本籍地に留まり続ける人が多かった（表10）。とくに、最も母数の大きい石垣島とその周辺離島から外に移動していった引揚女性は少なかった。那覇市に、他地域よりも圧倒的に優位な引揚女性の就業が見いだせないことには留意すべきだが、それでも台湾引揚女性に離島出身者がきわめて多く、さら

表8　台湾引揚女性の調査時居住地別職業

	石垣島と周辺離島	宮古島と周辺離島	那覇市以外の沖縄本島と周辺離島	那覇市	計
無職・家事	62	29	16	39	146
農業	28	23	13	1	65
サービス業	11	11	7	12	41
卸売・小売業・金融・不動産	11	2	8	7	28
公務	2	2	2	1	7
製造業	2	0	0	0	2
不明・その他	9	6	4	3	22
計	125	73	50	63	311

出典：女性追加データベース

表9　台湾引揚者 性別　本籍地

	石垣島と周辺離島	宮古島と周辺離島	那覇市以外の沖縄本島と周辺離島	那覇市	計
女性	127	65	49	43	284
男性	87	65	59	50	261
計	214	130	108	93	545

出典：表8に同じ。

表10　台湾引揚者　性別　引揚後の地域移動

	女性	男性
石垣→本島	11	14
石垣→宮古	2	0
石垣島からの移動率	10.2%	16.1%
宮古→本島	9	13
宮古→石垣	4	7
宮古島からの移動率	20.0%	30.8%

注：石垣島、宮古島にはその周辺離島が含まれる。
出典：表6、7に同じ

表11　台湾における年齢層別人口（1930年）

	0～9歳	10～19歳	20～29歳	30～39歳	40～49歳	50～59歳	60～69歳	70～歳	計
沖縄女性	841 (24.0%)	888 (25.3%)	896 (25.5%)	527 (15.0%)	216 (6,2%)	93 (2.7%)	38 (1.1%)	8 (0.2%)	3,507 (100%)
全国女性	29169 (28.2%)	19767 (19.1%)	21024 (20.3%)	16123 (15.6%)	9642 (9,3%)	5116 (4.9%)	1926 (1.9%)	770 (0.7%)	103,437 (100%)
沖縄男性	855 (21.7%)	724 (18.4%)	1073 (27.3%)	798 (20.3%)	348 (8.8%)	112 (2.8%)	21 (0.5%)	4 (0.1%)	3.935 (100%)
全国男性	30336 (24.5%)	20128 (16.3%)	28871 (23.3%)	19940 (16.1%)	15007 (12.1%)	7435 (6.0%)	2553 (2.1%)	474 (0.4%)	123,844 (100%)

出典：臺灣總督官房臨時國勢調査部編（2000）『昭和五年国勢調査結果表』復刻版、文生書院

に彼女らの大多数が引揚後も島に留まり続けたことは、「家事・無職」と「農業」に分厚い層が集積されるにあたって重要な要因であったと考えられる。

次に、日本統治下の台湾に在住していた沖縄女性の年齢層を、一九三〇年の外地国勢調査データから検討する。沖縄女性には、全国女性と比較すると、若年層への強い傾斜が存在する。全般的に、植民地下の台湾で定住していた日本人は、性別にかかわらず子どもと若者が多く、高齢者がきわめて少なかったが、とくに沖縄女性は、一〇代の比率が全国女性や全国・沖縄男性と比べて高かった（表11）。

沖縄女性の若年率を押し上げたのは、十代半ばで渡航した、若年渡航の出稼ぎ労働者層であったと考えられる。若年渡航者は、低学歴・無資格のまま労働市場に包摂されざるを得なかった。小学校高等科を卒業してほどなく渡台することの多かった沖縄女性の主な受け皿は「家事使用人」、すなわち「女中」であった。女性追加データベースによると、十代で渡航した一五七人の沖縄女性のうち、一一八人（七五・二％）は石垣島・宮古島とその周辺離島の本籍者であった。そして、十代に渡台した沖縄女性の最多の最長職は「家事使用人」で、四一人（二六・一％）であった。「離島」「若年渡航」というふたつの要素は重なり合って、引揚女性の戦前・戦後の就業の幅を狭めてきたと考えられる。そのことは、台湾における「女中」業、そして引揚後の「家事・無職」と「農業」への集中に影響したのである。

五　台湾で働く沖縄女性にとっての〈自助〉、〈共助〉と〈公助〉

谷富夫は、戦前から高度成長期にかけての沖縄―本土Uターン者を調査し、沖縄出身者がさまざまな困難に逢いつつも「自力主義」を発揮し、さらに「相互主義」と「家族主義」に支えられ、本土就労と帰郷後の再包摂を果たしてきたと結論づけた[17]。マイノリティは、教育や福祉などの〈公助〉からこぼれ落ちやすく、自分の力でがんばる「自力主義」―〈自助〉に頼るしかない状況に陥りやすいが、沖縄出身者にとっては、本土に先住していた友人・知人と仕事の紹介などで助け合う「相互主義」が重要であった。またUターン後も、家族や親戚の仕事を手伝うことで「半失業」―完全な失業には陥らずに済んでいる事例があり、血縁による助け合い、「家族主義」も重要であった。「相互主義」と「家族主義」は、〈公助〉と〈自助〉の間にあって当事者が助け合う〈共助〉と言えるだろう。

台湾へ渡った沖縄女性は、どのような〈自助〉を発揮し、〈公助〉や〈共助〉に支えられたのだろうか。台湾で「女中」から看護婦に転じた玉城喜美代さんの事例[18]に立ち戻って考察する。

玉城さんは、渡台時（一九二九年）における年齢が二三歳と、一〇代半ばが多かった「女中」出稼ぎ者において、かなり年長であった。また、渡台前に郷里の鰹節工場で削りの労務に従事し、賃金労働を経験していたことも、他の多くの出稼ぎ女性とは異なっていた。本当は、教師になりたかったという。「女の仕事」として看護婦や産婆を目指し、台湾へ行けば何とかなるかと思っていたが現実は厳しく、年下の同郷女性を頼って女中の口を探した。そのとき玉城さんは、「女中になれば、しゅうとやしゅうとめに対する礼儀を住み込み先の奥さんに習える」と考えた。玉城さんの将来展望は、「女の仕事」――女性が就くことのできる専門職を考えた段階でジェンダー化されていたが、現実に台湾での就労先が「女中」しかない状況下で、さらにイエ規範に適合するようにたわめられた。しかし、「女中」になるとしても「習う」つもりで働くのである。玉城さんの中で、自分で自分を成長させようとする〈自助〉の姿勢は維持されていた。

三軒目の雇用主は、琵琶の先生をしている女性であった。玉城さんが「おまえは何で女中になったのか」と問われ、本当は看護婦になりたかったと話すと、その雇用主は、それなら自分が取り計らってあげようと、望むべくもない申し出をしてきたのである。技能を持って仕事をしている雇用主と巡り会ったことは大きな幸運であったが、玉城さんが雇用主に見せた礼儀にかなったふるまい、志の高さもまた、得難い支援を引き出したのだった。

玉城さんは雇用主の紹介で台湾看護協会に入会し、見習い看護婦になることができた。資格取得を目指して学びながら働いたが、寮では、正看護婦の先輩たちから、入浴の順番などをめぐって陰湿な嫌がらせを受けてしまう。そこには、見習い看護婦に対する冷遇だけでなく、沖縄への蔑視が含まれていた。台湾で専門職の入り口に立った玉城さんは、日本人女性の同僚との〈共助〉の可能性を取り去られてしまった。

日本人どうしで助け合えないのであれば、沖縄出身者どうしの〈共助〉はどうだったのか。玉城さんは「女中」の初職を得るのに、同じ与那国島出身の女性を頼っており、これは〈共助〉にあたる。また、かつて与那国島で勤めた鰹節工場の経営者夫婦と台湾で再会したりもしたが、そのような島の縁は、就業を支えるまでには至らなかった。玉城さんがいた台北市には沖縄県人会があり、会員には医師もいるのだが、玉城さんはそのような沖縄県人どうしの縁を求めることはなかった。与那国島出身の玉城さんには、「沖縄出身」という帰属意識は薄かったかもしれない。玉城さんが生まれるわずか三年前、一九〇二年まで、宮古・八重山だけで実施された人頭税、住民に頭割りで課される重税が続いていた。沖縄本島による離島差別と搾取は、遠い過去のできごとではなかった。

玉城さんは念願の助産婦、看護婦資格を取得し、専門職としてのキャリアを軌道に乗せていった。その過程では、台湾において医療専門職の養成講座が設けられ、資格制度が整っていたことが、きわめて重要な〈公助〉として玉城さんの自己実現を支えた。玉城さんが助産婦試験に合格したのは一九三二年だが、台湾で助産婦養成教育が始まったのは一九〇七年、試験制度が整ったのは日本・沖縄よりも二四年遅い一九二三年のことだった。台湾における医療の近代化・制度化は、台湾でそれまで助産を司ってきた「先生媽」を助産婦に切り替え、国家が出産を掌握していく過程でもあった。松田良孝は、玉城さんが受けた教育や取得した資格もまた、植民地統治の延長線上にあったことを指摘している。

その後、玉城さんは三〇歳で台北の病院を辞め、同郷の男性と結婚するために与那国島へ帰郷した。「本土の男と結婚して、たとえその男が分け隔てしなくても、親戚から『琉球人』とさげずまれたら、とてもやっていけない」。もともと沖縄には、琉球王府時代から明治期にかけて、部落（集落）内の住民どうしで婚姻する「シマ内婚」という規範があり、違反者は制裁されたり、金を払わされたりした[19]。この規範は離島のほうが沖縄本島よりも強く、与那国島にも及んでいた。したがって、玉城さんにとっては同郷の男性との結婚は自明であったかもしれないが、台湾で経験した差別もまた、玉城さんを郷里へ引き戻すひとつの要因だったかと思われる。

しかし郷里では、縁に恵まれなかった。玉城さんは、雑貨屋を開いて生計を立てようとしたが、このときリスクのある掛け売りを、母親が「みんな困っているのだから」と断らないように言ってきた。掛けは回収できず、玉城さんの予想どおり店はつぶれてしまった。「みんな困っている」というのは一見、〈共助〉のようであるが、それによって玉城さんの小商いは破壊されており、実態としては助け合いの逆であった。玉城さんは一九三八年に二度目の渡台をし、再び看護婦となったが、時代状況もあって軍属看護婦として中国大陸で勤務するなど、前よりも厳しい状況で働かざるを得なかった。終戦時には台湾に戻っていて、一九四六年に蘇芳から与那国島へ引揚げた。

玉城さんの就労において、〈共助〉は、最初に同郷者を頼って「女中」の求職をしたことを除けば、有効な助けにはならなかった。見習い看護婦のときは先輩の日本人看護婦に差別され、日本人どうしで助け合う関係は望むべくもなかった。帰郷したときの小商いは、集落住民の掛け買いによってつぶされてしまった。台湾には沖縄県人会があったが、離島出身の玉城さんにとっては、同郷団体として親しみ、進んで足を運んだり、頼りにしたりということができる組織ではなかったように思われる。

〈公助〉としては、台湾における医療の近代化と制度化が、玉城さんにとって大きな意味をもった。ただし、見習い看護婦として学びながら働くという進路は、雇用主による異例の援助があって初めてもたらされたものであった。玉城さんが享受した〈公助〉は、誰にでもアクセス可能な、開かれたものではなかった。

沖縄県内の市町村誌に掲載されている住民体験記録には、台湾で看護婦をしていた沖縄女性の語りがいくつか見いだせるが、初職が「女中」で、台湾で資格を取って看護婦に転じたという人は、玉城さん以外には例がない。市町村誌の中の女性たちは、台湾に行く前に看護婦として那覇で病院に勤めたり、本土で付き添い看護婦をしたりしていた[20]。

若い沖縄女性は、医療系専門職に限らず、様々な夢をもって台湾に渡っていた[21]。しかし、彼女らの向上心に応える制度的な受け皿、就学や資格取得の機会はきわめて限られていた。台湾には製糖、通信、鉄道など、植民地統治に必要な技能者を養成する職業訓練校が設けられていたが、訓練生は男子であり、若年渡航の女性たちには、技術習得の機会が乏しかった。このような〈公助〉の限定性は、沖縄女性の台湾における「女中」職、さらに引揚後における「家事、無職」と「農業」への集中の、構造的な要因のひとつになったと考えられる。さらに離島出身者は、「沖縄出身者どうし」という〈共助〉にも手が届きにくかったと思われる。彼女たちは、〈公助〉にも〈共助〉にもつながりにくい状況下で、台湾においてサービス業の下層へと包摂された。

前述したように、満洲引揚女性は、外地において多様な職に就き、「家事、無業」が少なかったことで、台湾引揚女性よりも有利な形で戦後に再包摂されてきた。台湾に渡航した沖縄女性、とくに「女中」となり、あるいは専業主婦として生活していた女性たちは、満洲引揚女性に比べて就労経験、さらに働きながら技能を蓄積する機会が乏しかったことで、戦後の再包摂において不利な立場に置かれやすくなったのではないだろうか。

結びに代えて

玉城さんは引揚後、与那国島で助産婦となったのであるが、引揚女性にとって専門職を戦後に続けることはたやすいことではなかった。引揚者在外事実調査用データ（女性追加版）では、台湾で看護婦をしていた三二人のうち、戦後も看護婦または助産婦となった人は七人、「家事、無業」は一二人、「無職」は六人、「卸売・小売業」と「農業」はそれぞれ三人、理髪師になった人は一人であった。たしかに五分の一弱ではあるが専門職は継続されており、非専門職の女性に比べれば「家事、無業」と「農業」への移動率は小さかった。しかし台湾引揚の男性医師が戦後、着実に専門職を継続したことに比べると[22]、台湾で看護婦だった引揚女性の専門職継続率は相当に低い。

専門職の継続には、調査時の居住地が影響していたと考えられる。「家事、無業」一二人のうち八人、また「農業」三人の全員は、調査時の住所が石垣島とその周辺離島であった。この地域には、前述したように「家事、無業」と「農業」の分厚い層があり、台湾で専門職に就いていた女性の中にも、その層へ包摂された人たちがいたことがうかがえる。ただし、看護婦・助産婦七人のうち沖縄本島在住は三人、離島は四人であり、離島居住が医療系専門職の継続に不利だったとはいちがいに断定できない。離島では、病院勤務の看護婦にはなりにくくても、玉城さんのように、家々を訪問する助産婦になることは可能であった。終戦後の離島においては助産婦の地域ニーズがきわめて高かったことも、玉城さんの事例からうかがえる。「戦前職は看護婦・戦後職は助産婦」という類型は、医療系専門職を継続した引揚女性のひとつの典型であった。

この章では取り上げることができなかったが、台湾の中の地域性もまた、女性たちの渡台と就労の類型を生じさせたと考えられる。一九三五年の外地国勢調査によると、台北州では沖縄男性二六五四人、沖縄女性二八七三人と、女性が男性を上回っていた[23]。他のほぼすべての地域では男性の数が女性を上まわっていたが、台北州に人口が集中していたため、結果として台湾における沖縄出身者の総数としても、女性四千九八〇人が男性四千九五一人を上回った。

教員、公務員、警官として渡台した沖縄出身者は、台北州、とくに台北市には配属されにくく、台中、台南、高雄などの地方に多く、都市よりも農山村に配属される傾向があったことは、しばしば指摘されてきた[24]。しかし沖縄女性には、それとは大きく異なる地域分布、すなわち都市圏への集中が見いだせるように思われる。沖縄女性に多かったサービス業の就業を地域というフレームでとらえ直し、看護婦や教員として働いた沖縄女性の勤務地についても掘り下げ、いくつもの層としての働く女性たちを、日本統治時代の台湾の中に見いだしていきたいと考えている。

付記：沖縄のシマ内婚規範についてご教授くださった安藤由美先生に深謝します。

注

1　木村由美・西崎純代「『引揚者在外事実調査票』の資料紹介：歴史資料としての意義とデータ活用の可能性」『立教経済学研究』七七巻二号、立教経済学研究会、二〇二三年、三九―五九頁。

2　宮内久光「旧南洋群島における沖縄県人の世帯と就業：引揚者在外事実調査の集計と分析」石川友紀編『旧南洋群島における沖縄県出身移民に関する歴史地理学的研究』二〇〇四年、六三―一三二頁。宮内久光「南洋に渡った沖縄出身者男性世帯主の移動形態」『移民研究』四号、二〇〇八年、一四七頁。宮内久光「引揚者在外事実調査票にみる沖縄県本籍世帯主の居住地域（1）――フィリピン」『移民研究』五号、二〇〇九年、一一三―一二二頁。

3　野入直美編著『引揚エリートと戦後沖縄の再編』不二出版、二〇二四年。同書に渡邊勉「戦後沖縄経済の牽引者としての台湾・満洲引揚者：引揚者の共通性と多様性」三一―五三頁、渡邊勉「一九五六年沖縄引揚者の類型化と職業移動」五五―八〇頁も収録されている。台湾、満洲引揚者を対象にした理由について、日本植民地下の台湾には公官吏、専門職、事務員などのホワイトカラー層の沖縄出身者が多く、満洲にも製造業やサービス業など、満蒙開拓団の外に広がる多様な就業の実態があった。「引揚エリート」をめぐる計量分析では、これら専門職引揚者等による戦後沖縄の再編への貢献を明らかにすべく、農業や水産業従事者を中心とする南洋群島、フィリピンからの沖縄引揚者ではなく、台湾、満洲の引揚者を標本抽出した。

4　渡邊勉「一九五六年沖縄引揚者の類型化と職業移動」野入直美編著『引揚エリートと戦後沖縄の再編』不二出版、二〇二四年、七七頁。

5　松田良孝「台湾・助産婦・参政権――玉城喜美代の半生」『八重山毎日新聞』十八回連載（二〇〇一年一月五日〜三月四日）参照。

6　琉球大学法文学部社会学研究室『沖縄における台湾引揚者の生活史』二〇〇二年。

7　赤嶺守『「沖縄籍民」の台湾引揚げ証言・資料集』琉球大学法文学部、二〇一八年を参照。

8　浦崎成子「日本植民地下台湾における女子労働――台湾出稼ぎ女中をめぐって」『八重山研究会会報』一九九四年、三七頁。

9　水田憲志「日本植民地下の台北における沖縄出身『女中』」『史泉』九八号、二〇〇三年、三六―五五頁。

10 松田良孝（二〇〇一）、前掲記事。
11 大城光代『世の光　地の塩――沖縄女性初の法曹として八十年の回顧』琉球新報社、二〇一四年。
12 臺灣總督官房臨時國勢調査部編『昭和五年国勢調査結果表』復刻版、文生書院、二〇〇〇年。
13 野入直美（二〇二四）、前掲書。
14 渡邊勉（二〇二四）、前掲論文、七七頁。
15 宮古・八重山から台湾への疎開令が出された一九四四年七月以降に渡台した人については、疎開者であった可能性があるとしてデータベースからは除外した。台湾疎開は重要な史実であるが、今回は引揚前後の職業移動を分析するという研究目的に照らして疎開者および疎開者だったという可能性がある票を除外した。
16 当時の那覇市は、軍用地の返還が進められてはいたが、一九五一年時点では総面積の約四分の一はいまだ軍用地として接収されており、現在のような政治・経済の中心としての発展を遂げてはいなかったことにも留意が必要であろう。志良堂清英編『那覇市概観一九五二年版』那覇市役所、一九五二年を参照。
17 谷富夫『過剰都市化社会の移動世代――沖縄生活史研究』渓水社、一九八九年。
18 松田良孝（二〇〇一）、前掲記事。
19 奥野彦六郎『沖縄婚姻史』国書刊行会、一九七八年。瀬川清子『沖縄の婚姻』岩崎美術社、一九六九年。
20 読谷村史編集委員会『読谷村史　第五巻　資料編四　戦時記録　下巻』読谷村役場、二〇〇四年、六四六頁。宜野座村誌編集委員会『宜野座村誌　第二巻　資料編一　移民・開墾・戦争体験』宜野座村役場、一九八七年、二二五頁。
21 松田ヒロ子は、職業婦人になりたくて台湾に渡り、なんとか「女中」職を避けて働こうとした女性や、貯金をして和文タイプの学校に通い、卒業後は海軍基地でタイピストを務めた女性がいたことを記している（松田ヒロ子『沖縄の植民地的近代――台湾へ渡った人びとの帝国主義的キャリア』世界思想社、二〇二一年、一一五―一一九頁）。台湾渡航に、若い沖縄女性の向上心が託されていたことがうかがえる。
22 野入直美（二〇二四）、前掲書、一〇三頁。
23 臺灣總督官房臨時國勢調査部編『昭和十年国勢調査結果概報：国勢調査結果表（上）』復刻版、文生書院、二〇〇〇年。

24 又吉盛清『日本植民地下の台湾と沖縄』沖縄あき書房、一九九〇年、一二九頁、一五四頁。安村賢祐『日本統治下の台湾と沖縄出身教員』大里印刷，二〇一二年、四六頁、一三五頁、一四三頁。

第7章　台北帝国大学教授・楠井隆三の引揚と戦後

黄紹恒

はじめに

一九四五年八月一五日、昭和天皇の「玉音放送」により、第二次世界大戦に終止符を打つことになった。同時に、多くの人々の人生がこの日を境に大きく変わっていった。戦後初期における日台間の越境、そして当事者たちがその過程で経験した出来事や帰国後の境遇に関する記憶は、それぞれの心の中で沈潜し続けたが、一方で時の流れとともに次第に呼びおこされていく場合もあった。或る者はその記憶や感情を心の奥底に秘めたままにし、或る者はさまざまな形でそれを表現し、または語ることを始めた。こうした経験は、原爆被害者の苦悩や訴えと共に、現代日本の精神史の重要な一部を形成するものとなっている。

日本が降伏を宣言した後、ただちに台湾に赴き、台湾総督府の終戦処理に協力した大蔵省の官僚・塩見俊二によると、一九四五年一〇月、中華民国政府が任命した台湾省行政長官である陳儀が台湾に赴任する前に、陳の秘書長である葛敬恩が「現在の状況は変えず、日本の紙幣も一時的に併用する」と新たな台湾当局の方針を伝えたため、台湾に残っていた日本人は、台湾の現状に大きな変化はないだろうと楽観的に見ていた。これに加えて、戦後の日本国内では食料不足や就職難などの問題が予測されたことから、当面の間は台湾に留まりたいと考える日本人が相当数いた。

しかし、同月下旬に陳儀が台湾に到着すると、それまでの安定した生活が徐々に失われていった。まず、台湾でのインフレーションが深刻化し、それに伴い台湾在住の日本人の生活状況も悪化した。一二月には、台湾の新聞でフィリピンや日本にいる台湾人が日本人から圧迫を受けているという報道がなされたため、台湾社会における日本人への態度が変化することになった。また、陳儀政権による「日産」(日本植民地政府関係の官有財産、在台日本人による法人、また個人の私有財産等)の処理によって、多くの日本人が仕事を失い、在台日本人の経済状況は一層厳しいものとなった。さらに、米価が翌(一九四六)年一月末から急騰し、二月には日本人の逮捕が報じられるなど、治安が悪化の一途を辿ったため、台湾に留まることを望んでいた日本人の多くが、その考えを改めざるを得なくなっていった[1]。

だが、台湾当局としては留用された人員とその家族以外の日本人が台湾に留まることを許可しない方針であったため、戦後初期における在台日本人は個人の意志に関わらず、最終的には「日僑」という身分で日本へ送還されることになった。

さて、ここでは、このような戦後直後の渾沌とした台湾において、台北帝国大学(以下、台北帝大)文政学部の経済学講座教授を務めていた楠井隆三(以下、楠井)の足跡を追っていく。楠井は、当時の台湾においても、日本国内においても社会のエリート層に属しており、彼の戦後初期における台湾および日本での境遇は、彼が終戦前に有していた社会的・経済的地位と密接に関係していると考えられる。

筆者の知る限り、楠井について現在最も包括的な研究は山崎好裕によるもので、山崎によると、戦後楠井は一九四五年一二月まで国立台湾大学（以下、国立台大）文政学院に留任し、同時に台湾省行政長官公署（以下、公署）の財政処経済委員に任命され、経済建設調査委員会および税務会議に参与した。また『台湾省五十一年来統計提要』の編纂にも携わった。そして一九四六年四月に帰郷し、同年五月一五日には関西学院大学（以下、関学）の教授に就任、一九六八年に定年退職した後、長崎県立国際経済大学（現在の長崎県立大学）に転任し、一九九一年に逝去した[2]。

しかし、この楠井の戦後初期の引揚者としての境遇については、山崎の研究範疇に含まれておらず、これまで特に言及されてこなかった。そのため、本稿では、現在入手可能な資料をもとに、「戦争世代」に属する楠井の、一九四五年八月の第二次世界大戦終結から一九四六年五月に関学経済学部教授に就任するまでの過程を辿ることにし、戦前の日本社会で「学歴貴族」と称されるエリート層が台湾や日本、さらには世界規模の歴史的な大変革のなかで、一般の「庶民」とは異なる境遇において、どのような経験をし、何を感じ取っていたのかを明らかにしていく[3]。

一　台北帝大から離れる

一九四五年、中国重慶に避難していた中華民国国政府は、同年八月二九日に陳儀を台湾省行政長官に任命した。九月八日には「台湾省行政長官公署組織大綱」を公布し、九月一四日には「中央訓練團臺灣行政幹部訓練班畢業學員赴台工作手續」（「中央訓練団台湾行政幹部訓練班卒業生の台湾赴任手続き」）を定めた。陳儀は、これらの準備作業完了後の一〇月二四日に台北松山空港に到着し、記者に対し「工業・商業の継続、行政の断絶なき遂行、学校の休講なし」を台湾接収の三原則として発表した。

陳儀は台湾に来る前、国民党の要人である陳立夫に宛てた書簡のなかで、師範学院や中等学校、そして中国語や中国歴史教育の重要性を強調していた。陳儀にとって、「中国化」の推進力となる師範学院の設立は最優先事項であった。一方、台北帝国大学の扱いについては、一九四五年の「台湾教育接管計画草案」の内容から判断すると、当初は校名の変更にとどまり、具体的な構想は必ずしも明確でなかった可能性がある[4]。

日本は降伏を宣言したが、台湾では同年一〇月二五日の降伏式まで台湾総督府により治安が維持され、台北帝大も同年一一月一五日に引き渡されるまで、創立以来の運営を維持していた。ただし、台北帝大にとって、最も重要な仕事として、大学の戦後処理や引き渡しの準備があった。一九四五年に二度の卒業式が行われたのはこのためである。第一回は同年九月二五日、第二回は一一月一四日である。創立以来一九四五年一一月一四日までに、文政学部の卒業生は合計四六六名に達し、そのうち三一三名が政学科の学生で、全体の六七・二％を占めていた[5]。

また、台北帝大総長安藤一雄は、同年一〇月に大学の戦後処理に関して、台湾総督府総務長官である成田一郎に対し、台北帝大の日本本土への移転の可能性や、移転が難しい場合に在学生を日本国内の大学へ転学させることが可能かどうかについて打診した。さらに、成田を通じて台北帝大接収委員に対し、台北帝大のさらなる発展、接収後の研究や教育の継続、台北帝大の教員による科学技術の活用などを要望していた[6]。これらの要望は、接収担当者である羅宗洛が台湾に到着した後、安藤によって改めて書面で表明された。「台北帝大のさらなる発展」とは、接収後の大学が南方文化の研究を引き続き発展させることを指し、「教員による科学技術の活用」とは、台北帝大の台湾や華南における人文・自然科学の研究、農工業の開発、医療衛生の普及が中華民国政府に貢献できる可能性を示唆するものであった[7]。

しかし、台湾社会の情勢が日本人にとって徐々に不利になるなか、すべての在台軍人と一般日本人が二か月以内に日本へ送還されるという情報が広まったことで、いわゆる「集団心理による帰国熱」が高まった。最終的には台北帝大に在籍していた日本人学生を含め、実際にはほぼすべての在台日本人が帰国することとなった[8]。また、帰国学生名簿によれば、帰国した台北帝大文政学部の学生は軍に入隊した学生と在校学生に分かれていたが、特に在校学生には経済的に多くの困難があり、たとえ特例で台湾に留学が許可されたとしても、経済的問題のために学業を続けるには難しい状況であった[9]。

この台北帝大の業務終了と引き渡しは、中華民国政府教育部の台湾区教育復員輔導委員会によって進められ、後に国立台大の初代校長となる羅宗洛が台湾に派遣され、その任に当たった[10]。

一九四五年九月中旬、羅は教育部から台北帝大接収の命令を受け、台湾への出発前に重慶で教育部長の朱家驊と数回面会し、接収の詳細について協議している。朱は、用意周到に接収を行うとともに、速やかに授業が再開できるように、日本人教師の留用や旧習を一時的に維持するなどの原則を指示した。その後、羅は一〇月一七日に台北に到着すると、公署の紹介で台北帝大教授の杜聰明に出迎えられ、大学の現状についての説明を受けた。ただ、中国国内で文政学部の接収における適任者を見つけられていなかったため、台湾に到着後、林茂生を探し出して協力を依頼し、ここでようやく羅による接収チームが整えられることとなった。そして、一九四五年一一月一五日、羅は陸志鴻、馬廷英、杜聰明、林茂生らと共に安藤台北帝大総長と引き渡し式を執り行った。その時点の台北帝大の教職員数は一八四一人で、そのうち台湾人は六〇〇人、教授と助教授は各一名であった。一方、学生数は一六六六人で、台湾人学生は三二二人であった[11]。

このように、台北帝大の接収は教育部の派遣員が行ったが、一方で公署の存在も重要であった。ここで台湾接収の体制について述べておくと、日本の降伏宣言後、中華民国国民政府は公署と警備総司令部を組織し、陳儀を台湾に派遣した。これにより、日本の降伏受諾および接収業務が行われていった。軍事組織の接収は警備総司令部、それ以外の業務はすべて公署が担当した。「台湾省行政長官公署・警備総司令部接収委員会組織規程」の第一条によれば、この接収委員会は国民政府軍事委員会委員長である蔣介石の命令に基づき、台湾接収の手順を統一するために設置された。委員会には一一の組織が設けられ、そのうち第三組が教育組であった。

当時、師範学校と台北高等学校を除く官立高等教育機関は台北帝大以外に、台北経済専門学校、台中農林専門学校、台南工業専門学校の三つの学校があった。これらは公署の派遣員により接収され、その後、省立台北法商学院、省立台中農業専科学校、省立台南工業専科学校に改組され、公署から派遣された校長が任命された。[12]

台北帝大の接収と改組は教育部の派遣員によって行われ、本来、公署は管轄外であったにもかかわらず[13]、実際の接収と改組の過程においては、公署が台湾全体の接収と戦後処理を統括していたため、一九四五年一一月に公署が発表した「大学校務維持委員会」の委員には、羅が招いた学者（陸志鴻、馬廷英、杜聰明、林茂生）に加えて、公署教育処の歴代処長である趙迺伝と范寿康も加わった。[14] また、この設立間もない国立台大は、公署からの大学運営資金の支援を必要としていた。[15]

国立台大が公署に提出した報告書によると、一九四五年一一月に台北帝大を接収して国立台大に改組して以降、学校の運営費は一九四六年三月まで台北帝大の資金を使用しており、同年四月以降は、中央政府からの予算配分が予定されていた。しかし、実際にはなかなか配分されなかったことから、初代大学校長の羅は教育部に対し解決を要請する電報を送ったものの、結果としては公署に依頼し、五月から七月分の経費を一時的に公署が立て替えることになった。[16] 八月以降は、行政院の指令を教育部が公署に通達して、公署から国立台大の必要経費を支給するよう指示が出された。[17]

一九四六年四月一日、国立台大は正式に動き出した。これは、前述の台北帝大予算の終了という事情に加え、国民政府が発行した学校の公印（「国立台湾大学関防」）および学長官印（「国立台湾大学校長」）が同日から使用されたことにもよる[18]。しかし、国立台大の設立後、文政学部は一時的に文政学院と改称されたが、一九四六年の「文政学院の出勤簿」に記載された教員名簿には、二つの経済学講座の教員は含まれていなかった[19]。つまり、台北帝大の経済学講座に関しては、すべての日本人学生が帰国しただけでなく、その時点では二つの講座の教員とも留用されなかったことになる。

経済学講座の教員が留任されなかった理由については、以下に取り上げる羅による接収過程と関連史料から理解することができる。

まず、羅は、前述の教育部から指示された原則に基づき、台北帝大の接収から国立台大への改組に向けた諸々の事務を推進した[20]。しかし実際に台湾に到着し、接収業務を開始するにあたり、学内外の多くの課題に直面することになった。

そのうちの一つが日本人教師の留用問題であった。羅は「台北帝国大学接収報告書」において、台湾社会が政府による日本人教師の留用に対し、不満や反感を抱いている状況に言及しており、大学内部でも同様であったと述べている。特に医学部では日本人教師の留用に対する反対が最も強く、文政学部でも台湾人学生の反対が見られた。また、一九四五年一〇月二九日、羅が陳儀に大学の現状を報告した際、陳儀も「文政学部の日籍教授は原則として留用すべきでない」との考えを示していた[21]。羅自身の見解としては、文政学部を文学院と法学院に改組し、文学院に文学系、哲学系、史学系を、法学院に法律系、経済系、政治系を設置する構想を持っていたが、「思想文化に関わるため、「日籍教員は一部の特例を除いて原則として雇用しない」という方針を支持していた[22]。このように、文政学部の日本人教師を留用しないという方針は、台湾の各界識者のほぼ一致した見解であったといえよう。

羅の説得と大学当局からの日本人教員に対する審査を経た結果、文政学部では西洋文学講座の矢野禾積教授、南

表1　国立台湾大学法学院における経済学・商学関連の日本人教員（1947年4月）

氏名	年齢	最終学歴	原属学校	教授課程
今西信彌	46	東京文理大学英語英文学	台北経済専門学校	商業英語、英語
塩谷巖三	45	台北高等商業学校、ジャワ・バタビヤ法科大学	台北経済専門学校	南洋経済概論、南洋民族社会概論、南洋資源論、商業概論
鈴木源吾	44	美國ウィスコンシン大学工商管理	台北経済専門学校	經營経済学、工場管理、産業会計、原価計算、英文簿記
石橋憲治	43	台北高等商業学校	台北経済専門学校	商業簿記、銀行簿記、交易所論
松尾弘	41	東京商科大学	台北経済専門学校	経濟政策、財政学、銀行論、貨幣論、経済地理
伊大知良太郎	40	東京商科大学統計学	台北経済専門学校	統計学、経済原論、経済学史、交通論

出典：速水国彦「留用實況調查書類」（河原功編『台湾協会所蔵台湾引揚・留用記録』第9巻、ゆまに書房、1998年、pp.46-48、p.200)。「地域別台灣省繼續留用者名簿」（河原功編『台湾協会所蔵台湾引揚・留用記録』第8巻、ゆまに書房、1998年、p.22)。

洋史学講座の岩生成一教授、東洋哲学講座の後藤俊瑞教授、東洋史学講座の桑田六郎教授らが留用されたことが知られている。一方、経済学第一講座の楠井隆三教授および経済学第二講座の今西庄次郎教授は留用されなかった[23]。

ちなみに、一九四六年九月に改訂された「国立台湾大学組織規程」で、国立台大は「学系制」と「単位制」を採用することとなった[24]。これについて後に第四代校長の傅斯年が台北帝大の講座制と国立台大の単位制の違いについて説明しており、国立台大は講座制の二つの前提条件である「厳格な学生選抜」と「良質な高等中学」が欠如していると指摘した。「講座」は研究重視の組織であり、講座教授の権限が非常に大きく、大学の運営全体に影響を与えるのに対し、「学系」は教育重視の組織で、「単位制」とともにアメリカの制度に基づくものであり、学術的に「非常に水準の低い方式だが、中国では国情に合致している」と傅は述べている[25]。このように、この方式を採用していた中国の大学制度に基づき再編された国立台大は、台北帝大の研究主導から、教育主導の路線へと転換したのである。

また、一九四七年四月三日に国立台大法学院の石崎政治郎が「台北高等商業学校」の用紙を用いて「日僑管理委員会」の速水国彦に提出した報告書には、学院の名称が台湾省立商業専科学校から台湾省立法商学院、さらに国立台大法学院へと変遷し、校長・院長も張金潤、周憲文、伍守恭、陳世鴻の四回の交代があったことが記され、留用された日本人教員には変更がなく、経済・商学分野の教授である今西信彌、伊大知良太郎、石橋憲治、塩谷巌三、松尾弘の五人は法学院の財政経済研究所員も兼任し、公署経済委員会の委託を受けて「台湾省経済建設五年計画」総綱の草案の策定に協力したほか、台湾銀行研究室の委託で台湾の産業経済調査を行い、鈴木源吾が公署経済委員会の専門委員を兼任していたことも記述されている[26]。

さらに表1は、一九四七年四月時点での国立台大法学院における経済学および商学関連の日本人教師に関する資料である。ここからは、改組後の国立台大法学院経済系の研究と教育が、台北経済専門学校の直接の昇格によって成り立っていたことがわかる。この点は、教員の出身校や開講されている科目が台北帝大文政学部経済学講座とは大きく異なることからも明らかである[27]。

以上に見てきたように、国立台大の「単位制」や、文政学部から独立して設置された法学院経済学系は、戦前の帝国大学システムにおける経済学が戦後の台湾には引き継がれず、新たな形で再構築されたことを示しているといえよう。

一方、留用されなかった楠井は一九四六年三月二一日に長年住み慣れた台北の家を家族とともに離れ、まず台北市内の老松国民学校にある日僑収容所に入った。二日後の二三日には基隆へ向かい、港の埠頭で一夜を過ごした後、二四日に日本への帰路に就いた。二九日に田辺港に到着し、翌三〇日に上陸した。その後、収容所で二日間を過ごした後、四月一日にようやく和歌山県の故郷へ帰り着いた[28]。そして同月一五日、関学に経済学部教授として採用されることになった[29]。

二　関西学院大学への就職

次に、楠井の関学経済学部教授への就職に至る実際の状況や、その背景にあった彼の人的関係を見ていくが、まず、関学及び関学経済学部の歴史について述べておく。同学部の『五十年史』の記録によると、次のように理解できよう。

関西学院大学の前身は、一八八九年に設立された関西学院であり、アメリカ南メソヂスト監督教会の宣教師W・R・ランバスによって、当時の兵庫県菟原郡原田村（現在の神戸市灘区王子町・原田通）に創立された。創立当初は神学部と普通学部を設置していたが、一九一二年三月には政府の認可を受け、高等学部を設置し、修業年限四年の文科と商科を開設した。

一九一八年以前、帝国大学以外の公私立大学は、名称上は大学であっても、実質的には専門学校令によるものであったが、一九一八年の「大学令」の公布により、公私立大学も帝国大学と同様に学位授与が認められ、単科大学の設立も許可されるようになった。

関西学院においては、一九二一年に高等学部を文学部と高等商業部に分割し、一九二三年には大学設置を決議した。しかし、第一次世界大戦後の世界的な経済不況により、大学昇格に必要な資金を国外から調達することが難しかったために、通称「原田の森」と呼ばれた旧校地を売却し、現在の上ヶ原キャンパスに移転することによって、この二つの校地間の売却益で得た約一〇〇万円の差額を大学昇格の基金とした。関西学院はさらに一九三一年に日本政府の許可を得て「財団法人関西学院」に転換し、大学設立の申請を行い、一九三二年三月に文部大臣の許可を得て関西学院大学を設立した。

新しい関学には、法文学部と商経学部が設置され、商経学部の設立にあたっては、関西学院高等商業学部長の神崎驥一教授を中心とする準備委員会が組織された。神崎は、新しい商経学部が実務教育を中心とした専門学校の高等商業学部の単なる昇格ではなく、学術の教育と研究を重視する大学を構想したとされる。そのため、学内の教員だけでなく、必要に応じて京都帝国大学（以下、京都帝大）経済学部からも教員の支援を求めることにした。この点は、前節で述べた台北帝大文政学部経済学講座の国立台大法学院経済学系への改組と対照的である。

このように設立初期の商経学部は、旧高等商業学部と京都帝大の二つの系統から教員が構成されていた。京都帝大系の教員としては京都帝大出身の大阪商科大学の堀經夫教授（経済原論）、京都帝大の本庄栄治郎教授（経済史）、汐見三郎教授（財政学）、小島昌太郎教授（金融論）などが非常勤講師として招聘されたが、いずれも兼任であったため、結果として専任教員が不足した。それでも、商経学部は創設当初から京都帝大経済学系の影響を強く受けていたことがわかる。

この関学商経学部の発展は戦争の影響を大きく受け、特に一九四〇～四一年の外国人宣教師の帰国は大学全体の組織や運営に深刻な打撃を与えることになった。さらに、一九四三年秋には「徴兵猶予停止」の方針が発表され、文科系の学生が徴兵対象となったことも大学の運営に影響を与えた。同年一〇月二二日、文部省は学院理事に対して「教育ニ関スル戦時非常措置方策ニ関スル件」を下達し、これにより学院理事会は商経学部の一九四四年度の学生募集停止を決定せざるを得なくなった。その結果、商経学部は戦争が終結するまで実質的に閉鎖状態となった。

しかし、戦争の終結に伴い、前述の「戦時非常措置」が廃止され、関学は一九四六年度から学生募集を再開した。この時、商経学部は経済学部と改称され、一九四六年四月には早くも台北帝大の教授であった楠井隆三を招聘することが決定された[30]。

戦後、日本の教育制度は、「連合国軍最高司令官総司令部」（General Headquarters, the Supreme Commander for the Allied

Powers、以下GHQ）の指令により、大幅な変革を遂げた。
　戦前の日本の高等教育システムは、大学、高等学校（大学予科を含む）、専門学校、師範学校により構成されており、一九四二年にはいわゆる「旧制大学」と呼ばれる大学が全国に四七校あり、関学もその一つであった。戦後の「新制大学」の歴史は、一九四六年三月にGHQの招聘により来日したアメリカ教育使節団の報告書に遡るが、高等教育制度改革に関する本格的な議論は、同年八月に設立された総理大臣の諮問機関である「教育刷新委員会」（一九四九年六月に「教育刷新審議会」に改称）により開始された。
　その様々な議論のなかで、特に私立学校に関して、戦前の文部省による厳しい管理が、アメリカの「No support, No control」の理念のもとに批判されたために、私学の設立と運営に大幅な自由が認められるようになるという劇的な変化があった。これにより、私立学校が中心となり、戦後日本における高等教育の大衆化が進展することになったが、これは、天野郁夫が述べるように、日本の高等教育史における最大の構造変化ともいえよう。関学は戦前の大学、予科、専門学校の流れを引き継ぎ、一九四八年に「新制大学」として新たなスタートを切ることになった。[31]
　楠井が関学からの招聘を受けたのは、先述の戦後日本の高等教育改革以前であり、その理由は日本政府の私学政策の変化によるものではなく、戦前から商経学部の経済学専任教員が不足していたことも一因であった。そして、京都帝大系統とされている商経学部が東京帝大出身の楠井を招聘した背景には、楠井が一九一八年九月に第一高等学校（以下、一高）に入学して以来の親友で、当時関学で教鞭を執っていた張源祥の推薦があった。[32]
　楠井は、一高で張と出会い、同じ第一部甲類（英法科）で学び、キリスト教青年会の会員でもあったことから、頻繁に交流しており、また、一高の弁論部で顔を合わせることも多く、共に関西弁を用いていた関係もあって互いに親近感を抱いていたようである。楠井が一九二一年に東京帝大経済学部に進学した後、張との交友はさらに深まることになる。張は中華民国籍で、父は中国安徽出身の大阪で活躍する商人、母は日本人である。一九二三年九月の関東大震災後、張は京都帝大経済学部に転学し、一九二四年三月に同学部を卒業、さらに京都帝大文学部へ進学している。一九三一年に卒業した後は、中国広州の中山大学で暫く教鞭を執り、一九三三年に再度来日して関学文学部の教員となった。張は東京帝大経済学部を離れた後も、楠井との文通を続け、一九四一年五月には張の計らいで関学の講演部で「時局談」を行った。一九四六年四月一日に楠井一家が和歌山の生家に戻った際、張は楠井の母校である粉河中学校を通じて連絡を取り、新しい時勢に対応するため関学での教職を勧めた。楠井は「熟慮数刻」の末、これを快諾した。ちなみに、楠井には「新制大学」が発足した後にも、数校の国公立大学からの誘いがあったが、すべて辞退している[33]。

しかし、楠井が関学で教職を務めるには、GHQの指令に基づく政治的審査の通過が必要であった。GHQの日本占領政策において重要な一環を成していた教育改革には、「降伏後における米国初期の対日方針」や後述のGHQ指令にしたがい、教育制度から軍国主義および不適格者を排除するいわゆる公職追放・教職追放があった。軍国主義的要素の排除については、アメリカ教育使節団の報告書でも言及されている。

GHQは同年一〇月から日本の占領統治を開始し、年末までに教育に関する「四大指令」を発令した。この四つの指令は「日本教育制度ニ対スル管理政策」（一〇月二二日）、「教育及ビ教育関係官ノ調査、除外、認可ニ関スル件」（一〇月三〇日）、「国家神道、神社神道ニ対スル政府ノ保証、支援、保全、監督並ニ弘布ノ廃止ニ関スル件」（一二月一五日）、「修身、日本歴史及ビ地理停止ニ関スル件」（一二月三一日）である[34]。そして、「教育及ビ教育関係ノ調査、除外、認可ニ関スル件」に基づき、日本の各大学は「教職員の除去、就職禁止及び復職等に関する審査委員会」[35]のような政治的審査機関を設置し、教職員の人事を調整することになった。関学経済学部もこの審査を行うこととなり、楠井は審査に対する不安を抱えていた。特に、一九四一年五月に関学で行った「南方問題と台湾の使命」という講演の内容により「不適格」とされるのではないかと懸念していたようである[36]。しかし、経済学部の審査委員会は「全員適格」と判断し、楠井も適格とされた[37]。この理由としては、次のような点が推察されよう。

まず、楠井は東京帝大経済学部において、河合栄治郎および土方成美両教授のゼミナールに所属していた。楠井自身の述懐によると、一高時代から河合に深い尊敬の念を抱き、経済学部を選んで河合ゼミナールに参加した。その後、土方の財政学の講義内容の新鮮さに惹かれ、土方ゼミナールにも参加するようになった。楠井は土方には敬愛の情を持っていた。土方は学生への面倒見が良く、一九二四年五月には楠井が東京帝大経済学部大学院に入り理論経済学を専攻する際、土方がその指導教授を務めた。一九二五年末、楠井は経済学部の助手に採用されず生活が不安定になったとき、土方の推薦により仙台の第二高等学校での教職を得ており、後に、土方および同学部の山崎覚次郎教授の助力により、台北帝大での教職も得ることができたという[38]。

一方で、楠井が離れた東京帝大経済学部では、マルクス主義をめぐる賛否が学問上の論争から発展し、「革新派」の土方成美、本位田祥男らが立場の異なる「自由主義派」の河合栄治郎と連携し、大内兵衛らの「マルクス主義派」との間で学問を超えたイデオロギー対立が生じ、戦時期には、各派の対立を背景に日本社会を揺るがす一連の騒動（矢内原事件～河合事件・平賀粛学）が起った[39]。楠井は経済学部卒業生として、この対立に心を痛めていたが、当時は台湾におり十分かつ正確な情報を得られず、全貌を把握することが難しかったため、自身が「河合ファン」から始まりながらも、河合と対立する立場にあった土方の門下でもあったことから、心中の悩みは一層大きなものだったと振り返っている[40]。

換言すれば、楠井は経済学部を卒業して以来、東京および東大経済学部から離れ、特に台北帝大での十余年の間は地理的な隔たりもあったことで、東大経済学部の内紛の影響を受けることがなかったと考えられる[41]。

また、楠井の学術的な志向について、山崎好裕は、楠井の学問の核心である「方法論研究」を総括し、そこには一定のマルクス経済学の見解が含まれているものの、当時の科学哲学、とりわけ新カント派を中心とする折衷的な性格が見られると指摘している。さらに山崎は、楠井の抽象的で実利性に欠ける研究志向の背後には、「日本の帝国主義政策の中で台湾統治が比較的牧歌的な状況に置かれていた」という要因が存在していると見ている[42]。以上からすれば、楠井の学術的志向は戦前の日本帝国における台湾の地位や台湾総督府の統治とも深く関連しているのである。

しかし、楠井は河合教授の「経済学史」ゼミナールに参加し、初めて接したベンサム理論には強い印象を受けたものの、特に関心のあった経済哲学や方法論については十分な学びが得られなかったと回顧している[43]。ここから推測すると、楠井の学術的志向は学生時代からすでに萌芽しており、台北帝大に職を得たことは、むしろ楠井が研究を発展させていく上で有利な条件にあったことを示しているといえよう。

楠井は台北帝大において基礎経済学（「経済原論」）の授業をほぼ一手に引き受けており、長年使用した教科書は高田保馬の『経済原論』であった。高田の経済学は、ワルラス（M.E.L. Walras）以来、欧米経済学界で確立された一般均衡理論やシュンペーターの経済理論に基づいている[44]。楠井は、台北帝大の『政学科研究年報』に発表した論文「理論経済学方法論――経済学認識論の一齣」において、理論経済学の純粋性と独立性を維持するためには「非経済学的」要素を排除し、完全で包括的な経済学体系を構築する必要があると論じた。また、この体系を代表する経済法則として「競争価格の法則」を挙げ、それが「純粋」で「精密」な演繹法によって構成されていると指摘した。この主張は、一般均衡理論の研究方法における重要な特徴を示していると考えられる[45]。

楠井は一九三〇年代末から「社会政策」の授業を数年間開講し、一九四一年度には東京帝大経済学部教授の河津暹による『社会問題と社会政策』を教科書として使用した[46]。東京帝大経済学部の「長老級」に属する河津は、「国家」を重視するドイツ新歴史学派の理論に完全に傾倒していたわけではないが、彼の次世代である矢内原忠雄らが重視するマルクス主義とも異なる立場をとっていたことは確かである[47]。

このように、楠井は研究・教育および行動のスタイルにおいて、指導教官である土方とは全く異なる姿勢を持っていたといえる。すなわち、楠井が土方やその影響を受けたドイツ新歴史学派の「国家」重視の立場とは異なり、またマルクス主義の立場にも属さない中立的な研究志向を持っていたことが、政治的審査で適格と判断される要因の一つになったと思われる。

しかし、台北帝大時期の楠井は単に「比較的牧歌的な状況」のもとに活動する学者に留まらず、日本の対外情勢の変化に伴い、台湾総督府などによる動員を受けていた。楠井は『台湾経済年報』の編集に携わり、一九四一年から一九四四年までの各年報に執筆した。具体的には、一九四一年版に「台湾経済再編成の基本的動向」と「台湾経済日誌」、一九四二年版に「第一部 進展する台湾経済 第一章総論」および「工業化の進展」、一九四三年版に「第一部 昭和十七年台湾政治経済の概況」、一九四四年版に「第一部 台湾経済武装化の進展 第一章 昭和十八年於台湾経済の概観」、台湾銀行調査部と共著で「台湾経済日誌」を発表した[48]。また、同じく一九四四年には台湾総督府から民政官に任命され、経済動員本部理事および金融部調査室主務を務めているが[49]、皮肉なのは同年九月、楠井が台湾出版文化会社から出版した『戦時台湾経済論』という著作が、台湾総督府当局によって発禁処分を受けたという点である[50]。

おわりに――台湾遥想

戦後、楠井は戦前住んでいた台湾を再訪することはなかったようだが、台湾政府当局に書簡を送り、帰国の際に持ち帰れなかった蔵書の返還を求めたことがあった。

中華民国外交部の記録によると、楠井の蔵書五六一冊は、彼が帰国前に台北帝大の同僚である陳紹馨に託して保管されていたが、陳が政府当局に申告していなかったために戦後初期に台湾当局に接収されるべき「日産」の中から漏れており、接収されず残されていた。一九五六年六月一四日、中華民国行政院秘書処の外交部への通達によると、これらの書籍は本来、政府によって接収されるべき「日産」に該当し、楠井には返還請求権がないとされたが、教育部は楠井が学術的にマルクス主義および共産主義の批判に尽力したことと、「国際学者との連携で反共勢力を強化し、共産主義への批判を強める」ために、政府名義で楠井の大学に寄贈することを提案している。約半月の議論の後、台湾政府当局は教育部の名義で関学に書籍を寄贈することを決定し、その中には楠井が返還を求めた蔵書も含まれていたという[51]。

台湾で一六年以上過ごした歳月が、「引揚者」としての楠井にとって、心情的にどのような意味を持っていたのかは、外部の者が容易に知ることができないのは言うまでもない。ただ、俳号「龍象」としての楠井の作品から、いくつかの手がかりを得ることができよう。楠井の台湾に関する俳句を、次の表２に整理した。

表2　楠井隆三の俳句（台湾関連のみ）

番号	発表年／月／日	題目	俳句	句についての補足・背景の解説（本章執筆者による）
1	1946/3/20	別れ	白柚の花も涙にくもりをり 細雨來て白柚の花ふきこぼす	楠井は台北の住居には二本の白柚の木があり、同句には、白柚の読みとして、わざと台湾語である「ベイユー」とルビをふっている。
2	1946/3/24	基隆港	春雨に荷をぬらしゐるもやひ船	楠井一家はこの日、アメリカ船で日本に帰国した。
3	1946/3/29	田辺港	白壁に桃咲く里を夢に見き	楠井一家は、この日から田辺港の収容所で二日間過ごし、四月一日に和歌山の生家に帰った。
4	1949/1/4		何となく足らへるこゝろ火桶抱く	住居が火災に遭った後、楠井はこれまでの二年半を振り返り、台湾からの引揚、インフレーション、火災、住宅難などの困難に満ちた期間だと感じたことによる句と思われる。
5	1950/12/8	追憶	氷柱も巖を突きし人ありき	楠井は一九四一年一二月八日に、数名の学生とともに台湾で演説旅行をしていた際、台中で宿泊中にラジオを通じて真珠湾攻撃を知った時のことを回想した句である。
6	1951/8/15	終戰六年を經ぬ	夏天とぎれとぎれの放送きゝし日も遠き	楠井は一九四五年四月から家族が戦争疎開したため、台北に一人残っていた。ここでは、同年八月一五日に台北郊外の台湾総督府分室で昭和天皇の玉音放送を聞いたが、雑音が多かったため、放送内容をほとんど理解できなかったことを回想している。
7			歸らざる人待つ濱に北風すさぶ	弟子生東嘉生が一九四三年九月に日本から台湾への帰路、アメリカの潜水艦による攻撃を受け、家族とともに命を落としたことを回想している。
8			碑を雕るやものうき菊日和	楠井は東嘉生の遺著『台灣経済史研究』の編集を完成させ、一九四四年一一月に出版した。
9	1954	猩猩草	華麗島の我家の庭に生ひたりし猩猩木の緋の葉おもほゆ	

10	1959	台灣なる林維吾君包種茶を送りくれる	あまさかる南の國にありて憶出の茶をおくり賜びたり
11			十あまり七とせ住みし南の島の包種茶なつかしみ喫む

出典：楠井隆三『龍象句集 附木屑録』（楠井隆三、一九五九年）、同『風光 私家版』（楠井隆三、一九六四年）。

楠井は日本帰国前に日記などの個人資料をすべて焼却しており[52]、表に整理した俳句も、すべて帰国後の追憶として詠まれたもので、大きな感情の起伏をうかがい知るのは難しいかもしれない。しかし、台湾での十六年余にわたる生活は、楠井にとって、その生涯において忘れがたい経験であったことは確かであろう。彼の台湾への思いが、これらの作品に静かな感情として滲み出ているように筆者には思われるのである。

総じて言えば、楠井が国立台大から離れ、一九四六年三月に早々と帰国し、速やかに関学で就職できた背景には、一高時代から意識的または無意識に築き上げてきた人脈が大きく影響していると考えられる。このような人脈は、明治以降の近代日本で高等教育制度や文官試験などによって構築された「学歴社会」の重要な側面を反映しており、第二次世界大戦の敗戦やＧＨＱ主導の教育改革を経ても大きな変化はなかったようで、学歴は依然として貴重な社会的資源であったといえよう。この期間に楠井が直面した最大の試練は、ＧＨＱの指令に基づき、関学で実施された教員の政治的審査であったと思う。東京帝大経済学部に留まることができず、遠く外地の台北帝大で研究と教育を始めた経験が、彼にとって審査を無事通過する要因となり、関学での二二年にわたる教授生活の道を開いたといえよう。この経験は、まさに、「世事難料」（人生は予測不能）を体現しているといえるのではないだろうか。

注

1 塩見俊二は台湾総督府の主計課長であり、日本が降伏を宣言した際には東京で公務に従事していた。その後、ただちに大蔵省の官僚として台湾に赴き、台湾総督府の戦後処理に協力した。以上の塩見の経歴と本稿の記述については、塩見俊二『秘録・終戦直後の台湾――私の終戦日記』高知新聞社、一九七九年を参照した。

2 山崎好裕「外地帝国大学における経済学者たち――鈴木武雄と楠井隆三を中心に」八木紀一郎、柳田芳伸編『埋もれし近代日本の経済学者たち』昭和堂、二〇一八年、二五二―二五四頁。

3 ここでいう「学歴貴族」の概念は、竹内洋『学歴貴族の栄光と挫折』中央公論新社、一九九九年を参照したものである。

4 「台湾教育接管計画草案――民国三十四年」張瑞成編『光復台湾之籌画与受降接収』中国国民党中央委員会党史委員会、一九九〇年。

5 国立台湾大学蔵『台北帝国大学移交档案』。

6 「自昭和二十年九月二十日総務長官在京中往復文書写綴」河原功編・解題『資料集終戦直後の台湾　編集復刻版』第二巻、不二出版、二〇一五年、六九頁。

7 羅宗洛「接收台北帝国大学報告書」李東華、楊宗霖編『羅宗洛校長与台大相関史料集』台大出版中心、二〇〇七年、一六七頁。

8 河原功「齋藤茂氏旧蔵『資料集終戦直後の台湾』解題」河原功編・解題『資料集終戦直後の台湾　編集復刻版』第一巻、不二出版、二〇一五年、一頁。また、第一復員省の緒方大尉は一九四五年一二月三〇日に来台し、一九四六年一月一七日に帰国したが、その所見では、在台日本人が帰国を選択した理由として、日本軍の帰国後に台湾の治安が維持困難になると予想されたこと、子女の教育問題、そして台湾での生計維持が難しくなると考えられたことが挙げられている（河原功（二〇一五）、前掲書第一巻、八七頁）。

9 国立台湾大学蔵『民国三十四年帰還関係書類 文政学院』。

10 羅宗洛は中国浙江省黄巖出身で、一九一七年に上海南洋中学を卒業後、日本に留学し、東京の第一高等学校予科、仙台の第二高等学校、札幌の北海道帝国大学で学び、植物生理学を専攻した。一九三〇年に農学博士の学位を取得して中国に戻り、中山大学（広州）、曁南大学（上海）、中央大学（南京）、浙江大学（遵義）で教鞭を執った。一九四五年一〇月に台北帝国大学の接収のため台湾に赴いた際には、中華民国中央研究院植物研究所の初代所長を務めている（李東華『光復初期台大校史研究　一九四五―一九五〇』台大出版中心、二〇一四年、一七―一八頁）。

11 羅宗洛「接収台北帝国大学報告書」李東華、楊宗霖編（二〇〇七）、前掲書、一七五頁、一八〇頁。

12 台湾省行政長官公署『台湾省行政長官公署接收詳報』一九四六年、一頁。

13 公署教育処が台湾省参議会第一次会議に提出した報告では、「台北帝国大学の各学部および附属医院、農林両専門部並びに大学予科は教育部からの派遣員により接収され、すでに国立台湾大学に改組された。台北経済、台中農業及び台南工業の三専門学校は本処からの派遣員により接収された」と説明されている（『台湾省行政長官公署教育処工作報告』一九四六年五月、三五九頁）。

14 李東華（二〇一四）、前掲書、二一頁。

15 李東華（二〇一四）、前掲書、二一頁。

16 回憶録の中で、羅宗洛は、陳儀が推薦した院長（Dean）や教授を国立台大に採用することを拒否したために、陳儀が大学経費に関して協力的に応じなかったことを述べる。さらに、「台大接収後、我々は台大の予算を編成し、教育部と長官公署に審査を求めた。しかし、台湾では台幣を使用し、中央機関の経費は全て長官公署から支出されるため、内地（中国：引用者）の行政院は直接送金できなかった。陳儀は経費を削減し、そのため台大は窮状に陥った」と回顧している（羅宗洛「羅宗洛回憶録」李東華、楊宗霖編（二〇〇七）、前掲書、一一七―一一八頁）。

17 台湾省行政長官公署『台湾省参議会第一届第一次大会台湾省行政長官公署施政報告』一九四六年、一二五頁。

18 「台湾省行政長官公署秘書処通報」『台湾省行政長官公署公報』第二巻第五号、一九四六年一月三〇日、一二五頁。

19 出勤簿に記載された名前は、(1)教授：林茂生（一九四五年一一月一日任命）、魏建功（一九四六年二月七日任命）、陳紹馨（一九四五年一二月一日任命）、矢野禾積（一九四六年任命）、岩生成一（一九四六年任命）、淡野安太郎（一九四六年三月一四日任命）、(2)副教授：呉守礼（一九四五年一二月一日任命）、宮本延人（一九四六年三月一日任命）、小葉田淳（一九四六年三月一日任命）、(3)講師：鄭發育（一九四六年二月一八日任命）である。また、文政学院が文学院と法学院の二つ

に分離されたのは、第二代の大学校長陸志鴻の時代のことだった。

20 「教育部訓令高字第〇一五二二號（中華民国三十五年五月九日）：令国立台湾大学奉行政院令准該校依実際需要、儘量留用日籍教員」（『教育部公報』第一八巻第五期、一四頁）。

21 羅宗洛「接収台湾大学日記」の一九四五年一〇月二一日の条には、台北帝大医学部の学生連盟代表が羅に欧米の教師を招聘する方が望ましく日本人教師の留用に反対する強硬な立場を表明したという記録がある。同月二三日には文政学部の学生二名が来訪し、やはり日本人教師の留用に反対する意向を示した。一方で、予科の学生一名が「熱心に教えてくれる優良な日籍教師」の留用を希望したとも記されている（羅宗洛「接収台湾大学日記」李東華、楊宗霖編（二〇〇七）、前掲書、二〇五頁、二〇七頁、二一三頁）。また、台北帝大が接収された際、学校内の対日感情について詳しくは林初梅「台北帝国大学の接収と延平学院の設立」林初梅、所澤潤、石井清輝編著『二つの時代を生きた台湾：言語・文化の相克と日本の残照』三元社、二〇二一年、一二五—一五六頁を参照されたい。

22 羅宗洛「接収台北帝国大学報告書」李東華、楊宗霖編（二〇〇七）、前掲書、一八七頁。

23 羅宗洛「接収台北帝国大学報告書」李東華、楊宗霖編（二〇〇七）、前掲書、一七〇—一七一頁を参照したが、それ以外の教員留用者の存在も確認されている。

24 曾士栄「従台北帝大到台湾大学」『Academia——台北帝国大学研究』第二号、台湾大学台湾研究社、一九九七年。

25 傅斯年「台湾大学与学術研究」『傅斯年全集』第六冊、聯経、一九八〇年、一八七—二〇五頁。

26 速水国彦「留用実況調査書類」河原功編集『台湾協会所蔵台湾引揚・留用記録』第九巻、ゆまに書房、一九九八年、四六頁、四九頁。

27 台北帝国大学文政学部経済学講座の教員とカリキュラムに関しては、黄紹恒「台北帝国大学経済学講座的誕生与発展」蔡祝青編『迎向台大百年学術伝承講座1台北帝大文政学部論文集』台大校友双月刊・国立台湾大学、二〇二〇年、三四九—三九三頁を参照されたい。

28 楠井隆三『龍象句集 附木屑錄』（楠井隆三、一九五九年）、一—二頁。

29 関西学院大学経済学研究会『経済学論究』第二二巻第二号、関西学院大学経済学部、一九六八年、一三五頁。

30 以上の関西学院大学に関連する記述は、関西学院大学経済学部『関西学院大学経済学部五十年史』関西学院大学経済学部、一九八四年、三―四七頁を参照した。

31 天野郁夫『新制大学の誕生――大衆高等教育への道』名古屋大学出版会、二〇一六年、一―二頁、五頁、六六四頁、六六六頁、六七三頁。

32 関西学院大学経済学部（一九八四）、前掲書、一六八頁。

33 楠井隆三「わが老朋友張源祥君」（楠井隆三『幾山河』一九七六年、一五四―一五八頁）。

34 『アメリカ教育使節団報告書』。

35 東京大学百年史編纂員会『東京大学百年史 部局史一』東京大学、一九八六年、一〇〇八頁。

36 楠井隆三「関西学院との出会」楠井隆三（一九七六）、前掲書、一二三頁。

37 関西学院大学経済学部（一九八四）、前掲書、四五頁。

38 楠井隆三「河合栄治郎先生の憶出」楠井隆三（一九七六）、前掲書、一三一頁。関西学院大学経済学研究会（一九六八）、前掲書、一三三頁。

39 その対立の状況については、黄紹恒「解題：試論矢内原忠雄与東大植民政策講座」（矢内原忠雄著、黄紹恒訳『帝国主義下的台湾』大家、二〇二二年を参照されたい。

40 楠井隆三「河合栄治郎先生の憶出」楠井隆三（一九七六）、前掲書、一三六頁。

41 楠井の博士号は東京帝国大学から授与されたものではなく、東京帝国大学の山崎覚次郎教授と慶應義塾大学の塾長小泉信三教授の勧めにより、『理論経済学認識論』（有斐閣、一九三九年）という著作を基に慶應義塾大学に申請し、高橋誠一郎教授の主査によって通過し、経済学博士の学位を得たが、戦争末期、台日間の交通が阻害されたため、通知と学位証書は台北に届かなかった。楠井は一九四八年秋になってようやく博士号を取得したことを知った（関西学院大学経済学部（一九八四）、前掲書、一六八―一六九頁）。

42 山崎好裕（二〇一八）、前掲論文、二六一頁。

43 楠井隆三（一九七六）、前掲書、一三〇―一三一頁。

44 向井利昌「高田保馬」大阪市立大学経済研究所編『経済学辞典』第二版、岩波書店、一九七九年、八四二頁。

45 楠井隆三「経済法則の論理的性質について」台北帝国大学『学内通報』第一七六号、一九三七年六月三〇日付。

46 台北帝国大学『学内通報』第二六四号（一九四一年四月三〇日付）。楠井が台北帝大で行った授業と研究については、黄紹恒（二〇二〇）、前掲論文、三五七―三六一頁。

47 東京帝国大学の経済学術の発展に関しては、黄紹恒「解題：試論矢内原忠雄与東大植民政策講座」矢内原忠雄著、黄紹恒訳『帝国主義下的台湾』大家、二〇二二年を参照されたい。

48 台湾経済年報刊行会編『台湾経済年報』歴年版、国際日本協会、一九四一―一九四五年。

49 関西学院大学経済学研究会（一九六八）、前掲書、一三四頁。

50 『昭和二十八年十月三十一日関西学院大学博士課程設置認可申請書添付教員個人調書』関西学院大学所蔵、一九五三年。

51 「運回日教授書籍及考古材料」（『外交部檔案』、文書番号099/0005）、この文書では、楠井が所属していた関西学院大学が関西大学と誤記されている。また、東呉大学歴史学系の曾獻緯教授に、この文書の取得に協力していただいたことに、感謝の意を表します。

52 楠井隆三（一九五九）、前掲書、一〇五頁。

第８章　湾生・女性・スポーツ
——溝口百合子と一九五四年マニラアジア大会

菅野敦志

はじめに

第一回アジア競技大会は、一九五一年三月（四日—一一日）にインド・ニューデリーで開催された。その第一回大会に続き、第二回アジア競技大会は一九五四年五月（一日—九日）にマニラで開催された（以下、本稿では通称とされるアジア大会の名称に加え、便宜的に「ニューデリーアジア大会」および「マニラアジア大会」などの呼称も用いる）。

戦前と戦後という、一九四五年を境とした思考を明確に表す時代区分をめぐっては、断絶と連続の問題が指摘され続けてきた。本稿でとりあげるアジア大会や日本の国民体育大会も、戦前との連続性を有する存在と見なされるとしても、そこに明白な〝断絶〟が確認できる以上、〝戦後〟は一九四五年で区切られ、理解される[1]。とはいえ、そうした断絶を結び付ける存在に着目し、それらを介して浮かび上がってくる像を連続性の視点に基づく歴史として叙述し続けていくことは、依然として重要な営為であるだろう。

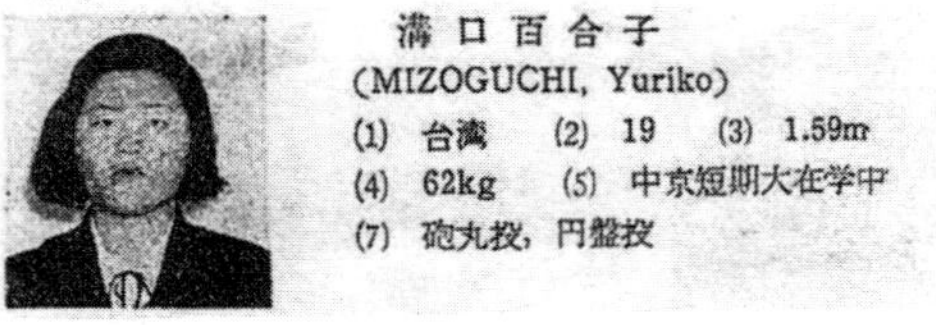

図1　1954年マニラアジア大会報告書の日本代表団名簿にみる溝口百合子。
（1）の出生地が「台湾」となっている。（出所：日本体育協会『第二回アジア競技大会報告書』日本体育協会、1955、205-209頁）

そのような歴史の連続性／断絶性に加え、「アジアのオリンピック」としてのアジア大会と戦後における日本のアジア復帰については、とりわけ第一四回オリンピックロンドン大会に日本が招待されず、第一回アジア大会が戦後の日本が初めて参加できた国際的かつ総合的な競技大会だっただけに、関心を集める研究テーマとなってきた[2]。その際、人の移動の観点から戦前（大日本帝国）と戦後（日本国）を架橋する視点でスポーツ選手をみると、戦後に日本で生まれた「日本人選手」とは異なる多様性が見出せる。それは旧〝内地〟生まれの選手に対して、台湾、朝鮮半島、満洲、南洋諸島といった旧〝外地〟生まれの選手ということになるが、より細分化すれば、台湾人や朝鮮人といった被統治側の選手以外にも、〝外地〟生まれの日本人選手の存在があった。

一九五四年マニラアジア大会では、全八競技に一五一人の日本人選手が出場した。そのうち、〝外地〟生まれの選手は、台湾・朝鮮半島・満洲から各一人（①台湾生まれの溝口百合子、②満洲生まれの戸上雅雄、③朝鮮半島生まれの市毛弘文）であった。極めて少数だったこともあり、従来ではそれら〝外地〟生まれの日本人選手に注目が集まることはなかった。だが、そこから可視化され得るのは、戦前と戦後の連続性であり、二つの時代をつなぐ象徴的存在としての彼ら／彼女たちの姿であったともいえる。

ちなみに、一九五四年のマニラアジア大会の重要性については、一例をあげるとすれば、一九五一年九月から五六年五月の調印まで、実に五年近くかけて行われた日比賠償交渉の最中――しかも、協議が難航し、日本全権団がマニラから引揚げた直後――に開催されたことがある[3]。そうした点に鑑みれば、日本のアジア復帰にも象徴的意義を持つ同大会に出場した〝外地〟生まれの選手たちに着目することで、新たな視座からの歴史像の提示が可能となるかもしれない。

戦前・戦後の連続性について、どのような新たな切り口を手がかりとして捉え直すことができるのか。本稿では、〝外地〟生まれの選手たちのなかでも、台湾生まれの溝口百合子に焦点を当て、一九四五年という戦前・戦後の〝あいだ〟を見つめ直し、一九五四年を二つの時代をつなぐ一つの結節点として考えてみたい（図1）。

台湾生まれの溝口百合子は、いわゆる「湾生」（台湾生まれの日本人）であった。中京女子短期大学（以下、中京女子短大）在学中に一九歳でマニラアジア大会に出場し、大会では砲丸投げ、円盤投げ二種目で銅メダルを獲得した。母校（後に中京女子大学となり、二〇一〇年からは共学化により至学館大学に名称変更）の体育教員として定年退職まで勤務し、二〇一九年に逝去した。

溝口百合子については、文献調査に加え、妹で遺族の溝口文江から聞き取り調査を行い、提供された個人情報の公開についても許諾を得ている[4]。本稿ではそうした調査を基に、一人の湾生女性アスリートとしての溝口百合子およびマニラアジア大会と日本のかかわりについて論じていきたい[5]。

一　台湾生まれの溝口百合子——砲丸投げ・円盤投げで銅

溝口百合子は一九三四年に日本統治下台湾に生まれた[6]。生まれ育ったのは、台東庁関山郡ハイトトワン社（現：台東県海端郷）であった。ハイトトワン社というのは原住民[7]の言語であるブヌン語である。そもそも台湾は一七

図2　溝口一家の合成写真（元の写真の撮影年は不詳）。
左端が百合子。（出所：溝口文江氏提供）

世紀以降、中国大陸に向き合っている西海岸側に中国からの移民が集中して開発が進められた一方、原住民は中間に位置する中央山脈に隔てられ、隔離された東側に多いという特徴があった。台湾東部には日本の官営移民も多かったが、原住民を「文明化」させるための「理蕃」（当時原住民統治に際して使用された語）政策の担い手としての日本人公務員、とりわけ警察官の需要は高かった。

一家が台湾に住んでいたのは、父親・溝口不可止が警察官として勤務していたからであった。原住民の多い地域の警察官は、原住民向け学校では教育者、現地住民に対しては農業指導者の役割も担う重要な存在であった。[8] 溝口は、警察官の父と専業主婦の母・フヂエに加え、兄、妹（二人）と弟の七人家族であった（図2）。台湾の家では二人の家政婦がいた。父親がよそで学資支援をしてあげていたり、母親も台湾人から台湾料理を習ったりと、生活は恵まれていた。だが、八歳の時（一九四一年）に父親が三七歳の若さで病死してしまう。大黒柱を失い、一家は台湾を離れざるを得ず、フヂエは子どもたちを連れて実家の鹿児島県肝属郡大根占に戻ることとなった。

終戦は鹿児島で迎えた。鹿児島での生活は楽ではなく、溝口は病弱な母の下で長女としての責任感を厳しくしつけられた。戦後の貧しさのなかにあって、肩身の狭い思いもした。運動が得意だった溝口は、その実力で家族を助けることができる可能性を見出し[9]、スポーツで夢をつかもうとした。その糸口となったのが、鹿児島に戻ってから見つけたロールモデルとなる生涯の師の存在であった。

溝口にとってのロールモデルとなったのが、鹿児島出身の児島文（一九一六―一九九六）であった。一九三四年に砲丸投げで日本新記録（一〇メートル八四）を出した児島は、日本を代表する女子円盤投げ・砲丸投げのトップアスリートであり、鹿児島および九州の陸上競技の指導者としてその一生を捧げた[10]。日本人女性初のオリンピックメダリストとして名高い人見絹枝の九歳下であった児島は、一九三六年のベルリンオリンピックに出場したオリンピアンでもあった。同大会では児島が得意とする砲丸投げが競技として採用されず、投擲で参加して予選落ちとなった（だが、同年の国際大会では優勝）。なお、児島とアジア大会については、第一回のニューデリー大会で女子監督（兼選手）として女子選手団を率いたが、同大会を最後に児島は

図3　1951年ニューデリーアジア大会で、インドのネルー首相からの歓迎の握手に応える児島文。
（出所：児島文・鳥丸卓三『鹿児島県陸上競技史戦後編』鹿児島陸上競技協会、1984年、頁番号記載なし）

選手としての現役引退を決断したことからも、アジア大会は児島の競技人生にとっても重要な位置づけにあったことがわかる（図3）[11]。

溝口と児島の出会いは、一九五〇年ごろに溝口が『南日本新聞』に掲載された児島文に関する記事を目にしたことが最初であった。同じ肝属郡で隣町の高山町出身である児島がスポーツで数々の優秀な記録を打ち立てたことに大きな衝撃を受けた溝口は、新聞社経由で児島の住所を聞き出し、指導を乞う手紙を幾度も幾度も書いて送った。また、溝口はベルリンオリンピック記録映画『民族の祭典』を鑑賞した際に見た、円盤を投げる児島の映像に衝撃を受け、自身も児島のように「円盤投げでオリンピック選手になりたい」と思ったのだという[12]。病弱の母と苦しい家計を助けたい一心で手紙を書き続けた溝口であったが、当初は返事がまったく返ってこなかった。だが、そのような溝口の熱意に児島が打たれ、結果的に、溝口は児島の下に一五歳で弟子入りすることができたのだった[13]。

二　師・児島文の「児島道場」での修行生活とアジア大会の出場権

鹿児島市内の「児島道場」での共同生活における溝口の役割は住み込み家政婦同然であり、全員分の家事を一手に引き受けながら練習に打ち込むことは並大抵のことではなかった（その後、児島との二人暮らしとなる）。ただ、金銭的余裕がなく断念していた高校進学も支援者が現れて実現するなど、溝口の努力を温かく見守っていた周囲の者から援助の手が差し伸べられた[14]。これらの苦しい経験が、一五歳で鹿児島県新記録（円盤投げ・砲丸投げ）を打ち立て、その後学生記録を連続で打ち立てるまでに彼女を成長させたのであろう[15]。

妹の文江（一九四一年生まれ）にとっては〝郷里〟で向き合うこととなった閉鎖的な価値観のなかで「女なのに」と身内からも小言を言われるなか、絶対見返してやりたい、田舎に埋もれたくない、母親に恩返したい、「今にみちょれ」という気持ちだったはずだ、と思い返されるという[16]。家族の元を離れて児島の下で修業することを選んだのも、とにかく母親を楽にしてあげたいという一心だったと文江は回想する。父親が生きていたら、台湾で満たされた生活を続けることができていたはずだった。だが、父親は他界し、母子家庭となって身を寄せた母親の郷里の鹿児島では、肩身の狭い思いをしながら貧しさに闘いを挑もうとした溝口は、長女として気丈に振舞った。

とはいえ、いくら気丈に振舞ったとしても、溝口はまだあどけなさを残す少女であった。例えば、そのような溝口の弟子入りの記憶について、師・児島文は次のように書き残していた。少し長いが紹介したい。

「せいいっぱい投てきをやってみたい」、そういって私の門を叩いた少女がいた。初対面である。付き添ってきた母親はいった。「この子は先生に差し上げますから存分に鍛えてみて下さい」。その眼には、主人を早く亡くした母親の愛の厳しさがあった。

その少女は目立って体格の良いほうではなかったが、驚くほど体が柔軟で俊敏であった。そのうえ、底ぬけに明るく、てきぱきとした性格であったからテストは先ず文句なしに合格。母親はその子を置いて帰っていった。

翌日から彼女の本格的トレーニングが始った。寒暖の別なく、朝は五時起床で基礎練習。学校のクラブ練習を終えて帰宅後また練習。加えて家事も手際よく手伝うという真に稀少な子であったから、そのひたむきな努力は目にみえて記録を伸ばしていった。

その子に大きな期待をかけて立てられた私の計画に、土曜日ごとの「へその検査」があった。

人間の「へそ」は、胎生期に胎児に栄養を与えるべくひとすじに努力を続け、ひとりの人間を創り上げる。その偉業をなし遂げた「へそ」は、そのあと体のまん中に鎮座ましまして若者の「へそ」の監督をする。努力して向上しているときは「へそ」も上を向く。怠けているときは下を向く。正面を向いているときは努力次第で上を向く。ざっとこんな調子で私はもっともらしく〝訓示〟をする。眼を輝かせて聞いていた少女は、それからますます激しくトレーニングを続けた。と、ある日、珍しく予定の練習時間になっても少女が帰ってこない。友達へのお返しに映画［を］見にいったという。「友達は大事にしなければならないが……」というひとくだりのお説教を受けた彼女が、その二、三日後の土曜日に入浴中、突然オイオイ泣き出した。すわ何事ならん、と風呂場に駆けつけてみると、「おへそが下を向いちゃった」とさも残念そうに泣き続けているのである。映画で練習を怠けたことが気になって検査の前にひとりでそっと自分の「へそ」を覗いてみたものらしい。なんともはや、いとおしくもその純心さに抱きしめてやりたい思いであった。少女の名は溝口百合子。[17]

児島による溝口の回想からは、深い師弟愛が感じられる。厳しくも温かく見守る児島の下で溝口は選手としても成長を遂げ、高校三年次でマニラアジア大会の出場候補に選出された。一九五四年春、高校を卒業した溝口は、進学先として迷わず児島の母校を選んだ。溝口は中京女子短大体育科に特待生として入学し、名古屋でマニラアジア大会に向けた最終調整を進めることとなった。[18]

三　スポーツと女子教育に生きた溝口百合子

溝口百合子はマニラアジア大会において新しい日本を背負う〝代表〟となったが、それは湾生だった彼女が日本本土〝帰郷〟後の苦しい生活のなかで得た、新たに自分の活路を切り開くための大きなチャンスであった。短大一年次で出場したマニラアジア大会では、砲丸投げと円盤投げの二つの種目で共に銅メダルを獲得した。アジア大会決勝での溝口の記録は、円盤投げ（五月三日）が三七・一二メートル、砲丸投げ（五月四日）が一一・八一メートルであった（図4）[19]。帰国後は鹿児島で凱旋パレードが催されるなど、同大会への出場によって勝ち取った栄光は、メダリストとしての栄誉のみならず、溝口を生涯携わるキャリアへと結び付けた。それが、アスリートとしての業績[20]と大会での栄光によってもたらされた母校での教員の道であった。

　女性として、高等教育機関において教育者となることは、戦後の新たな日本の女性のロールモデルとなることであった。一九五六年に奉職し、自身も一九六一年まで競技を続けた溝口は、後進の育成に力を注ぎ、学生たちを指導し、国際的な活躍を後押しした。

　溝口にとって、一九五四年マニラアジア大会の成果と遺産の一つが「国際親善」であった。マニラアジア大会で他国チームの女子選手と友人になった溝口は、彼女と一緒に写った写真で共に腕

図4　1954年マニラアジア大会砲丸投げで獲得メダルを披露する溝口百合子（左、3位）、吉野トヨ子（中央、1位）、吉田素子（右、2位）。
（出所：日本体育協会『第二回アジア競技大会報告書』日本体育協会、1955年、31頁）

図5　1954年マニラアジア大会の宿舎で他国の女子選手と親交を深める溝口百合子（右）。（出所：児島文・鳥丸卓三『鹿児島県陸上競技史戦後編』鹿児島陸上競技協会、1984年、頁番号記載なし）

を掛け合い、満面の笑みを浮かべていた（図5）[21]。溝口は一九六九年八月に東京で開催された「第六回国際女子体育会議」に出席した際、かつてマニラアジア大会で知り合った韓良順[22]と再会した。韓は韓国の女子スポーツを代表する人物であり、日本の体育関係者からも尊敬される人格者であったが[23]、この再会は溝口にとっても忘れがたい再会であったようで、彼女は次のように書き残していた。

……この会議に於いて、一五年前に第二回アジア大会に韓国代表として出場され、種目こそ違うがお互いに競った韓良順さん（現在ヤンシー［延世］大学助教授）と再会でき旧友を温め、国際親善の実をあげることができたのもうれしい成果でした。[24]

国外への出国が容易でなかった時代に、短大入学後のわずか翌月、一九歳という多感な時期に国際大会に出場できた経験は、溝口にとって大きな財産となった。湾生としての出自を持つ溝口が、植民地下の一九二九年に生まれて一六歳まで日本の教育を受けた韓とマニラで交流し、その後も親交を深めることができたなかには、共に旧〝外地〟出身者として何か通じ合うところがあったのだろうか。

溝口の母校であり、彼女が勤めた中京女子短大は一九六三年に四年制の大学部開設（中京女子大学）を経て、二〇〇七年に先行した学部での共学化の後に二〇一〇年には至学館大学となった。溝口の退職はすでにその自身の母校が女子教育機関としての使命を終える以前であったが、後輩・教え子としての女子アスリートたちの世界的活躍は、自身が達成した国際大会での成績をはるかに凌駕するものとなった[25]。

溝口はそうした卒業生たちとの写真も大切に保存していたが、そのなかにはレスリングでオリンピック三連覇を始めとする幾多の偉業を成し遂げた「後輩」吉田沙保里が至学館大学副学長[26]に就任した直後二〇一六年一一月に撮られた写真があった。吉田からオリンピックのメダルをかけてもらい、名前入りの手書きの色紙を受け取り、喜び溢れた満面の笑みで映る写真が溝口家に残されている（図6）。それは、学生を第一とする彼女が、生涯の喜びを学生と教育に見出した姿勢を映し出すものであったようにも思われる[27]。溝口百合子は、生涯の師であった児島文から受け取ったバトンをつなぎ、日本における女子スポーツの発展および教育に貢献したが、その大きな飛躍の転機となったのがマニラアジア大会で残した成果であったといえよう。

図6　2016年 吉田沙保里から色紙贈呈に加えオリンピックメダルを首にかけてもらう溝口百合子。
（出所：溝口文江氏提供）

四　一九五四年の大会にみる〝日本〟の爪痕――団長・田畑政治の証言

なお、妹の文江には、姉の百合子が「マニラでの対日感情が厳しかったこと」について語ってくれた記憶がある[28]。ちなみに、溝口によるこのような回顧については、日本選手団の団長・総監督を務めていた田畑政治（一八九八―一九八四）による証言からも裏付けられるものであった。

田畑の回顧は、一九五五年の『第二回アジア大会報告書』（以下『報告書』）のなかで彼が執筆した文章に見ることができる（田畑政治「第二回アジア競技大会に使して」）[29]。田畑は後半部分において、「大会参加の効果」との小見出しをつけ、マニラでのアジア大会およびそこで日本選手団が置かれた状況について次のように述べていた。

われわれの交際したかぎり例外なくフィリッピン人は非常に親切であって、不愉快のことは一度もなかった。しかし当然のこととはいいながら、一般大衆の感情は決してそうではない。日本人がいったん団体行動をしたり、日の丸の旗を持つと内蔵された悪感情が爆発する。[30]

ここで田畑が例としてあげたのが、ボーイスカウト（世界少年団大会）に参加するためにマニラを訪れていた日本少年団のことであった。ちょうど日本選手団の近くにキャンプしていた彼らであったが、現地民からの襲撃の目標とならないよう、当初は日本だけ国旗を掲げず、日の丸の代わりに鯉のぼりを掲げていた。また、行進の際には銃で撃たれても被害が少なくなるように間隔を空けた散兵式とし、両端に護衛のための装甲車がつき、「コラ」、「バカヤロー」、「ドロボー」といった罵声を浴びていたという[31]。ただし、このような状況は日本の新聞では触れられず、ただ「日本のボーイスカウト　比国大会で親善に一役」と報道されていた[32]。

これはマニラアジア大会の入場式でも同様であり、田畑は「メイン・スタンドは儀礼的の拍手」はあったものの、「反対側の大衆席では罵声が相当すさまじい」状況で、それは「覚悟は決めていたものの、あまり気持ちはよくなかった」と書き記していた[33]。

日本選手団は、日本を離れ、フィリピンで競技することにより、現地の人々からの厳しい眼差しにさらされることとなった。戦争末期、米軍に追い詰められ、もはや死しか残されていない日本兵による殺戮と残虐行為は多くの命を奪い、一九四五年二―三月の四週間にも及んだマニラ市街戦（マニラ戦）では、約一〇万人ともいわれる現地の民間人が殺害されたとされる[34]。それにより、先の戦争でどのような被害を現地にもたらしたのかを、日本選手団は自分の身をもって認識することとなったのであった。

だが、田畑による回想は、決してマイナスな感情を呼び起こす記憶だけに終わらなかった。田畑は、この大会で過去の類似する事例を思い返していたのである。それが、同大会の二年前である一九五二年に開催された第一五回オリンピックヘルシンキ大会でのソ連代表団であった。

ヘルシンキオリンピックは、戦後にソ連が初めて参加したオリンピックであった。同大会で、極めて印象的なエピソードとして残されているのが、かつてソ連による侵攻を受けて多くの犠牲を出した冬戦争、継続戦争といったフィンランド側の苦い記憶もあり、開会式ではソ連選手団に対して冷ややかだった他国の選手の態度が、競技でのソ連選手の実力と活躍に敬愛の念が生まれ、閉会式ではソ連選手団が拍手と歓喜で迎えられたことである。

実はこのマニラアジア大会とは、日比賠償交渉が決裂して日本全権団が引揚げた直後（翌日）という、日本側にとっては最悪のタイミングでの開催であった[35]。こうした状況を危惧してか、自身もかつて陸上選手であり、一九二四年の第八回オリンピックパリ大会では長距離走で出場した経験を持つ岡崎勝男外務大臣は、「競技には負けなければいけない」と言ったという[36]。

だが、マニラアジア大会で日本選手団は好成績をあげ続け、対日感情は一転することとなった。田畑は次のように記している。

しかしこの悪感情も競技の進行につれ日本が各種目に圧倒的強みをみせて、やつぎばやに国旗をあげ国歌を奏させるようになると一変して、閉会式の行進では罵声はまったくなく、万才の声ばかりとなった。ちょうどヘルシンキ・オリンピック大会で開会式の際一般観衆や各国選手から冷い眼で迎えられたソ連選手が、競技場で堂々たる実力を発揮するにつれ、観衆からも各国選手からも敬愛の念をもって迎えられるようになったのと同じであった。岡崎外相は競技には負けなければいけないといったそうだが、競技に出る以上はどうしても勝たなければならないことは、ヘルシンキ大会のソ連の例を見ても、また今回のマニラ大会の例を見ても明らかである。[37]

田畑の記述に誤りがなければ、日本に向けられる負の感情を和らげる方策として、対日感情の悪化を防ぐために岡崎外相は「負けなければならない」と言ったのであろう。だが、これに対して、競技ではむしろ全身全霊で挑戦し、勝ってこそ憎悪が尊敬と敬愛の念に取って代わられるものであることを田畑は述べていた。これは、ヘルシンキの例だけでなく、このマニラアジア大会での例をもってしてスポーツが持つ意義を田畑は改めて確信したように思われる。

このような感慨は田畑に限ったものではなかった。実際に、マニラアジア大会陸上競技日本代表監督であった織田幹雄も、一九三二年ロサンゼルスオリンピック三段跳金メダリスト・走幅跳銅メダリスト南部忠平の長女で、京都光華女子短期大学在学中の一九歳で同大会に出場していた陸上の南部敦子を例としてあげていた。彼女が現地の観客からも絶大な人気を誇り、熱烈な「ナンブ」コールの声援を受けて優勝を果たしたことを筆頭に[38]、「気づかわれたマニラの空気も、日本選手が各競技で活躍するので、しだいにやわらげられ、日本選手にたいしても好感をもって接するものが多くなった。大選手団を送ったことは、国際感情をやわらげるためにも、大きな役割を果していた」と印象深く記していたのだった[39]。

五　一九五四年『報告書』にみるフィリピン兵の〝克日〟エピソード

同報告の文章では、田畑政治が帰国後に日本選手団のウェイトリフティングの藤原八郎選手[40]から聞いた話が紹介される。その話とは、藤原に対して「宿舎の護衛をしていた若い「フィリピン人」兵隊」が語った話で、日本人選手団が過ごしたフィリピン大学の宿舎の真下に、何千もの日本兵の死体が埋まっているという驚愕の事実であった[41]。

しかしながら、そのフィリピン青年が述べたのは、そうした事実だけにとどまらず、彼自身の〝克日〟の語りであった。以下は、そのフィリピン兵が語ったとされる内容である（下線は引用者）。

（略）……帰国後重量挙げの藤原君からわれわれの宿舎の護衛をしていた若い兵隊の一人の話として、われわれの宿舎の下に何千という日本兵の死体等の墓標さえなく埋められているということを聞いて私は慄然として、［フィリピン大学の学生が、戦争中の日本兵とは違い日本選手は立派だと称賛していたことに］得意であった自分が恥しくなった。しかし話を全部聞いて急に肩が軽くなりうれしくなった。若い兵のいうのはこうである。

マニラ市にキャンプしていた日本兵は戦局の悪化につれて次第に追いつめられ、最後にキャンプしたのはこのマニラ《ママ》［正しくはフィリピン］大学の附近一帯で、ついにここで全滅した。無数の死体は長く放置されていたが、放ってもおかれず、ブルトーザで掻き集められ、この宿舎の下に大きな穴を掘って埋められた。自分［兵］は当時一一才であったが、それを現にこの目で見た。私は父も兄も日本兵のために殺された。日本兵は戦争中に実にめちゃくちゃをした。戦闘力のない婦人や子供までうしろから鉄砲で撃ち殺した。私は日本兵を鬼畜だと思った。あの兵隊がこの立派な日本選手と同じ日本人とはどうしても思えなかった。しかしすぐ考えてみると、同じ日本人で本質的に違いがあるわけがない。殺すか殺されるかの戦争で、日本兵が女子供を殺したのも、救っておけば自分の居所を密告されて、自分の方が殺されるという不安からやったことに違いない。日本兵だから悪いのではない。戦争が人間を気狂いにするのだ。この日本選手を見てはじめて悪いのは日本人でなく、戦争であるということがわかったというのである。

（略）…ただ残念なことは知らなかったこととはいいながら、代表団として何一つ供養をしてあげられなかったことであるが、藤原君が夜半一人で、ウィスキーとタバコを捧げて冥福を祈ってくれたというからこれでお許し願うほかない。

ちなみに、選手村があったのはマニラの東北にあるケソン市郊外に位置するフィリピン大学であるため、「マニラ大学」は田畑の記憶違いによる誤記である[42]。だが、そうした誤りがあっても、ここで示されている内容は、戦争によって刻まれた、実に埋まりがたい溝がスポーツ交流によって達成された非常に感動的な和解の語りであった。それは、マニラで日本兵によって現地住民が虐殺されてからほぼ一〇年後のことであった。

六　一九六三年に再登場する語り――「戦争責任の所在」から「鎮魂と再生」へ

ところで、田畑政治によるこの語りは、マニラアジア大会から九年後の一九六三年に『文芸朝日』誌上で再度見ることができる[43]。ここには、上述した内容と重複する記述に加え[44]、〝克日〟フィリピン兵のエピソードが再度登場するが、ここではなぜか設定に改変が見られる。以前の報告書では、田畑が日本に戻った後に藤原八郎選手から聞いた話として述べられているのに対して、ここでは、日本選手団の「監督の一人」が連れてきた若いフィリピン兵との出会い、しかも田畑が直接出会ったという設定に変わっている。前回の報告書に見られる記述との違いを比較することは極めて重要と思われるので、少々長いが以下に引用する（下線は引用者）。

奇跡はまだある。（略）翌朝早く起されて、実はびっくりした。見ると日本選手団の監督の一人が、若いフィリピン兵をつれて立っているではないか。この監督は私にこういった。「この兵隊が昨夜半、自分を尋ねて来て、『だまっていようと思ったが、どうしても、だまっていられないので、迷惑を承知で夜遅く尋ねて来た。自分の両親と兄弟三人は軍人でもなく、武器も持たず、何の手むかいもしなかったのに日本兵に虐殺された。自分は日本人は鬼畜だと思った。だから、比島戦線が集結した直後、約三千の日本兵がこの宿舎の前の野原で全滅し、その死体がブルドーザーでかき集められて、この下に埋められたときも、自分はこの目でそれを見て、実によい気味だと思った。命令だからしようがないが、自分は今度の仕事［日本選手の護衛］はいやでいやでたまらなかった。ところが十日以上もいっしょにいてみると、日本選手は実に立派だということがわかり、敬愛の念を持つようになった。これが自分の両親や兄弟を殺した日本兵と同じ日本人とはどうしても考えられない。しかし、十年やらそこらで人間が変るわけがない。私はやっとわかった。戦争は、どこの人間をも鬼畜にするのだ。悪いのは日本人ではない。戦争だ。自分はもう両親と兄弟を殺した日本兵に対するうらみは捨てた。これを言おうとして来たのだ』と。」私は何ともいえない気持になって、この兵隊と二人で残っていたウィスキーを、この地に埋められた日本兵に注いで、その冥福を祈った。この兵隊には自分ら何べんも頭を下げてお礼を言ったが、団長のあなたからも選手団を代表して正式にお礼をいってもらいたいと思って連れてきた」と。[45]

以上を見ると、細部（とりわけ下線部）において以前の記述で示された内容と差異（①帰国後に藤原から聞いた彼の体験談→フィリピン兵を帯同した監督から現地で田畑自身が直接告げられた体験、②藤原が一人でウィスキーとタバコを捧げた→監督がフィリピン兵と二人でウィスキーを捧げた）が見て取れる。こうした差異が意図的なものか、意図せず再構築された記憶によって語られた結果なのかは定かではないし、そうした相違の検証は本稿の目的ではないのでここでは論じない。ただ、ここで重要だと思われるのは田畑の文章が世に出されたタイミングであろう。この文章が主として田畑の個人的な思いを吐露する内容のものであったとはいえ、一九六三年は、翌年に東京オリンピックを控え、経済発展の道を邁進する新生日本の姿を日本人が自覚するとともに、世界に向けて発信する機運が盛り上がりをみせていた時機であった。その点を考慮すると、この一九六三年の文章で確認できるのは、時間の経過による記憶の変容と、語られる対象の明確化であった。

つまり、一九五五年の報告書での小見出し「戦争が悪いのだ」が、一九六三年の文章での小見出し「日本兵の霊は成仏した」となった変化は特記すべきであろう。この変化からは、終戦から二〇年が経過しようとするなかで、〝戦争責任の所在への問い〟から〝成仏＝鎮魂と再生〟へ、という物語が改めて想起され、語られるべきものとして価値が見出されていたことが考えられる。何より、以前の報告書が一部の体育行政関係者に向けた内向きかつ限定的な媒体に過ぎなかったのに対して、この文章が『文芸朝日』という広く流通する雑誌に掲載され、日本側のより広範な一般読者に向けられていた点は重要である。

日本とフィリピンの戦没者慰霊を比較した中野聡によれば、戦勝国側にあったフィリピンでの追悼行事が「戦争の終結直後から大々的に」行われていたのと対照的に、日本側では「戦没者が加害者でもありえた」ために、「悲哀の仕事」が遅れ、「慰霊事業が本格化したのは一九六〇年代半ば以降」となった[46]。ここから考えると、田畑による語りが一九六〇年代に形を変えて再度登場したことは、単なる偶発的な回顧ではなく、その時代ゆえの必然性を伴う集合的な追悼行為であったと解釈することもできよう。換言すれば、田畑による二つの文章にみる語りの比較からは、マニラアジア大会が単なるスポーツイベントにとどまらず、日本人にとっての戦争の傷とトラウマの克服に寄与すべき役割すらそのなかに見出されていたように思われるのである。

むすびにかえて――戦後を生き抜いた「湾生」選手と帝国日本からの連続性の視座

本稿では一九五四年マニラアジア大会に出場し、メダリストとなった〝外地〟生まれの選手たちのなかでも、湾生の溝口百合子をとりあげて検討した。敗戦直後の混乱のなかで帰還した他の引揚者たちと比べた場合、溝口が置かれた状況は異なるものであったとはいえ、未踏の〝祖国〟への帰郷、敗戦を乗り越え、戦後の新たな時代に挑み、生き抜いた点においては共通していたといえるだろう。

溝口にとって日本への引揚は彼女の人生にどのような転機をもたらしたのか。これまで見てきたように、満たされた台湾での生活から一転、日本への帰郷と敗戦・生活苦のなかでスポーツに戦後を生き抜く道を見出した溝口は、女子スポーツ界で指導者・教育者としての成功をつかんだ。だが、それは逆説的に、引揚後の苦しい生活のなかに置かれた溝口が、鹿児島に引揚げたからこそ可能となった、生涯の師としてのロールモデル・児島文との出会いによってもたらされた成果であったということもできよう。それが結果として、スポーツを介した溝口の「立身出世」がもたらされた点は否定できないと思われる[47]。

一九五八年に開催された第三回東京アジア大会は、六年後に開催される一九六四年東京オリンピック招致を成功させるためのショーウィンドーとして位置づけにあった。その前の第一回ニューデリーアジア大会への日本選手団の参加は、サンフランシスコ講和条約の半年前の一九五一年三月という、未だ占領下にある日本を象徴するような大会であった。一転して、一九五八年の第三回東京・アジア大会は、日本の復興が終わりを迎え、高度成長の波に乗ろうとする主権国家・日本を象徴する大会として、その成功が強調された。

そうした二つの対照的な大会の〝あいだ〟に開催された第二回アジア大会は、それがマニラでの開催であっただけに、田畑政治によって語られたフィリピン兵の〝克日〟エピソードに代表されるように、スポーツを媒介とした復興と和解のナラティブを最も象徴する大会であったようにも見える。とはいえ、戦後の新生日本の誕生を強調するあまり、帝国日本の記憶の断絶が指摘されがちであった戦後スポーツ史の叙述に鑑みれば、本稿で紹介してきた〝外地〟生まれの溝口百合子の存在を通してみた連続性の視座は、新たな気づきを提供してくれているように思われる。

換言すれば、フィリピンにおける日本軍の虐殺の記憶が、後に「日本人の国民的記憶喪失」のレベルにまで失われたこと[48]と同様に、〝内地〟日本と〝外地〟植民地の〝あいだ〟に生きた〝外地〟生まれの選手たちの〝出自〟の痕跡も――例えば、「湾生」溝口百合子が「鹿児島出身」とだけ記載されることで――後に外部からは見えなくなっていった点には、忘却の下での新生がもたらすこととなった、ある種の共通性さえ見て取れるかもしれない。そのように考えると、〝アジアのなかの日本〟の有り様をスポーツの領域から眺めるならば、このマニラアジア大会とは戦前・戦後をつなぐ一つの視座を与えてくれるものであるように思えるのである。

【付記】
本稿は菅野敦志「一九五四年マニラアジア大会と〝外地〟生まれの選手たち――連続性の視座にみる日本のアジア復帰」『共立国際研究』（第四二号、二〇二五年三月）の一部を抜粋・改変したものである。

注

1 アジア大会は戦前の極東選手権競技大会、国民体育大会は戦前の明治神宮体育大会（初期の名称は明治神宮競技大会、末期には明治神宮国民体育大会）との連続性において語られがちであるものの、主催主体や形式など、実際には組織的連続性を有するものではない。

2 第一回アジア大会を対象としたものについては、例えば次のようなものがある。冨田幸祐「「援助・非介入」の中での再出発：第一回アジア競技大会（一九五一年）日本選手団参加に対する国庫補助金交付」『日本体育大学スポーツ科学研究』第八号、二〇一九年一〇月、一―九頁。田原淳子・池田延行・波多野圭吾「第一回アジア競技大会（一九五一年）への日本の参加経緯」『国士舘大学体育研究所報』第三五号、二〇一七年三月、五一―五五頁。史料としては日本体育協会による公式報告書がある。東アジア全体の文脈のなかで国際スポーツ大会にみる連続と断絶、分断と連帯について包括的に理解するうえでは次を参照されたい。高嶋航『スポーツからみる東アジア史――分断と連帯の二〇世紀』岩波書店、二〇二一年。

3 日比賠償交渉の全容については次に詳しい。吉川洋子『日比賠償外交交渉の研究――一九四九―一九五六』勁草書房、一九九一年。

4 聞き取り調査の日時と場所については次の通り。溝口文江氏（二〇二三年三月三〇日、於：鹿屋市自宅）。溝口百合子の妹君である溝口文江氏とのコンタクト（および同窓会資料の提供）に際しては、至学館大学同窓会事務局の林浩子氏から多大な力添えをいただいた。ここに記して謝意を述べたい。本稿の［］内は引用者による。

5 なお、本稿は〝外地〟生まれの選手たちの存在をきっかけとしながら、異なる時代をつなぐ見方を探ろうとする一つの試みにすぎず、スポーツ史の枠組みのなかで網羅的かつ系統的に論じようとするものではないことを付言しておく。

6 溝口百合子については、至学館大学の越智久美子が執筆した次の文献に詳しい（執筆時は平野久美子）「二の七 溝口百合子 中京女子短期大学体育学科 昭和三一年卒業」学校法人中京女子大学創立百周年記念事業委員会編『学校法人中京女子大学 百年史』学校法人中京女子大学、二〇〇五年、一二九―一四五頁。

7 日本語では「先住民族」の語を用いるべきだが、民主化後の台湾では尊厳の意味が込められた「台湾原住民」が正式名称となっているため、本稿でも中国語の用法に依拠して「原住民」のを用いる。なお、日本統治時代には「高砂族」などの呼称が用いられていた。

8 溝口不可止は鹿屋の鹿児島県立鹿屋農学校（現：鹿児島県立鹿屋農業高等学校）卒業後に農業関係の教師となった。だが、台湾赴任の話が持ち上がり、危険を伴う「蕃地」（当時、原住民居住区を指して使用された語）に赴任するには警察官の資格を得る必要があった。よって、彼は台湾で仕事をするために警察官となったのであり、現地ではミカンや野菜栽培の技術などを教えたという。妻・フヂエを娶るために鹿児島に一次帰郷したが、結婚後に台湾に戻って家庭を築いたため、子供たちは台湾で生まれている。溝口文江氏への聞き取り（二〇二三年三月三〇日）。

9 学校で運動会が開催されると、入賞すると学用品が贈られたことから、溝口は「母一人子沢山の厳しい家計をそれで少しでも助けられたらと、学用品稼ぎに重きを置いていた」のだった。越知久美子（平野久美子）（二〇〇五）、前掲、一三〇―一三一頁。

10 児島文（旧名：フミ）は、中京高等女学校卒。一九四三年に鹿児島県陸上競技協会理事長に女性初として就任した他、鳥栖高等女学校、鹿児島第一高等女学校、愛知県立女子短期大学を経て、鹿児島経済大学教授を歴任した。日外アソシエーツ編『現代物故者事典一九九四～一九九六』日外アソシエーツ、一九九七年、二二六頁。

11 児島文・鳥丸卓三『鹿児島県陸上競技史戦後編』鹿児島陸上競技協会、一九八四年、七頁、一三四頁。

12 越知久美子（平野久美子）（二〇〇五）、前掲、一三三頁。

13 越知久美子（平野久美子）（二〇〇五）、前掲、一二九―一三五頁。

14 鹿児島市の市議会議長を務めていた新川近義の援助により高校進学を叶えることができた。新川は新川建設の社長として他にも多くの学生の進学支援をしていた人物であった。当初、溝口は谷山高等学校に入学したが、新川の勧めにより鹿児島市立鹿児島玉龍高等学校に編入した。越知久美子（平野久美子）（二〇〇五）、前掲、一三八頁。

15 例えば、溝口は短大在学中（一九五四―五五年）砲丸投げの学生記録を連続して打ち立てていた。公益社団法人日本学生陸上競技連合ＨＰ「日本学生記録の変遷」（https://www.iuau.jp/recordroom/wSP.html）二〇二四年一〇月一日閲覧。

16 価値観の変化や困難に直面したのはむしろ〝帰郷〟後であったことについて、文江は「台湾から引揚げてきて、違和感はあったと思う。絶対あったと思う」と述べる。溝口文江氏への聞き取り（二〇二三年三月三〇日）。

17 児島文・鳥丸卓三（一九八四）、前掲書、一三三頁。

18 越知久美子（平野久美子）（二〇〇五）、前掲、一三五―一四〇頁。

19 なお、東京の神宮競技場で開催された予選会での記録は、円盤投げが三九・一六メートル、砲丸投げが一一・八九メートルであった。「第二回アジア競技大会公式記録」日本体育協会『第二回アジア競技大会報告書』日本体育協会、一九五五年、二九一―二九二頁。『朝日新聞』一九五四年四月一二日、六面。

20 一九五四年の全日本における溝口のランキングは、砲丸投げで三位（一位：吉田素子、二位：吉田トヨ子）、円盤投げで四位（一位：吉田トヨ子、二位：野村妙子、三位：内田弘子）であった。吉野トヨ子（中京高等女学校家事体操専攻科卒）は、溝口の母校の先輩にあたる。朝日新聞社編『アサヒスポーツ年鑑 一九五五年』朝日新聞社、一九五五年、一五二頁。

21 児島文が著した『鹿児島県陸上競技史戦後編』では、「大会で仲良しになったフィリピンのマーリー選手」との記載がある。一方、溝口の聞き取りを基にした回想では、同じ写真に「児島文を通じて知り合ったインドの友人」とキャプションが付されている。事実確認が困難であるため、ここでは「他国チームの女子選手」と記載しておく。児島文・鳥丸卓三（一九八四）、前掲、頁番号記載なし。越知久美子（平野久美子）（二〇〇五）、前掲、一三九頁。

22 韓良順（ハン・ヤンスン、一九二九―一九九六年）は、ソウル生まれ。一九五〇年に梨花女子大学体育科を卒業し、高校教師を経て一九五七年から延世大学体育科教員となり、同大学教授、社会教育センター理事長、女性スポーツ［学］会会長などを歴任し、一九八五年からは国会議員を務めるなど、教育界および政界から韓国の女子スポーツの発展を後押しした。大統領表彰、大韓民国体育賞を受ける。日外アソシエーツ編『現代韓国人名録』日外アソシエーツ、一九九三年、二六三頁。清州韓氏中央宗親会ＨＰ（http://cheongjuhan.net/php/board.php?board=chan44&config=2&category=35&indexorder=2&command=body&no=721）二〇二四年一〇月一日閲覧。

23 例えば、一九八九年八月に京都で開催された「第四回女性スポーツ会議」では、基調講演者として韓良順が「韓国の女性スポーツとソウル五輪」の題目で講演をしたが、主催側の三ツ矢洋子が安易に日本語での講演を依頼してしまったことに、

「六〇をちょっと越した韓国人の韓さんが、日本に来られて公の場で日本語で話をすることが、どれほど重大なことなのか」と気づき、それを伝えると、「日本語での講演依頼には当初、抵抗を感じた」ものの、「クリスチャンとして、スポーツを愛する者として引き受けることにし」たと答えたという。三ツ矢洋子「京都に定着した女性スポーツ会議」『体育科教育』第三七号第一二号、一九八九年一一月、六八―六九頁。

24 溝口百合子「第六回国際女子体育会議に出席して」『中京女子大学紀要』第五号、一九六九年一二月、二二頁。

25 溝口の母校が女子アスリート育成に果たしてきた功績およびその詳細については次を参照のこと。越知久美子「至学館大学に於ける女子アスリート育成の取り組み――戦前期の陸上競技部と近年のレスリング部を中心に」学校法人至学館伊達コミュニケーション研究所編『一一〇年の思い出――つなぐ、私たちの学生時代』学校法人至学館、二〇一六年、一七―三三頁。

26 これまでの功績が高く評価され、吉田沙保里は母校である至学館大学の副学長を二〇一六年から二〇一八年まで務めた。

27 こうした溝口の姿勢については、「一人でも多くの人と声を掛け合い、幸せを分かち合いたい。学生に元気と自信を与えたい」、「教員生活は何よりも学生あってこそ。学生の励ましがあって、楽しい日々だった」という溝口の言葉を聞き取り、書き残した越知による文章からも読み取れる。越知久美子（平野久美子）（二〇〇五）、前掲、一四五頁。また、『学校法人中京女子大学　百年史』所収の卒業生の回想文にも溝口は数多く登場する。

28 溝口文江氏への聞き取り（二〇二三年三月三〇日）。

29 田畑政治「第二回アジア競技大会に使して」日本体育協会『第二回アジア競技大会報告書』日本体育協会、一九五五年、七―一四頁。

30 田畑政治（一九五五）、前掲、一三頁。

31 田畑政治（一九五五）、前掲。

32 『朝日新聞』（夕刊）一九五四年四月二四日、三面。

33 田畑政治（一九五五）、前掲、一四頁。

34 マニラ市街戦については、中国の南京事件との比較で紹介した次の報告文が参考になる。軍の死者（日本軍一万六六六五名の遺体が確認されほぼ全滅、米軍一〇一〇名の死者、五五六五名の負傷者）をはるかに上回る、最大の被害者はマニラ市民であったが、約一〇万といわれる民間被害の六割は日本人によるもの、残りの四割で米軍の銃砲火によるものと推察されている。中野聡「マニラ戦と南京事件」記録集編集委員会編『南京事件七〇周年国際シンポジウムの記録――過去と向き合い、東アジアの和解と平和を』日本評論社、二〇〇九年、一五二―一六二頁。

35 賠償交渉にあたった村田省蔵主席全権、藤山愛一郎、二見貴和雄、東畑精一、永野護といった各全権委員などの一行二〇名は、ちょうどマニラアジア大会が開始した五月一日の朝に東京羽田空港に到着したのだった（『朝日新聞』（夕刊）一九五四年五月一日、一面）。なお、平和条約と共に賠償協定が締結されたのは一九五六年七月であった。

36 田畑政治（一九五五）、前掲、一四頁。

37 田畑政治（一九五五）、前掲。

38 織田によれば、「南部は百米で優勝し、二百米、走幅跳で二位の成績を残したが、三月に一度訪れているので、その人気は大変なものであった。観衆は、フィリピン選手よりも、南部が姿を見せると『南部』『南部』と呼んで声援した」という（織田幹雄『陸上競技五十年』時事通信社、一九五五年、二六四頁）。南部の人気および現地観客からの「ナンブ」コールの声援については他の文献でも確認することができるが、フィリピン人の観点から同大会で南部敦子が対日感情の改善に果たした役割を理解するうえでは、アマディオ・アルボレダによる次の書籍が大変参考になる。Amadio Arboleda, *Mabuting loob : Atsuko Nambu : a Filipino memory*, Quezon City: Ateneo de Manila University Press, 2022.

39 織田幹雄（一九五五）、前掲書、二六四頁。

40 徳島県出身で、大会参加時の年齢と肩書は二九歳の高校教諭。田畑の文章では「重量挙げの藤原」との記載であるが、報告書の名簿で藤原八郎の名前が確認できる。日本体育協会（一九五五）、前掲、二一二頁。

41 田畑政治（一九五五）、前掲、一四頁。

42 報告書および田畑の文章では「マニラ大学」とあるが、これは誤記である。例えば、新聞報道では選手村の国立大学のフィリピン大学が「〝故郷を離れても故郷らしい〟選手村」と写真付きで報道されていた（『朝日新聞』一九五四年四月二〇日、六面）。なお、マニラ大学は一九七五年創立の私立大学である。

43　この文章は、前年（一九六二年）のインドネシアでの第四回アジア大会での日本選手団出場にかかわる責任を取る形で東京オリンピックの組織委員会事務局長の辞任を余儀なくされたことについて書かれた文章である。タイトルの「蒔いた種は刈りたかった」というのは、自身が奔走して準備してきた東京オリンピックを「直接関係のない」別の理由から降りざるを得なかったことに対する田畑自身の心境であった。田畑政治「蒔いた種は刈りたかった　オリンピックへの情熱は消えず」『文芸朝日』第二巻第一一号、一九六三年一一月、一〇〇—一〇五頁。

44　報告書と同様の内容については、参考までに以下に引用しておく。

マニラで開かれた第二回アジア大会は国際オリンピック大会とは比較にならぬほど規模の小さな地域大会に過ぎなかったが、それが私に大きな印象を与えたのは、ヘルシンキ大会でソ連がやった、あの奇跡を、いなそれ以上の奇跡を日本選手団が再現したからである。

なにしろ当時は藤山氏を首席《ママ》とする日本全権団が賠償交渉に決裂して引き上げた直後であり、フィリピンの対日感情は極度に悪化していた。事実、日本選手団とほとんど同時に、世界少年団大会に参加するため、その地へ来た日本少年団は、身辺危険のため、その開会式ではフィリピン軍の戦車に守られて、やっと行進ができたという状態であった。

アジア大会の開会式も戦車の護衛こそなかったが、罵声のあらしで、少年団大会と大同小異であった。しかし、競技が始って、日本選手の活躍が目ざましく、つぎからつぎに日の丸があがって、国家が奏されて来ると空気は一変した。「オイ」「コラ」「バカヤロウ」の罵声は拍手に変わり、閉会式の行進は大拍手で迎えられ大歓声で送られるというヘルシンキ大会の奇跡を日本が見事再現したのだった。

ちなみに、田畑は藤山愛一郎を主席としているが、藤山は全権委員で、当時の主席全権は村田省蔵であったことから、これは田畑の記憶違いである。田畑政治（一九六三）、前掲、一〇一—一〇二頁。

45　田畑政治（一九六三）、前掲、一〇二頁。

46　中野聡は、対象喪失論でフロイトが提起した、対象喪失の現実を受容する心理過程である「悲哀の仕事」（work of mourning）の概念を参照して整理している。そのなかで、「戦勝国（フィリピン側）と比較して『悲哀の仕事』が遅れた反動で、日本の哀悼者たちは、自責の念や、慰霊の営みに無理解な日本社会を責める気持ちが強く、慰霊行為の貫徹を何よりも優先させる『慰霊至上主義』が強まった」、「この『遅れ』による影響は、靖国問題を含めて日本における慰霊問題の政治化の背景として見逃せない」とする中野の指摘は重要だろう。中野聡「日本・フィリピン戦没者追悼問題の過去と現在――「慰霊の平和」とアムネシア」森村敏己編『視覚表象と集合的記憶――歴史・現在・戦争』旬報社、二〇〇六年、三〇六頁。

47
だが、溝口は謙虚であった。大学教員であることを自ら口に出すことはせず、体格が良いと言われれば、「はい、土方をやっておりました」と返事していたという。文江が「母親が頑張って再婚もしないで。そして自分は一つスポーツで……いわば立身出世の気持ちだったと思いますよ。母親を安心させるために」と述べるように、溝口にとっての「立身出世」とは、自身のためというより、経済的な自立を得て母親を安心させ、楽をさせてあげるためだった。溝口文江氏への聞き取り（二〇二三年三月三〇日）。

48
中野聡（二〇〇九）、前掲、一六二頁。

第9章　植民地・引揚の記憶をめぐる日台の相互性

——花蓮港中学校同窓生の事例から

石井清輝

はじめに

本稿の目的は、幼少年期を台湾で過ごした「在台日本人」が、植民地での生活、引揚、引揚後の経験をどのような集合的な記憶の物語として語ってきたのか、そして、台湾人、台湾社会の存在がそれらの物語にどのような意味を持っていたのかを考察することである[1]。

これまでも、「満洲」、「朝鮮」の植民地邦人を中心に、植民地の日常生活、引揚の記憶をめぐる研究が蓄積されてきた[2]。ただしそこでは、戦後の彼ら/彼女らが被植民地社会とどのような関係を築いてきたのか、そしてそのことが当事者の植民地認識や記憶にどのような影響を与えてきたのかは必ずしも十分には論じられていない[3]。このような他地域の状況に対して、在台日本人は戦後も台湾人との密接な関係を構築している場合が多く、両者の相互作用がその記憶にどのような意義を有していたのかを明らかにしていくことが求められる。

本稿ではこのような観点から、日本統治時代に台湾人と日常的に接触があり、戦後も何らかの関わりを有している可能性が高い学校同窓会関係者に着目し、中でも東台湾で最初に設立された花蓮港中学校を対象として上述の課題を検討していきたい[4]。そもそも在台日本人の集合的な記憶を対象とする学術的な研究は少なく、東台湾に関する研究は管見の限り見当たらない[5]。従って、本稿で同校の同窓生を中心に東台湾に関係した人々の記憶に関する初歩的な考察を試み、今後の比較研究へとつなげていきたい。なお、その記憶は階層、ジェンダー、地域、エスニシティ、世代によって差異があることが想定されるため、本稿でもこれらの属性によって生じる特性を考慮しつつ分析を進めていく。

以下、第一節で花蓮港中学校と同窓会の概要を確認する。第二節では植民地での日常生活、引揚、引揚後のそれぞれの時期について日本人同窓生の記憶の特徴を検討する。第三節で台湾人同窓生が表明する記憶を日本人の記憶との同一性と異質性という観点から整理し、第四節でそのような異質性に日本人同窓生がどのように向き合っていったのかを明らかにする。最後に本稿の議論をまとめ、結論を述べたい。

一　花蓮港中学校と同窓会の概要

花蓮港中学校は一九三六年に設立され、国民政府による台湾接収後の一九四五年一二月に台湾省立花蓮港中学として初中部と高中部が設けられ、さらに翌年台湾省立花蓮中学に、一九七〇年に台湾省立花蓮高級中学に改称し、二〇〇〇年には国立となり現在に至っている[6]。同校は東台湾で初めての中学校であり、一九四一年の台東中学校の設立までは、台東庁方面からも多くの入学生があった。入学者は各学年百名前後で、例年ほぼ日本人八割、台湾

表1　花蓮港中学校の志願者・入学者数

年度	志願者（人）				入学者（人）			
	日本人	台湾人	原住民	合計	日本人	台湾人	原住民	合計
1936	121	140	4	265	78	32	0	110
1937	132	83	6	221	80	23	1	104
1938	148	97	10	255	86	18	0	104
1939	133	105	5	243	76	22	2	100
1940	123	125	5	253	82	23	1	106
1941	104	79	1	184	78	27	0	105
1942	109	52	0	161	84	18	0	102
1943	111	55	1	167	95	20	0	115

出典：藤井康子「1930年代台湾における中学校の誕生——花蓮港における中学校誘致運動を事例として」『歴史学研究』1014号、2021年、12頁、より作成

人二割、原住民若干名で構成されており、割合的に日本人が多くを占める中学校であった[7]（表1）。

同窓生の投稿によると、戦後の同窓会は一九四八年に東京近郊の者たちにより「花蓮港会」が開かれ活動が始まり、同時に同校教師から会誌発行の提案がなされたという。その後、一九五一年に同教師が編集長となり『涛声会会誌』（二号以後『濤聲』に変更）を発刊し、以後、不定期に一九七一年の一〇号まで発行された（＝第一期）。昭和四〇年代には、日台の同窓生間の交流が頻繁になり、同窓会の組織や会則も確立され、全国大会も開かれるようになった。会誌は一九九二年に同窓生を編集長に『涛声会報』（六号から再度『濤聲』に変更）として再刊され、二〇一〇年に同窓会解散に伴い終刊するまで、毎年一号ずつ一九号まで発行された[8]（＝第二期、図1）。

本稿では、台湾での言論の自由が確保された後で、台湾人同窓生からの投稿の割合も高い第二期の会誌を中心的な資料とし、他に同期会誌、同窓生の手記や出版物、学校史なども参照する[9]。同会誌は平均すると毎号八〇頁ほどで、内容は会の活動報告、近況、旅行記、論説、回想などのエッセイが中心となっている。ほぼ短信で占められる一、二号を除いた三号から一九号までの投稿を集計すると、総数六四三編のうち、内容と名前からの判断による概算にはなる

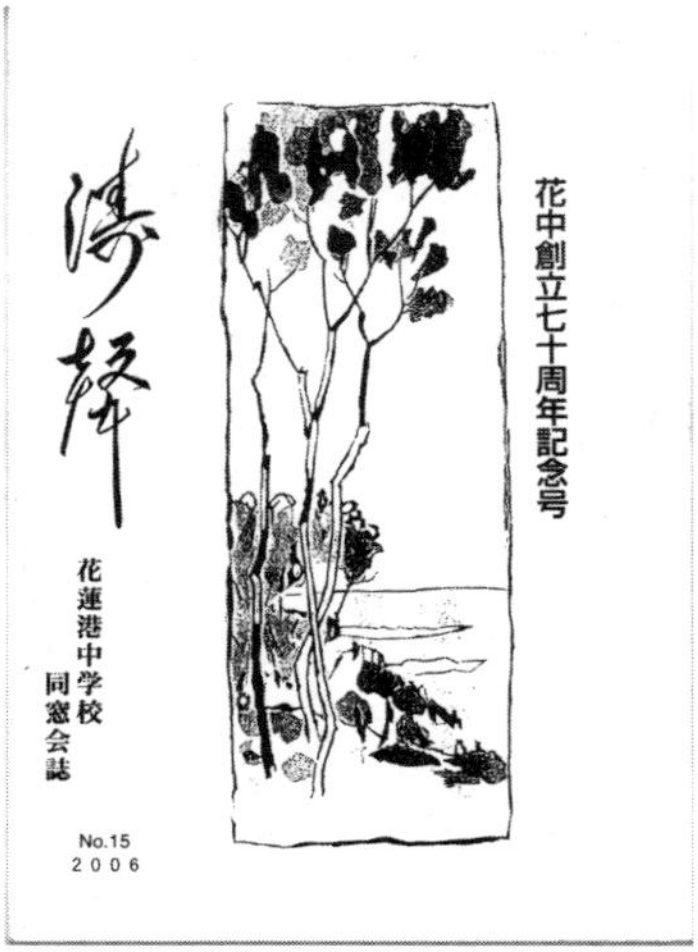

図1　同窓会誌表紙

が、日本人が四一一編（六四%）、台湾人が二三二編（三六%）となっている。以下の章でこれらの資料を踏まえ、上述の課題を検討していきたい[10]。

二　日本人同窓生の記憶の物語
――植民地・戦争・引揚

二―一　「ノスタルジア」の物語

同窓生たちが台湾の日常生活を想起する際の全体の基調となっているのが、当時を懐かしさと共に振り返る「ノスタルジア」の物語である。例えば、岩永正穂（一回生）は中学校時代を、「人生の中で、一番楽しく懐かしい思い出が多い青春時代であります」と位置付けている[11]。ここに典型的に見られるように、多くの同窓生にとって、台湾での生活体験や情景は、何よりも「青春時代」の「懐かしい思い出」として想起されていく。ノスタルジアの感情が向けられる対象に目を向けると、同投稿では、当時の事物、情景で思い出すものを「運動場にいたサンコタケ、コブラ、百歩蛇、雨傘蛇、海岸山脈の高砂豹、アルマジロ、キョン。想思樹、パラ、木麻黄。運動場から見た花蓮港、海岸山脈、軍隊川、モックイ渓等」と列記している。これらの動植物は必ずしも東台湾に限定されるものではないが、学校近くに群生していた想思樹は会誌の表紙絵にも採用されており、中学校のシンボルの一つになっていた。

ノスタルジアと共に想起される情景の中で東台湾の特徴の一つと考えられるのが、上の投稿でも触れている海、海岸山脈などの雄大な自然の景観である。雄大な自然という構成要素は、同窓生の回想で繰り返し言及されている。大司騏一郎（五回）は、中学校時代は「僅か四年の短い期間ながら心に深く刻み込まれ懐かしい山河と共に今も忘れ難い思い出の地となっています」と、「懐かしい山河」として同地を表象しており、他にも「故郷の海山川は懐かしい」と直接的に表現する者もいる[12]。

東台湾に特徴的な情景の二つ目にあげられるのが、移民村の存在である。東台湾では一九一〇年から官営移民事業が始まり、吉野村、豊田村、林田村と開拓が進んでいった[13]。後に移民事業は西部にも広がっていくが、東台湾は開発の時期が早く、花蓮港中学校には移民村で生まれ育った「湾生」も多く進学していた（図2）。吉野村で生まれ育った宮本八代治（六回）は、「二期作後の休耕田での戦争ごっこやチャンバラごっこ等の悪餓鬼（ワルガキ）遊びや、小川でのコブナやドジョウすくいとシジミ取り」と村内の生活情景を子供の目線から描いている[14]。また、宜蘭生まれで花蓮港、吉野村と移り住んできた稲田俊一郎（八回）は、「街住いに慣れた私には驚きの連続であった」と、水道の未整備、害虫の多さなど、市街地との生活環境の違いを列挙しつつ、「懐かしい記憶」としてその生活を回想している[15]。

特徴的な情景の三つめが、原住民との間接的、直接的な接点である。当時の東台湾は主に平地がアミ族、山地にはタイヤル族、ブヌン族が居住しており、同地の日本人と生活の中で様々な接点を有していた。根上元太郎（八

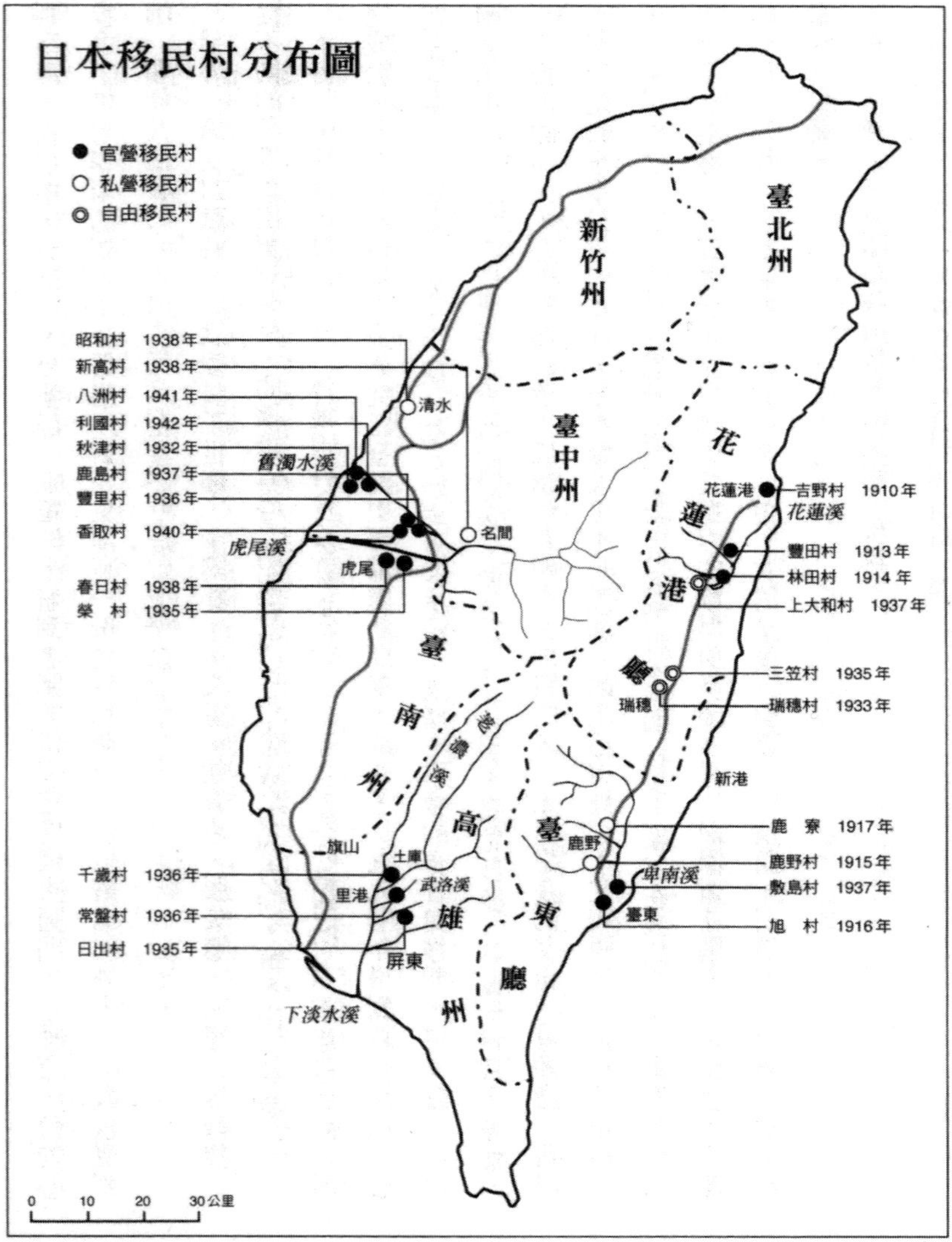

図2　日本移民村分布図
出典：張素玢『未竟的殖民：日本在臺移民村』衛城出版、2017年、18頁より

回）は、原住民の人々との直接的な接点はほとんどなかったとしつつも、農場で働く姿を時に見かけ、「独特の衣服」や「刺青」などの印象を記している[16]。このような日常生活で目にする原住民労働者の姿だけでなく、原住民集落で育った「湾生」による、同地の思い出を振り返る投稿も見られる。橋口浩（六回）は、父が「理蕃科《ママ》」の警察官だったため原住民集落で生まれ育ち、「高砂族の人々と、ふれ合った思い出が懐かしく甦ってくる」と、その生活経験を詳述している。そこでは、警察官の父が治安維持、日本語教育、農業、衛生の各種を「指導」しており、「部族の人々は極めて柔順で、家族ぐるみの麗しい人間関係が出来上がっていた」と、原住民集落を「平和なユートピア」として表象している[17]。

二―二　「開発・教化」の物語

台湾時代を振り返って語る際の第二の枠組みが、「開発・教化」の物語である。この物語は、第一に厳しい自然、社会環境の中での移住者による開拓の努力、第二に原住民を「指導・教化」しようとした警察官の努力、の二つの側面から構成されている。このような物語が語りだされる背景には、西台湾と比較した際の東台湾独自の地理的、社会的特徴がある。日本の植民地統治以前、西台湾は漢族を中心として広範に開拓の手が入っていたのに対し、東台湾は少数の原住民が居住する土地で、未開発の「後山」と位置付けられていた。そのため台湾総督府は、西台湾を内地の資本家の投資を推奨し、資本主義的な産業活動を推進する「投資型植民地」、東台湾を内地農民の移住を奨励し、土地の開発を促す「移住型植民地」と規定し、各種の政策を展開していった[18]。先述の移民村や原住民に関する記憶は、このような東台湾の地理的特徴や開発政策の特性に起因していたものと考えられる[19]。

「開発・教化」の物語を代表するのが、山口政治（二回）の投稿で、「台湾が日本に割譲された頃の東台湾は、猛獣・毒蛇の横行する原始社会で、この未開の地を西部並みにするために、命懸けの苦闘が続けられた」とし、以下の四点の問題を克服するための「苦闘」の軌跡を記述している。第一が原住民の襲撃の危険性、第二が衛生状態の悪さと風土病の蔓延、第三が天然の良港の欠如、第四が原住民の「教育」である[20]。ここに典型的に見られるように、かつての東台湾を「原始社会」、「未開の地」とみなし、「西部並み」に開発した日本人の功績を語るのがこの物語の基本的な構成である。

このような東台湾をめぐる「開発・教化」の物語は、同窓生に官吏、警察官の子弟や移民村出身者が多く含まれていたこともあり、広く共有されていたと考えられる。例えば、台南、台中を経て転校してきた隈部芝生（三回）は、花蓮港は西部の都市と比較すると「皆さんの気質もおおらかで人間関係も親密」で、「先住の現地の人達と一緒に苦労して開拓し建設された御父君、先駆者の方達のフロンティア魂と信頼と助け合いの心情で結ばれていたのでしょう。山、丘、河、海、港、平野ありの大自然に恵まれた環境でした」とその特徴を示している[21]。石村恭一（七回）も、登山訓練で訪れた原住民集落の思い出を記しながら、「顔に刺青をした凶暴な人種が居り首を取ると思うかもしれませんが、それは昔のこと」で、「桃源郷と言うのは、ここではないかと思うほどの平和な村落」であったとし、「山の駐在所に派遣された警察官は信頼される有能な教師」で「高砂族の自立と生活水準の向上という任務を立派にやり遂げました」と、その功績を讃えている[22]。このように、日本人が中心となり「先住の現地の人達と一緒に苦労して開拓」したその「苦労」と、原住民の「自立と生活水準の向上」を目指した「有能な教師」としての警察官による努力が、「開発・教化」の物語の骨格となっているのである[23]。

二―三　「時代に翻弄された戦中派」の物語

同窓生の世代的な特性として、一〇代から二〇代前半で太平洋戦争を迎えたことがあげられる。そのため、最終号の編集後記が「昭和十一年創立以来昭和二十一年敗戦による日本会員の引揚げまで、花中は支那事変と大東亜戦争の最中にありました。それ故、ご投稿の多くは戦争体験記でした」と述べているように、何らかの形で戦争に関係している投稿が多い。

金井實徳（三回）は、同窓生は「等しく戦中派世代」であって「人生観、価値観などはほとんど斉一であった」と規定した上で、「食料、物資配給制度に代表される生活困窮、書物の入手困難、下駄履きゲートル巻き、わらじ携帯での通学」、さらに軍事訓練、戦争末期は学校ごとの特設警備隊編入、最後は現役入営し、「死との絶対的対面」で「深く思い悩むこととなった」と、同窓生の価値観と経験の共通性を指摘している[24]。実際、台湾での戦争体験の投稿の多くは上の記述に重なるものであり、八回生の原田純好も、「戦争の連続するさなかを生きてきた戦中派にとっては、兵隊に引っ張られて軍隊生活をするのは当たり前のことだった」と述べており、広く「戦中派」のアイデンティティが共有されていたことを示している[25]。

年代別により細かく見てみると、一回生から四回生までは、台湾島内に加えて台湾島外での戦争・従軍体験も投稿されている[26]。一九四五年三月に同時卒業する五、六回生以下になると、台湾でも強化されていった軍事動員や空襲の体験、さらに中学校在学中の「学徒兵」体験の投稿も数多い[27]。これ以外には、在学途中で海軍飛行予科練習生に入隊した者を中心に、各種軍学校での体験を記した投稿もある。

上記の投稿を台湾島内での戦争体験に限定して見ていくと、例えば久恒三郎（六回）は、一年生の太平洋戦争勃発時の情景に始まり、二年生での食糧増産のための開墾作業、四年時の台湾沖航空戦、さらに台中農専に進学して以後の軍隊体験と、それぞれの状況でのエピソードを詳細に記録し、「貴重な体験から得られた、辛くも楽しくもあった今はなつかしい思い出である」と回想している[28]。他にも末永幸男（八回）は、「中学三年の六月、召集され陸軍二等兵として池南の部隊に入隊」した後、「食料事情が悪いなか」海岸で戦車攻撃の演習にあけくれ、「このときばかりは、もう駄目かと死を覚悟」し、その経験を「大きな運命の波にもまれ、流されながらも、ひたむきに進んだ青春の思い出である」と総括している[29]。

これらからわかるように、同窓生の戦争体験の語りは、台湾が戦場にならず比較的食糧事情も恵まれていたことから、全体的に過酷さはあまり見られず、戦局が悪化していく中での生活困窮、動員作業、空襲、軍事演習、軍隊体験が中心で、それらを運命として受け入れざるを得なかったとする「時代に翻弄された戦中派」の物語とまとめることができよう。

二―四 「引揚者の苦難」の物語

次に、一九四五年八月一五日の終戦以後がどのような物語として語られていたかを見ていきたい。まず、終戦後の台湾は社会的混乱もほぼ生じず、他の地域に比べて最も平穏裏に引揚が行われたことが知られている[30]。実際、同窓生の投稿からも同様の状況がうかがえる。台北で軍属として勤務していた西牟田守（五回）は、終戦時は「台北市内はあちこち爆竹を鳴らし解放された喜びを祝っていた」が、「幸い台湾の人達の暴動もなく、平穏な日が続き」、八月末の除隊後も無事に故郷の豊田村に帰着できたこと、そして引揚を待つ間も「台湾の人たちは親切にして呉《ママ》れ、別れの日は駅まで見送りに来てくれ、彼らの心の広いのに感謝した」と当時の様子を記している[31]。ここからも、終戦後の島内の移動に問題はなく、治安が維持されていたことがわかる[32]。東台湾においても、一部で台湾人による報復行動があったものの、大きな混乱は生じていなかったといえよう。

引揚自体に対しても、先行研究が指摘してきたように他地域のような「悲惨さや悲劇性」は見られない[33]。そもそも引揚体験に関する投稿は、何らかの物語として構成されているというよりは、淡々とした事実の記録になっている場合がほとんどである。例えば、小沢英香（八回）は、昭和二一年四月の引揚について、所持品、荷物の検査、引揚船内の様子、上陸した鹿児島での出来事、引揚列車からの光景、とそれぞれの場面でのエピソードを日記形式で極めて詳細に記録しているが、引揚そのものに対する意味づけはなく、むしろ引揚後の生活の苦労が際立つ構成になっている[34]。先述の西牟田守も同様で、鹿児島の本籍地にたどり着いた時の印象を書き留めた上で、「其の後は皆と同じで引揚者の苦難の道が始まった」と、引揚を後に続く「苦難の道」の起点と位置付けている。

台湾から引揚げてきた人々は、自らを「引揚者」と規定することになるが、その生活は第一に住居、資産、仕事を突如失ったことで引き起こされた「苦難」として語られていく。丹野英行（一回）は、昭和二一年三月に東北の山村へ引揚げ、「こんなに貧しいとは想像もしなかった」とし、「空腹に耐える日々が続」き、「生きるのに精一杯だった」苦しい生活を三回にわたって投稿している[35]。同様に平山透（三回）も、「戦後全国民はもとより、特に引揚者にとっては家なし、金なし、食なしで、今の生活から比べれば地獄の暮らし」であり、「馬鹿な戦争で財産を、親、兄弟、姉妹を、友を、青春を失い、悪戦苦闘の末、今八十の坂を越えようとしている」とこれまでの人生を振り返っている[36]。

引揚後の生活の記憶は、第二に内地社会の冷淡さによって被った「苦難」として語られる。砺光修（六回）は、北陸の村へ引揚げるも「集落の人には歓迎されず、石を投げられたこともあり、それは冷たいもの」で、「何故こんなに苦しい目に合わねばならないのかと、どんなに悔しかったことか、引揚げてきた皆様方も同じ苦労を経験されたことと思います」と、自らが置かれた境遇への悔しさを述べている[37]。また、先に触れた小沢英香も、引揚げてからの「嫌みや当てこすりは骨身にこたえ」るもので、「引揚げの苦労は当事者しか分からない」とその生活の厳しさを表現している。

二―五　小括

ここまで日本人同窓生の集合的な記憶の語りを検討してきた。これらの物語は、それ以外の語りを排除する強固な力を持つわけではなく、あくまでも緩やかに共有された想起の枠組みと位置付けられるものである。ただし、これらの物語は、満洲、朝鮮など他の植民地の記憶研究でも類似の物語の存在が明らかになっており、それぞれが批判的に言及されてきた。

まず、「ノスタルジア」の物語については、非対称的な関係に置かれた「被植民者」への視点と、自らが「植民者」であったことへの自省的な思考が欠如するという問題が繰り返し指摘されてきた。またこのことに関連して、被植民地社会が植民地期をどのように経験し、植民地期以後をどのように生きてきたのか、という同時代性を有する感覚と問いをも不可能にしてしまっているという[38]。「開発・教化」の物語に対しては、支配を正当化する「植民地肯定論」に容易に結びつき、「国民の物語」に回収されていくことへの警鐘が鳴らされてきた[39]。さらに、「戦争に翻弄された戦中派」、「引揚者の苦難」の物語は、自らを「被害者」の立場に置くため、自身が有していた「加害者性」の忘却を帰結することになる[40]。

これまでの研究が指摘してきた諸問題は、同様の傾向を同窓生の一部の投稿から看取することも可能であろう。しかし、同窓生を全体的に見ると、上記の問題に結びつくことを押し止め、あるいは乗り越えようとする投稿や動きも読み取ることもできる。そして、このような日本人同窓生の両義性は、台湾人同窓生の記憶の語りに含まれる日本人との同一性と異質性という両義性をある程度反映していたものと考えられる。つまり、台湾人同窓生は上記の物語を共有し承認する役割を果たすと同時に、それらに亀裂をもたらす異質性を帯びた存在としても立ち現れてくるのである。以下でこの点について検討していきたい。

三　台湾人同窓生・台湾社会の記憶の両義性——その同一性と異質性

三—一　台湾人同窓生の同一性

日本人同窓生の語りの基調となっていたノスタルジアの感情は、台湾人同窓生からも数多く表明されている。例えば黄士情（五回）は、「あっちこっちの学校に入って勉強をしましたが、やはり花中時代の日々が一番楽しく、懐かしく心に甦ってきます。若い喜怒哀楽の情、今ではすべてが淡い懐念の情に一元化されて、多感な時代をつづる〝涛声会報〟はいつも思い出いっぱいです」と、当時の感情が既に「懐念の情」（＝懐かしさ）に「一元化」されていると述べている[41]。謝尹東（八回）も、現在の台湾情勢を伝える投稿の中で、「あの山と海という大自然に囲まれた花蓮港の生活環境に皆さんは郷愁を覚えませんか」と問いかけている[42]。

台湾人同窓生は「ノスタルジア」の物語を共有しているだけではなく、そのような感情の発露を促進する役割も果たしていた。再開した会誌の創刊号で、李鎧佑（二回）は日本人同窓生に向けて、「あの山、あの川、この道、この木陰、一木一草は勿論、一握りの土、果ては一ヶの石に至る迄懐かしさで胸が一杯の筈」で、「我々と親しく懐古の念を温めて十分にお話出来る人々に会った事をねたましく思わないだろうか。それをなつかしく思わない者は正常の人間ではない筈だ」と、「懐かしさ」に溢れる「故郷台湾」への訪問を強く呼びかけている[43]。このような在台同窓生からの「故郷」訪問への度々の呼びかけに対し、訪台した日本人同窓生からは、在台同窓生による「盛大な歓迎」への感動と感謝を記す記事が頻繁に投稿されている。中でも、六〇周年（一九九六年）、六五周年（二〇〇一年）、七〇周年（二〇〇六年）の記念行事の際には多数の日本人同窓生が訪台し、その記念号には、在台同窓生、後継学校の関係者による歓待の様子と、それに対する感謝が多々記されている。さらに誌面からは、このような

「歓迎」が学校関係だけでなく、在台時代に縁がある台湾人や原住民にも及んでいたことがわかる[44]。

東台湾の「開発・教化」の物語に関しても、日本人同窓生と同様の認識が示されている。特に後継学校の校長を務めた陳宣経は、「ノスタルジア」と「開発・教化」の物語の双方を促進する役割を果たしていた[45]。同校長は、東台湾は『『台湾の孤島』、『後山』、酷い時には『化外未開発の地方』と恐れられた時代もありました」が、日本の台湾割譲後は、「台湾東部の積極開発に取り組み」、治安保持、教育、交通、農業、経済を中心に、「今日台湾東部発展繁栄の最重要基礎を築き上げた」と評価し、「この日本人達やその家族達が自分自身体験し、生まれ育った花蓮港に特別な感情を持ち『心の永遠なる故郷』と思うのは当然」とその感覚を肯定している[46]。このように、台湾人同窓生だけでなく、後継学校の関係者も日本人同窓生の「開発・教化」の物語を承認、促進するような言葉を度々投稿していた[47]。

「時代に翻弄された戦中派」の物語について、蔡芹能（五回）は、「台湾にいた人も内地にいた人も皆戦争を勝ち抜くために、同様な苦労をした事を知って欲しい」と、内地への渡航から大刀洗陸軍飛行学校での訓練体験、さらに戦争末期の状況を記し、その結論では、「世代の損得利害を比べるならば私達は〝犠牲が報いより、奉仕が役得より〟多いバランスの取れていない世代だった」と、自分たちの世代の共通性を指摘している[48]。黄郁文（九回）も、「太平洋戦争当時の暗い過去の苦難を思い返せば、今でも胸に迫る」と、「時代転換の濁流に翻弄」された複雑な経験を詳述した上で、「戦中派の青・少年時代の記憶を呼び交わし、次の世代に戦争経験を伝えられれば本望」と述べている[49]。

三―二　台湾人同窓生の異質性

前項で確認してきたように、台湾人同窓生、後継中学校関係者によって「ノスタルジア」、「開発・教化」、「時代に翻弄された戦中派」の各物語が、共有、承認、促進されてきたといえよう。しかし他方で、台湾人同窓生はこれら同一の物語だけでなく、非対称的な「他者」としての異質な物語も数多く投稿していた。

日本統治時代では、様々な差別に関わる語りからなる「被差別」の物語があげられる。この点について最も強い意見を表明しているのが、七号に掲載された傅清順（六回）の投稿である。傅は「喜怒哀楽」の四つの感情に分けてその経験を綴っており、その「怒」の項において、「台湾在住花中卒は一人として内本の不満には一切ふれず筆にも認めていないばかりか、むしろ内地人に賛辞を称え続けているのには僕は本島人生徒の寛大さをしみじみと感じさせられた。しかし、この過酷な内本の差別は大東亜戦終戦で終止符を打つ事になった。それ故現在僕の心境としては何もかもご破算という事にしている。但し述べる事だけは筆にしたい」と、学校内にあった「内本の差別」の実態を非常に詳細かつ具体的に書き留め、それは改姓名や徴兵制度が施行された後も「少しも柔らいではいなかった」と厳しく批判している[50]。この投稿からは、差別的な待遇により自身の卒業後の進路が制限されたこともあり、「内本の差別」への強い憤りが感じられる。これ以後、台湾人同窓生の投稿には様々な「被差別」の物語が含まれるようになっていく[51]。

軍隊や職場内での「被差別」経験に関する投稿も見られる。陳錫煊（三回）は、これまでの個人史を振り返る投稿の中で、「学校では台湾人に対する差別待遇や進学の制限などがあり、必ずしも愉快なことばかりではなかった」が、「意外にも四年修了で旧制台北高校に入学」でき、その後進学した台北帝大医学部在学中に軍に徴集され、「軍隊でも差別待遇があり、玉音放送も日本兵士を通して聞いた屈辱は忘れられない」と、軍隊内での「差別待遇」を忘れられない「屈辱」としている[52]。職場内についても、胡必重（四回）は「昭和十九年三月三十一日付で、花蓮港庁雇、小田君が月給五十五円、小生は四十円。何が一視同仁だ。と大いに憤慨したのを覚えている」と、「一視同仁」というスローガンの欺瞞性を指摘している[53]。

植民地期以後では、「植民地解放の喜び」と「本省人の苦難」の物語があげられる。上述の陳錫煊は同じ投稿の中で、後の経済成長を評価しつつも、「大戦も終わり、台湾人は祖国復帰の喜びに溢れた。しかしそれも束の間、台湾に来た中国軍や官僚の腐敗、インフレーション、台湾人に対する差別待遇などを受け、悪名高き二・二八事件も起こり夢は破れた」と、「祖国復帰」にかけた「夢」が破れていった経過を記している[54]。蔡芹能（五回）も、日本時代の思い出から近年の台中関係を論じる投稿で、台湾人は「昭和二十年十月二十五日を復帰の祝賀日とし、大歓迎した」が、「その後の仕打ちが悪い。見せつけられるのは、彼らが永久の統治者、台湾人は永遠の従僕であることと、それに伴う優越感と傲慢さだけ」と、植民地解放後の「中華民国」への「希望と期待」が打ち砕かれていった様子を伝えている[55]。

一九四七年に発生した二・二八事件とそれに続く戒厳令下の東台湾の状況を知らせる投稿も多く、陳朝宗（三回）は、同事件からの「此の五十一年間、極権統治者蒋介石親子の率いる中華民国国民党一党独裁政治の下、弾圧に次ぐ白色恐怖、粛清、洗脳が繰り返され、吾々はひたすら『見ざる』『聞かざる』『言わざる』の精神的奴隷生活を余儀なく強いられてきた」と、当時の状況を詳細に記すと共に、戒厳令下で「人の尊厳・自立・民主・福利追及の希望凡てが閉じ込められた」と国民党政府に対する強い怒りを表明している[56]。このように、台湾人同窓生は二・二八事件の過酷な経験、白色テロ下の恐怖など、国民党による弾圧の惨状とそれに対する強い反発を繰り返し投稿しており、戦後の「本省人の苦難」が日本人同窓生にも伝えられていった[57]。

四　台湾の「他者性」に向き合う日本人同窓生

四―一「被植民者」の境遇への共感と理解

このような台湾人同窓生の日本人とは異なる「他者」としての経験の語りに対して、日本人同窓生の多くが共感と理解を示していった。松下存（一回）は、上記の二・二八事件と被差別の投稿の双方に触れ、前者については「悲哀と共に激しい義憤を感じました」と共感の思いを述べ、後者についても「鈍感というか、無知と言うか、友としての思いやりが足らず、皆さんの心に傷を負わせた事に心から恥じ入る次第です」と、差別構造に対する「無知」に反省の弁を述べている[58]。

同窓生に限らず、戦前関係があった台湾人との戦後の再会を通じて、当時の「被植民者」の心情への理解を深めていく者もいた。加茂弘（七回）は、父が経営する商店で雇っていた台湾青年五人との戦後の「心の交流」に触れている。それによると、戦後訪ねてきた彼らは、かつては「越すに越されぬ民族の壁がありました。悪い言い方かもしれませんが、無国籍の日本人としての台湾人であったこと、当時の日本植民地の時代の中でも台湾人としての誇りを認めてもらいたかった。加茂の両親を恨む気は毛頭ないが、本心はこうであったとしみじみ語ってくれた」と、台湾人の境遇に思いを寄せている[59]。

台湾人同窓生の戦後の経験に関して、高見一雄（八回）は「同窓生には多くの在台の先輩諸兄がおられるが、時にご苦労もあったことと思うが、更に敗戦後は我々同様に、あるいは我々以上にご苦労されたことと推察できる」とし、「共に戦争という大きな荒波に翻弄された青春といっても過言ではない」と、自らの経験と重ね合わせて、戦前、戦後の苦労を推し量っている[60]。また原文麿（二回）も、「戦後台湾人同窓生は国や制度、言葉も変わり筆舌に尽くし難い苦労をなめた。日本人同窓生は敗戦、引揚げのため、生活の基盤を失い、家族もろともが焦土の祖国で一からスタートした。〔中略〕いまの若い人には分かってもらえないことが多いのだが、同窓生だけには理解し、共鳴してもらえる」と、それぞれの感慨や思い出を相互に「理解し、共鳴」できるものとしている[61]。

このように、非対称的な関係に置かれた「被植民者」の戦前、戦後の境遇に対する視点は、台湾人同窓生の投稿や対面での再会を通して共有されていたものと考えられる。また、「本省人の苦難」の物語に対しても、同様に経験された戦後の「苦難」とすることで、相互に共感、理解が可能な記憶としていったのである。

四―二　植民地支配の根源的な否定と被害・加害の重層性の自覚

日本人同窓生の多くは、会誌への投稿、総会への参加、相互訪問などの同窓会の枠内での活動に留まっていたが、その枠を越えて台湾の歴史や社会への理解を深めようとした同窓生もいた。その中でも、同窓生の台湾認識に大きな影響を与えていたのが、二回生の山口政治である。同氏は戦後の同窓会の設立、運営に大きな役割を果たした上、『東台湾開発史』を出版し、同書に関連する「開発・教化」の物語を繰り返し投稿している。同書は会誌にもその進捗状況が報告され、出版後は同窓生に何度も参照されてきた[62]。

『東台湾開発史』は、「東台湾の開発に貢献した元警察官や教師、移民開拓者の声を主にして開発の過程をまとめる」ことを目的に、同窓生とその関係者から広く証言と史資料を集め、研究者の助言も得て記述されており、日本の植民地政策についても触れている。その中で、「植民地肯定論」的な見解に対しては以下のように言及している。

植民地に住んでいた私たちがまず確認しておきたいことは「如何なる国家もどんな理由だろうと他国を領有し、そこに住む民族の固有の文化と誇りを無にし、植民地として支配することはやってはいけない」ということである。台湾の場合、私たち庶民は政府と軍部の海外膨張政策の被害者であった反面、現地では一等国民として存在し、被植民地人に対しては加害者の立場にあったといえよう。この相反する両側面をどう理解してどのような位置づけをするかが、私たちの持つ大切な問題である。[63]

このように、植民地統治そのものを根源的に否定すると同時に、台湾に暮らした「私たち庶民」は「被害者」だっただけでなく、「加害者」の側面も有していたという二重性がはらむ問題に注意を促している。さらにこの文章に続けて、身近な台湾の友人たちが「心からの友好を示して」くれるとしても、全ての人がそうであるとは限らず、「台湾側から日本の植民地政策にはよい点もあったというのは自由であるが、日本側からそれをいうのは礼儀に反するのではないだろうか」と問題を提起している。また、「筆者は植民地政策に関しできるだけ客観的な第三者の声に耳を傾けてきたが、結果的には筆者の取材範囲が陰の部分より光の部分に偏った感がある」と自身の取材活動の限界を自覚し、「日本の植民地時代に対する台湾人の感情には微妙なものがある」と、台湾人が有する日本認識、歴史認識の複雑さへの理解も示している[64]。少なくとも、同氏にとっての「開発・教化」の物語は、「光の部分」の記述に偏ることで「国民の物語」に傾く揺らぎを含みつつも、植民地支配を根源的に否定した上で、在台日本人の立場の重層性や台湾人の複雑な経験、感情を踏まえた歴史記述を模索する途上で示されていたものだったといえるだろう。

四―三　「被植民者」(原住民)の視点の尊重

同様に、原住民への理解を深めていこうとした同窓生に四回生の冨永勝がいる。同氏は四回生の幹事役を担い、同期の台湾訪問の企画、同期会誌の編集などを行ってきた人物で、一九九一年には『東台湾太魯閣小史』を山口と共同で自費出版し、一九七六年から二〇〇一年にかけて各種媒体に発表した文章を集成した『東台湾点描』も製本、配布している。同氏は原住民との関係を有する台湾人同窓生の支援も受けて、民族学的ともいえる調査を進めていった[65]。その基本的な姿勢は以下のようにまとめられている。

かつて彼の地に住んでいた人、又は生まれ育った二世（湾生）たちの中には、「あのころはよかった。」と感傷的な気持ちで懐古する場合が多いのですが、四十数年を経て回顧する時には、客観的な視点に立って振り返らねばいけないと考えました。そのためには、第一にタロコ部族の歴史を知らねばいけないということです。〔中略〕第二には、領台以来、幾多の作戦や事件が惹起していますが、文献や資料は、日本側より見た一方的な記録や記述になっている場合が多いのです。そこで「タロコ部族側よりの見解はどんなのか」を知る必要を感じたのです。[66]

ここではまず、「湾生」が有する「感傷的な気持ち」を相対化し、原住民の歴史に目を向けていくことの重要性に触れ、さらにこれまでの記録が統治者側の一方的な視点に偏ってきたため、「タロコ部族側よりの見解」を踏まえる必要性が主張されている。

このような「被支配者」であった原住民側の立場や視点を重視する姿勢は、同氏の他の記述からも読み取ることができる。例えば、台湾総督府による「タロコ討伐」への抵抗については、「彼らからすれば自分たちの祖先が、このタロコに進出して四〇〇年になる先住者であるとして、納得しなかったのは無理からぬことでした」と、原住民の立場を踏まえた認識を示している[67]。また、原住民の取材を進めていた際に、「話の合間に『父は高砂義勇隊に志願、南ハワイ沖で輸送船が撃沈されて戦死した。』とうつむき加減で話し終わった時、少し悲しそうに二、三回舌打ちをしました。私はこの舌打ちに父を亡くした残念さと、南方戦線に駆り出した日本への非難めいたものを含ませたのではないか、と感じました」と述べており、日本人の「歓迎」に留まらない原住民の意識、感情の複雑さを感得し、高砂義勇隊の戦後補償問題にも関与していった[68]。

以上のように、日本人同窓生たちは台湾人同窓生からの投稿、台湾社会との様々な「再会」を介して、非対称的な関係に置かれた「被植民者」の経験や思いに触れ、それらに共感と理解を示していった[69]。また、台湾側から発せられる「植民地肯定論」的な言説に対しても、植民地統治を根源的に否定する視座を確保した上で、在台日本人が有する立場の重層性や台湾人の複雑な歴史認識を踏まえる必要性に言及していた。さらに、「被支配者」である原住民の視点に立って植民地統治を理解していこうとする同窓生もいた。日本人同窓生の間では、会誌や同窓生の取組みを通じて、これらの認識が一定程度分かち持たれていたと考えられる。

おわりに

ここまで花蓮港中学校の日本人同窓生が、台湾の植民地時代、引揚、引揚後の経験をどのような物語として語ってきたのか、またそれらに対して、台湾人同窓生、台湾社会の存在がどのような意味を持っていたのかを検討してきた。最後に、本稿から得られた知見と今後の課題をまとめておきたい。

日本人同窓生の記憶の特徴として、まず「ノスタルジア」の物語が台湾の日常生活を振り返る際の基調となっていたこと、そして東台湾の特性として、雄大な自然景観、また移民村や原住民の存在がその構成要素となっていたことがあげられる。これらの特性は、西部地域とは異なる東台湾の地理的、社会的環境から生み出されたものであり、父祖の功績を讃える「開発・教化」の物語を伴うものであった。さらに同窓生の世代的な共通性から、台湾での戦争、従軍体験をめぐる「時代に翻弄された戦中派」の物語が共有されていた。戦後については、引揚それ自体は必ずしも物語としては定型化されておらず、引揚後の生活が「引揚者の苦難」の物語として構成されていた。ただし、以上の物語はそれ以外の語りを排除するような力を持つわけではなく、あくまでも緩やかに共有された想起の枠組みと位置付けられるものであった。

このような語りに対して、台湾人同窓生の存在は両義的な意味を有していた。一方で彼らは、日本人同窓生の物語を共有、承認し、それらを促進する役割を果たしていた。しかし他方で、それらの物語に回収されず、時に亀裂をもたらすような「被差別」、「植民地解放の喜び」、「本省人の苦難」の物語を投稿していった。特に前者二つの物語は、日本人同窓生にとっては完全に異質な「他者」としての記憶であり、自らの記憶の語りに亀裂をもたらす可能性を秘めるものであった。

これらの台湾人同窓生の物語に対して、日本人同窓生の多くがその経験と心情を受け止め、共感と理解を示していった。さらに一部の同窓生は、「被植民者」の視点を意識しつつ、台湾の歴史のさらなる理解へと歩を進めていった。これらを通して、日本人同窓生には、非対称的な関係に置かれた「被植民者」の境遇、植民地政策の一面的評価への自省、在台日本人が有していた被害者/加害者という立場の重層性の自覚などが生み出されていった。自らの生活世界にのみ基づく物語の限定性を越えて、「被植民者」の経験にも向き合おうとするこのような姿勢は、台湾人同窓生と台湾社会の記憶が有する両義性、複雑さとの相互作用に基づいて生み出されていたといえよう。

本稿では特に地域、世代、エスニシティという属性を意識しつつその記憶の特性の検討を行ってきたが、本稿で得られた知見を検証し、比較分析を詳細に行うためには、それぞれの属性についての事例研究をさらに積み重ねていく必要がある。この点は今後の課題としたい。また、本論で触れた当事者たちも自覚していた通り、「被支配者」の視点や自らの立場の重層性を踏まえた台湾の歴史の理解は、その媒介者や資料的な限界も含む限定的なものに留まっていた。在台日本人が語ってきた「我々の記憶」を、台湾社会が有する「他者性」とその複雑さを排除しない形でどのように歴史化していけるのか、次の時代に残された課題といえるのではないだろうか。

注

1　「在台日本人」の厳密な定義は困難なため、本稿では一八九五年から一九四五年までの時期に台湾に居住し「内地人」と分類された人々として使用する。また、それぞれの民族的な呼称について、当時の用法に従えば、日本人を「内地人」、植民地期以前からの漢族系住民を「本島人」、さらに先住民族を「高砂族」等と称することが多かったが、本稿では引用文を除き、それぞれ「日本人」、「台湾人」、先住民族に関しては台湾の公的な名称である「原住民」と表記する。なお以下文中では括弧をとって使用する。

2　その全体像を示す研究として、蘭信三編『帝国以後の人の移動――ポストコロニアリズムとグローバリズムの交錯点』勉誠出版、二〇一三年、等を参照されたい。以下本稿では、「満洲」や「朝鮮」という言葉を歴史的用語として用い、括弧をとって使用する。

3　このような研究状況において、同窓会を中心に植民地邦人と被植民地社会との関係を論じた研究として、佐藤量『戦後日中関係と同窓会』彩流社、二〇一六年、が、また日本人の満洲観光をめぐる日中の記憶の相互関係に着目した研究に、高媛「ポストコロニアルな『再会』――戦後における日本人の『満洲』観光」倉沢愛子ほか編『岩波講座アジア・太平洋戦争四 帝国の戦争経験』岩波書店、二〇〇六年、等がある。

4 本稿では、日本統治時代の花蓮港庁と台東庁を「東台湾」、それ以外の地域を「西台湾」とし、また大日本帝国憲法のもとで行政上日本本土とされたところを「内地」とする。

5 近年の研究動向については、石井清輝（林姿瑩訳）「日本殖民地同窗會戰後的台灣記憶：以台北市樺山小學校為例」林初梅ほか編『日本時代的殘光餘影：走過兩個時代的台灣』允晨文化、二〇二三年、を参照されたい。

6 花蓮港中学校、後継学校の歴史については、同校発行の学校史、台灣省立花蓮高級中學花蓮中學校友会『花中六十年：一九三六～一九九六』一九九六年、國立花蓮高級中學『花中七十年：花蓮中学創校七十周年校慶特刊』二〇〇六年。及び、葉日陞『國立花蓮高級中學學校發展史之研究（一九三六～二〇〇二）』國立東華大學教育研究所碩士論文、二〇〇六年、を参照。

7 東台湾の概要及び花蓮港中学校設立の経緯については、藤井康子「一九三〇年代台湾における中学校の誕生——花蓮港における中学校誘致運動を事例として」『歴史学研究』一〇一四号、二〇二一年、を参照されたい。

8 同窓会及び会誌の経緯については、山口政治「巻頭言　涛声の歴史」『涛聲』一一号、二〇〇二年、に詳しい。

9 本稿で使用する花蓮港中学校に関連する資料の大部分は、同校同窓生の皆様にご提供頂いた。この場を借りて心より御礼申し上げたい。

10 本稿で中心的な資料とする同窓会誌には、同窓会が有している集団の特性によって、投稿内容に一定の偏りが生じていることが想定される。通常の同窓会と同様に、本会も会則第二条で「親睦」をその目的に掲げており、それに反するような投稿を避ける傾向が生じている可能性がある。また、そもそも会に参加する人々は、学校時代をよい思い出として記憶している場合が多く、そうでない同窓生は会から距離を置くものと考えられる。従って分析に当たっては、このような資料の特性を常に意識しておく必要があろう。学校同窓会そのものが有する機能や特徴に関しては、黄順姫『同窓会の社会学——学校的身体文化・信頼・ネットワーク』世界思想社、二〇〇七年、を参照されたい。

11 岩永正穂「憶い出と同窓生の消息について」『涛聲』一九号、二〇一〇年。以後、同窓生の投稿を引用する際には、会誌にならい括弧内に何回生かを付す。なお、会誌には、現在では差別的で不適切とされる語彙・表記も含まれるが、投稿者に差別を助長する意図はなく、歴史的用語として使用しているため原文のまま引用する。この点については、会誌内の編集の注でも度々触れられている。

12　大司騏一郎「台湾と韓国の違い」『涛声会報』三号、一九九四年。加来東海男（五回）「世界に羽ばたく日本の出番」『涛聲』一五号、二〇〇六年。

13　台湾の移民村事業の歴史については、張素玢『未竟的殖民：日本在臺移民村』衛城出版、二〇一七年、が詳しい。

14　宮本八代治「過ぎ去りし日の思い出」『涛聲』八号、一九九九年。

15　稲田俊一郎「追憶の台湾」『涛聲』一二号、二〇〇三年。

16　根上元太郎「私にとっての高砂族」一四号、二〇〇五年。東台湾では原住民は主に道路、港湾、灌漑整備などの土木建設業、農業部門の労働者として雇用されていた。ただし、強制的な労役が含まれていただけでなく、内地人、台湾人より賃金が安く設定され、搾取的な状況も生じていた。王學新・許守明「日治時期東臺灣地區原住民勞動力之利用」『東台灣研究』四号、一九九九年。

17　橋口浩「蕃社…そこはユートピアだった」『涛声会報』五号、一九九六年。

18　施添福「日本殖民主義下的東部臺灣：第二臺灣的論述」『台灣社會經濟史國際學術研討會』中央研究院中央研究院臺灣史研究所籌備處、二〇〇三年。林玉茹『殖民地的邊區：東臺灣的政治與經濟發展』遠流出版、二〇〇七年。

19　これらの特性はあくまでも類型的な区分であり、西台湾においても共通の地理的、社会的特徴を有する地域では、同様の物語が構成されている可能性が高い。この点は今後さらに検討していきたい。

20　山口政治「知られざる東台湾開発のエピソード」『涛聲』一五号、二〇〇六年。

21　隈部岌生「心の故郷」『涛聲』一〇号、二〇〇一年。

22　石村恭一「〝北回帰線の嵐〟タビト登山訓練の思い出」『涛声会報』四号、一九九五年。

23　日本による台湾の植民地統治をめぐっては、経済成長、インフラ開発、教育の普及などの近代化の促進を根拠に、「植民地統治が良かった」とする「肯定論」「賛美論」「施恵論」が生み出されてきた。東台湾の「開発・教化」の物語も容易にこれらの議論に帰結しかねないが、後に検討するように、それは直接的に「肯定論」に結びつくわけではなかった。このような近代化を基準とした「肯定論」の問題については、平井健介『日本統治下の台湾――開発・植民地主義・主体性』名古屋大学出版会、二〇二四年、一三頁—一六頁、呉叡人（駒込武訳）『台湾、あるいは孤立無援の島の思想——民主主義とナショナリズムのディレンマを越えて』みすず書房、二〇二一年、一五一頁、を参照されたい。

24 金井實徳「戦中派はいま」『涛声会報』五号、一九九六年。

25 原田純好「振りかえって思うこと」『涛聲』一七号、二〇〇八年。

26 本稿の主題から外れるため詳述しないが、同窓生による従軍体験の回想からは、一九九〇年代以後に元兵士たちの間に幅広く見られた、「無意味な戦争」観や、「国家指導者に対する強い憤り」を読み取ることができる。この点は、吉田裕『兵士たちの戦後史——戦後日本社会を支えた人びと』岩波書店、二〇二〇年、二五八頁—三三七頁、を参照されたい。

27 台湾では、一九四五年三月以後に一四歳以上の中学生も陸軍に召集されている。詳細は、小野純子『日本統治末期、台湾の防衛体制と『留守名簿』——第四〇軍と嘉義を中心として』名古屋市立大学人間文化研究科博士論文、二〇一八年、等を参照。

28 久恒三郎「戦時下の思い出」『涛聲』七号、一九九八年。

29 末永幸男「意味は無い？部隊と食生活　思い出すまま感ずるままに」『涛聲』七号、一九九八年。

30 加藤聖文『海外引揚の研究——忘却された「大日本帝国」』岩波書店、二〇二〇年、八六頁。

31 西牟田守「オンツァマと気象部隊」『涛声会報』五号、一九九六年。

32 ただし、学校内では台湾人生徒からの報復行動があったことも記録されている。石川省吾（七回）「喜寿を迎えて」『涛聲』一六号、二〇〇七年。

33 加藤（二〇二〇）前掲書、九九頁。

34 小沢英香「私の引揚げ日記」『涛聲』一三号、二〇〇四年。

35 丹野英行「引揚げ当時の思い出　上」『涛声会報』四号、一九九五年。

36 平山透「秋に想う」『涛聲』一四号、二〇〇五年。

37 硎光修「他人に迷惑をかけず　北陸の山林復興」『涛聲』六号、一九九七年。

38 坂部晶子『満洲「経験」の社会学——植民地の記憶のかたち』世界思想社、二〇〇八年、八二頁。広瀬玲子『帝国に生きた少女たち――京城第一公立高等女学校生の植民地経験』大月書店、二〇一九年、一五六頁。
39 佐藤仁史「ふるさとの語り方――大連引揚者二世の編纂物にみる満洲の記憶」佐藤量ほか編『戦後日本の満洲記憶』東方書店、二〇二〇。猪俣祐介「満洲の記憶（日本人）」貴志俊彦ほか編『二〇世紀満洲歴史事典』吉川弘文館、二〇一二年。
40 成田龍一『増補「戦争経験」の戦後史――語られた体験／証言／記憶』岩波書店、二〇二〇年、一六七頁。李淵植（舘野晳訳）『朝鮮引揚げと日本人――加害と被害の記憶を超えて』明石書店、二〇一五年、二七〇頁。
41 黄士情「なつかしい花中時代」『涛声会報』四号、一九九五年。
42 謝尹東「台湾便り（続）」『涛聲』一〇号、二〇〇一年。
43 李鎧佑「日本の花中同窓生諸君へ」『涛声会報』一号、一九九二年。
44 有田辰夫（七回）「老婆との再会」『涛聲』一五号、二〇〇六年。佐熊喜久夫（二回）「台東帰行」『涛聲』一六号、二〇〇七年、など。
45 同氏は同校戦後初の「本省人」の校長で、日本統治時代の教育を受けて日本語が堪能だったこともあり、在任中の一九九三年から九九年まで日本人同窓生との交流を深める役割を果たしていた。
46 陳宣経「花蓮港会の発足を祝して」『涛聲』十五号、二〇〇六年。
47 東台湾に限らず、台湾の発展の基礎が植民地時代の開発によってもたらされたとする「施恵論」も少数だが見られる。徐福雄（八回）「政府要人も九割が本省人に」『涛聲』八号、一九九九年。陳坤壌（六回）「日本国民、中華民国本省人、新台湾人」『涛聲』九号、二〇〇〇年、など。しかしこの「施恵論」の論調は、司馬遼太郎と李登輝の議論を参照して述べられており、その影響関係を慎重に見極める必要があろう。司馬遼太郎『街道をゆく 四〇 台湾紀行』朝日新聞社、一九九四年。なお、同書には同窓生の胡必重が東台湾の案内役で登場していたこともあり、多くの同窓生が言及している。
48 蔡芹能「謎の一年半」『涛聲』七号、一九九八年。
49 黄郁文「昭和一九、二〇年の記憶」『涛聲』一六号、二〇〇七年。
50 傅清順「辛口花中の思い出　内本差別の側面」『涛聲』七号、一九九八年。ただし、同氏は当時の差別構造を強く批判する一方で、台湾の政治状況や原住民同窓生の思い出を会誌に度々投稿すると共に、訪台する日本人同窓生を歓迎し交流も続けていた。このような状況は他の台湾人同窓生にも同様に見られ、植民地統治への批判的な意識と日本人同窓生への態度は必ずしも結びついていなかったことが読み取れる。

51 花蓮高級中学の学校史においても、差別構造の存在は前提とされている。台灣省立花蓮高級中學花蓮中學校友会（一九九六）前掲書、二〇〇頁、國立花蓮高級中學（二〇〇六）前掲書、六六、一六二頁。

52 陳錫煊「台湾、東南アジアのマラリア撲滅記」『涛聲』八号、一九九九年。

53 胡必重「私のメモランダムと亡き友の回想」『四回生誌　涛の声』五号、一九八三年。

54 陳錫煊（一九九九）前掲。

55 蔡芹能「憶うがままに」『涛聲』一四号、二〇〇五年。

56 陳朝宗「二・二八事件所感」『涛聲』七号、一九九八年。台湾人同窓生の投稿には、九〇年代以後の民主化の流れを反映して、二・二八事件、国民党独裁体制時代を批判しつつ自由、民主、平等の推進を希求する投稿も多く、この文脈で李登輝もしばしば言及されている。このことが台湾史にとって有する意味については、何義麟『台湾現代史――二・二八事件をめぐる歴史の再記憶』平凡社、二〇一四年、を参照されたい。

57 「被差別」、「植民地解放の喜び」の物語は、本来「ノスタルジア」や「開発・教化」の物語とは矛盾する要素を含むものだが、台湾人同窓生の投稿の中ではしばしばこれらが併置され、複合的・多義的で複雑な語りとして構成されている点に特徴がある。また、そこで「本省人の苦難」に言及しつつも、日本人の「引揚者の苦難」を否定することはなく、むしろ自分たちと同質の経験とみなすことで、相互に理解可能な共通体験としていった。例えば、傅清順（一九九八）前掲。

58 松下存「ガンよさよなら」『涛聲』八号、一九九九年。

59 加茂弘「六〇年前の少年時代の思い出」『涛聲』一四号、二〇〇五年。

60 高見一雄「花蓮港中学校同窓会解散に寄せて」『涛聲』一九号、二〇一〇年。

61 原文麿「編集後記」『涛声会報』五号、一九九六年。

62 同書は後に増補改訂され『知られざる東台湾――湾生が語るもう一つの台湾史』展点社、二〇〇七年、として出版されているが、会誌上では『東台湾開発史』の反響が大きく、また後者は商業出版の性格上、編集の手がより多く加わっていると考えられるため、ここでは前者のみを検討対象とする。
63 山口政治『東台湾開発史――花蓮港とタロコ』中日産経資訊、一九九九年、一九四頁。
64 山口政治（一九九九）前掲書、三一七頁。
65 同氏は二〇一五年に公開されたドキュメンタリー映画『湾生回家』にも重要な役割で出演しているが、このような取組みには全く触れられていない。野入直美は同映画を含む「湾生映画」を分析し、それらが「湾生」による「記憶をめぐるアクターとしての営為」をフレームの枠外に置いてきたことの問題を指摘しており、この点は同氏にも当てはまる。野入直美「湾生映画にみる植民地二世の記憶と表象」蘭信三ほか編『帝国のはざまを生きる――交錯する国境、人の移動、アイデンティティ』みずき書林、二〇二二年、三六七頁。
66 山口政治・冨永勝編著『東台湾太魯閣小史――研海支庁開発のあゆみ』私家版、一九九一年、九九頁。
67 冨永勝『東台湾点描』私家版、六頁。
68 冨永勝『東台湾点描』私家版、九頁、一六頁。
69 このような姿勢が共有される背景には、ここまで検討してきたミクロレベルの相互作用に加え、一九八〇年代以後の日本の戦争、植民地支配の加害性をめぐるマクロレベルの意識変容もあったと考えられる。吉田裕『日本人の戦争観――戦後史のなかの変容』岩波書店、二〇〇五年、二四三頁。

湾生が語る引揚体験
――インタビュー記録

大阪大学大学院人文学研究科外国学専攻台湾研究講座主催
国際シンポジウム「日台のはざまの引揚者たち」（あとがき　ポスター参照）
第三セッション「湾生が語る引揚体験」

日　時：二〇二四年一〇月六日（日）一四：一〇～一五：四三
（第四セッション「引揚者の戦後日本」の質疑応答より一部補足掲載あり）
場　所：大阪大学中之島センター七階セミナー室7C＋7D
　　　　大阪市北区中之島四―三―五三

語り手：
上野　正和　　台北市樺山国民学校卒、台北三中出身
若槻　雅男　　台北市幸国民学校出身
松本　治盛　　鳳林国民学校・花蓮港小学校出身

司　会：立正大学教授
所澤　潤

文字化：置塩文（オト研）、若林作絵（オト研）
編集：石井清輝、所澤潤
発言内容は発言者確認済み
［　］内は編者による簡単な注。
〔　〕内は本人が話した形で挿入することで、シンポジウム参加者と同様に理解できるようになる補充表現

レジュメに記載された登壇者提供情報の概要

上野正和さん

一九二七年に父・上野正夫、台北州板橋に警察官として赴任。

一九三三年に台北州新荘で誕生。一九三七年から一年間、台中州嘉義在住（父が商事会社に転職）。一九三八年に台北市樺山町に転宅。

一九三九年四月に台北市樺山小学校入学（一九四一年四月から「樺山国民学校」に改称）。一九四一年一二月に開戦（国民学校初等科三学年）。一九四五年四月に台北三中入学。

一九四五年五月三一日に台北大空襲被災。同八月に終戦。

一九四六年三月三一日に基隆港出港・同四月六日田辺港上陸、一泊。同年四月七日に郷里・加古川市志方へ帰着。

若槻雅男さん

○引揚げるまでの学校の履歴

一九三四年に台北市で出生。一九四一年四月に台北市立幸国民学校入学。

一九四五年八月に終戦。一九四五年九月以降に中華民国の国語、歌唱等の教育を受ける。一九四六年三月に五学年修了。

一九四六年四月に引揚後、内地の六学年に転入（修学年限のロス無し）。

○引揚の日程等

父留用：一九四五年一一月三〇日　民国行政長官公署工鉱處公共工程局

同解除：一九四六年　三月二〇日　集結直前に留用解除が実現し危うく引揚に間に合った

集　結：一九四六年　三月二五日　台北市幸国民学校（現幸安国民小学。国民小学は以下、国小）

出　航：一九四六年　三月三一日　基隆

上　陸：一九四六年　四月　五日　似島検疫所に上陸

四月　六日　宇品港で入国

松本洽盛さん

一九三七年　花蓮港庁瑞穂生まれ。

父は花蓮港警察庁に奉職。除隊後警察庁を退職し、米、タバコ、落花生、西瓜を主にした農園を開いた。

戦後花蓮港から鹿児島港に引揚。

二〇一五年ドキュメンタリー映画『湾生回家』に出演。

著書に松本洽盛編著『むかし「日本人」　いま「台灣人」』（二〇一九年、明日香出版社）がある。

第3セッション会場

細目次

※以下はシンポジウム当日の会場の様子を伝え、この時点での登壇者の方々の経験の語り、それぞれのお考えや認識を記録することを目的としている。そのため、発言内容の事実確認と必要な修正は各自にお願いしているが、編者は読みやすさを考慮した最低限の編集を加えたのみで、編者による事実の訂正や内容に関する修正は行っていない。この点ご了承いただきたい。

一　引揚の映像上映

所澤潤　皆さま、よろしいでしょうか。第三セッションを始めたいと思います。
　第三セッションでは、皆さんに最初に見ていただきたい映像がございます。まずそれをご覧ください。

〈「遣送日俘日僑帰国」上映〉
国家電影及視聴文化中心（台湾影視聴数位博物館）所蔵フィルム

所澤　今の動画はニュース映画で使われていたものだと思われます。当時はまだテレビがありませんので、〔それは〕当然のことです。ちょっと衝撃的な映像だったと思います。

二　登壇者紹介

【以下、インタビュー】

所澤　それでは、こちらに登壇されている方々について簡単に紹介させていただきます。
　まず、上野正和さん。昭和二（一九二七）年にお父さん〔上野正夫〕が警察官として〔台北州板橋に〕赴任されました。そして昭和八（一九三三）年に新荘で誕生し、昭和一四（一九三九）年に樺山小学校に入学、昭和二〇（一九四五）年四月に台北三中に入学されました。そして、昭和二一（一九四六）年三月に基隆港を出発して、〔和歌山県〕田辺港上陸。郷里の〔兵庫県〕加古川市に帰られました。

それから、若槻雅男さん。昭和九（一九三四）年、台北市に生まれる。昭和一六（一九三一）年四月に幸国民学校に入学。昭和二〇（一九四五）年八月に終戦〔を迎え〕、翌（昭和二一）年三月に五年生を修了して引揚げ、四月より内地の〔第〕六学年に転入されました。お父さんは〔一九四六年三月二〇日まで〕留用されていました。詳しくはどうぞレジュメをご覧ください［本節冒頭に概要を紹介］。

そして、松本洽盛さん。昭和一二（一九三七）年、花蓮港〔庁〕瑞穂生まれです。お父さん〔松本昌三〕は花蓮港警察庁に奉職、その間に応召、除隊後に警察庁を退職し、米、タバコ、落花生、スイカを主にした農園を開きました。戦後、花蓮港から鹿児島港に引揚げ、以来、三重県、京都、群馬県、再び京都で学校生活を送り、今は奈良にお住まいです。二〇一五年のドキュメンタリー映画『湾生回家』出演。著書として『むかし「日本人」いま「台灣人」』［梅桜交友会　代表 松本洽盛著・編集、明日香出版社、二〇一九年］があります。

簡単にお三方の経歴をお話ししました。

三　引揚時の集団

（会場前方スクリーンに掲示した質問の基本事項）

○引揚で、台湾を出発したのはいつ頃か。

○台湾出発は基隆か。内地で下船したのは、どの港か。

○引揚で、台湾の港を出発するとき、家族以外は知らない人の集団の中にいたか、知り合いがいる集団だったか。

同じ船で帰った人たちに対して、特に印象に残る事があったら説明してください。

【以下、インタビュー】

所澤　これから幾つか質問させていただきますが、〔質問内容の〕基本的なことは既にお伝えしてあります。皆さん、台湾の出発は基隆〔港〕からでよろしいでしょうか。内地で下船した場所は皆さんそれぞれ別々になりますね。その引揚のときの様子ですが、引揚で台湾の港を出発するときに、家族以外は知らない人の集団の中で引揚げたのでしょうか、それとも知り合いがいる集団だったでしょうか。

上野正和　私のところは、住宅街でグループ、班を作ってですね、だいたい六家族で、人数を数えたら二五〜二六人おったと思います。その中の班長にうちの父親がなって、ここの集合場所は次に出てこられますけれども、〔若槻さんの通われた〕幸小学校に集合して、台北駅から基隆港へ向かって、いまさっき映像に出てきましたボディチェックをやられたんです。簡単なボディチェックでね、パッパッパッパッパッと〔体を〕上から下まで叩く程度で、〔検査官は〕中国の女性やったと思うんです。それで持ち物検査があって、〔持ち物を〕土間、コンクリートの上にバーッと広げると、ただパッと見るだけで、もうそれで終わりでした。

若槻雅男　周りに知人がいたかどうかということですけれども、私は、乗船して帰る日本人のリーダーが新里《にいざと》さんと言いまして、NHKに勤めている人でした。〔NHKというか〕台北放送局です。その子どもさんの新里君というのが私と同じクラスであったから、同じ船に知人がいたはずなんですけどね。あのときは家族の〔居場所の〕割り当てが、船の中が三段か四段かの蚕棚のようになっていて、「どの班はどこにいなさい」という割り当てがございましたので、私の家族の周囲には船を下りるまでまったく知人がおりませんでした。まったく知らない人の集団の中で引揚げてまいりました。

松本治盛　私は花蓮港から出港して鹿児島に上陸しました。花蓮港では引揚に当たって班を編制したんですね、班、小隊、中隊いう形で。私の叔父が第三中隊長をやってたもんですから、全部名簿を持っていたんです。船にも、その班編制で乗りましたから、ごく近所の方は知っていましたけども、〔他は〕ほとんど知らなかったですね。

四　引揚時のボディチェック、持ち物、乗船待機期間

所澤　ありがとうございます。今、上野さんから乗船の際に体のチェックをされたというお話があったんですが、若槻さんと松本さんは、その点はいかがですか。

若槻　私は、記憶としてはね、ボディチェックされた記憶はないんです。それは単に、子どもでしたからちゃんと覚えていない〔だけ〕かもしれません。

ただね、持って帰っちゃいけないものがあったらしいんですけどね、私の母親が実は翡翠の帯留めを二つとか、なんか持って帰って。で、早死にするんですけれども、それを世話になった親戚の娘さんに形見分けしたりしていますから、なんか持って帰っているんですね。〔チェックがあったとしても〕それがばれない程度であったということですね。

松本　私の場合も、だいたい上野さんと同じようなもので、あまり厳しいチェックを受けなかったように思います。まあ、子どもでしたから。

台東とか東台湾の方々は全部、花蓮港から引揚げたんですね。そういう方々は港の倉庫で二泊も三泊も止められていたようです。私は花蓮港の街中に住んでいましたから、乗船する日にトラックで港へ行って、検査をパパッと受けてサッと乗った。そういう意味では非常に楽でしたね。

所澤　なるほど。若槻さんはやっぱりそこで数日間待ったわけですよね。基隆港でどのくらい待機させられたんですか。

若槻　ああ、基隆はね、集結地の幸国民学校を〔一九四六年〕三月三一日の朝出て、正午頃基隆港を出港してい

ますから、基隆では待機してません。ただ、上野さんと同じ日の三月二五日に〔幸国民学校に〕集結したけれども、そこで六泊の待機期間があったんです。そのあいだはね、結構楽しいというか――。楽しい待機期間であったような気もします。

所澤　〔物売りが〕タバコか何かを売りに来ていたっていう――。

若槻　ああ、それでね、待機しているあいだはおそらくね、外に出ちゃいけなかったと思うんです。それはね、待機してるあいだにいつ出発するかわかりませんので、ということだろうと。これは想像です。で、そうすると、夜ね、いろんなものを売りに来るんですよ。私ね、鮮明に覚えてるんです、売り声ね。一つはね、「ゆーれたーまごー」。ゆで卵ね。向こうの卵はアヒルの卵ですから大きいんですけどね。もう一つはね、「本物よー、くろしお」と言ってね。「黒潮《くろしほ》」というのは、そのとき、戦時中の有名なタバコだったんですね。タバコをそうやって売りに来るっていうのは、夜も、自分の家が近くにあったとしても外に出られないという無聊を慰めるという気持ちもあったかもしれないと思うし、いよいよ出発するときは所持品の余計なものはどこかで捨てるんだろうから、それを基隆で巻き上げられるよりは、まあ、ここで使ってもらおう、という気持ちもあったんじゃないかなあと。そんな具合いです。

所澤　なるほど、ありがとうございます。

上野さんはその点については何かご記憶がありますか。待機している間に現地の人と〔の間で〕物を売り買いしたとか。

上野　確かにね、列車が基隆港に着いたときは物売りが来ていたのはわかりますけど、待ち合いしている間に物を売りに来たというのは、全然記憶ないですね。

で、今の映像を見ながら〔感じましたが〕、だいぶ厳密にやっているところと――。私らは第一陣でだいたい九〇％〔上野加筆修正　約二八万四〇〇〇人〕帰ったんですけどね。そのあとのほうは持ち物はもう自由に持って帰ってるような感じですね。

加筆についての上野氏による補注　第一次帰還と第一期引揚と同じなのか別なのかはわかりませんが、大川敬蔵さんの資料　台湾引揚研究会編『歴史としての台湾引揚』二〇〇九年三月一日改訂増補発行、七二頁一段目「第一期は昭和二一（一九四六）年二月末から五月末」を参照しました。

所澤　なるほど、最初の頃は厳格だったけど、だんだん緩くなっていくと。

上野　だいぶ緩くなって、第三次、第四次ぐらいになると、留用者なんかはもう〔荷物を〕三包み、四包みぐらいでも持って帰れたように、聞いていています〔第一章の中華民国政府の送還回数の分類とは違う〕。それと、私の知り合いの人がね、中国人が日本人の女性を見初めて、そして「結婚してくれ」言われたんですけども、「いいなずけがおるから駄目」と断ったけども。その家はね、もう包みをやっぱり三つも四つも持って帰ってます。その中国の将校がね、その家だけ特別に基隆港へ送ってね。ようあんなに思い入れしたな思うて。引揚げて帰ったその家へ行ったらね、玄関の土間のところにね、ものすごい包みが三つも四つも置いているんですよ。ああ、これはやっぱり中国人も女性を見初めて、二号、三号になるおそれがあったと思うけども、最後まで面倒を見とった中国人がおったのですね。

所澤　ありがとうございます。

〔待機期間中のことでも〕まだ追加で〔あれば〕、どうぞ。

若槻　楽しかったその待機の六泊のもう一つの話題は、実はですね、そのあいだに演芸大会もあったんですよ。その演芸大会も私、克明に覚えてますけど、漫談なんかありましてね。その当時、私たちの親たちの世代ではね、「二人は若い〜」という、ああいう歌が流行っていたんだそうですよね。で、そのときにね、学校の風景を漫談でやってね、「答えなさい、クルミさん、あなた」ってね、先生がこう指すと、生徒が「なーんだい」と答える。「あなた」に対する駆け引きですから、「なーんだい」と来てね。そうすると、また別の生徒が「あーとーは言えない」、そこで「あたまがわーるいよー♪」と言って笑うんですよね。〔「二人は若い」の歌詞の一部：あなたと呼べば　あなたと答える　山のこだまの　うれしさよ　あなた　なんだい　空は青空　二人は若い〕

ところで、そのクルミさんというのが実はね、その頃少女雑誌に〔松本かつぢ作の少女漫画〕「くるくるクルミちゃん」というのがあったんだそうですよ。私の家内は日本内地の育ちです。しかし同い年なものですから、〔私が〕その話をしたら、「そのクルミちゃんって知ってる」と言うんですよね。だからそういう世代はね、また「くるくるクルミちゃん」で育ったんだなと。日台のね、共通な文化の一つですよ。

五　財産没収、持ち帰った郵便貯金や砂糖など

所澤　乗船する前というか、終戦から引揚までの様子はどうだったですか。

松本　引揚前のことで多くの日本人がいちばん気にしたのは、八月の終戦で台湾人の態度がどう変わるか、ということじゃなかったでしょうか。なにしろ統治者と被統治者の立場が逆転したのですからね。

事実、日本人の間でも評判が良くなかった「どこそこの警察官が台湾人に殴られたらしい」といった噂話を耳にした記憶があります。私の身近では、そういうことはありませんでした。台湾人の子に意地悪をされたこともありませんでした。学校へ行く途中に台湾人の部落〔集落〕を通るのですが、変わった雰囲気はまったく感じませんでした。

立場の逆転を思い知らされたのは、終戦前〔からの〕一年ほどの休校が明けて学校に行ったときです。授業はほとんどなくて、毎日、全校生を講堂に集めて中華民国国歌の練習ばかり。もちろん中国語です。立てかけてある旗も「青天白日満地紅旗」、天皇陛下の写真も外されている、教えるのは台湾人の教員と中華民国の兵隊で、日本人

の先生は黙って彼らに協力するだけ。これがいちばんショックでした。

その後、強制引揚ということがはっきりして引揚時期や携帯金品などの条件が明らかになってくると、財産処分をどうするかで慌しくなりました。何もしないで放置していたら国民党政府に没収されるだけ、その前に親しい台湾人に無償で譲ったりしていました。

叔母が使っていた琴、三味線、ピアノや蓄音機などは台湾人の友達に差し上げたと言っていました。土地、家屋については、母屋の裏にあった二つの離れはお隣さんに譲渡して、あとはすべて没収されるままにしたようです。

現金や預金は一人一〇〇〇円しか持って帰れないということがわかったからでしょうか、大人たちは知人・友人、同じ船に乗る班長などを集めては毎日のように台湾料理の火鍋を囲んで宴会をやっていました。持って帰れないカネなんか残してもしようがない、というわけでしょう。私たち子どもにも今まで履いたこともないような革靴を買ってくれた（笑）。

所澤　財産没収のことですが、誰が没収していたのですか。それはあまり聞かない話ですね。台北ではそんな没収は行われなかったような気がするのですが。

松本　子どもでしたから詳しいことはわかりませんが、叔父に聞いた話では、日本人の役人も参加した没収委員会ができて、事前に財産調査が行われた、その資料に基づいて没収していったようです。事実、引揚が近づいた昭和二一年に入ると、母親の実家でも、祖父がやっていた〔事業で使用していた〕製箱用の機械や設備に封印のシールが貼られていたのを覚えています。

また終戦当初、引揚がはっきりせず何年か先になるだろうというので、祖母は甘味処の店を開いたのですが、それが人気を呼んで結構、繁盛していた。その設備関係もすべて封印されました。それ以外の土地、家屋はすべてわれわれが引揚げると同時に没収になったのではないかと思います。

所澤　なるほど。上野さんは少し時期が早いから、そういう経験はないでしょうか。

上野　引揚前にね、資産凍結いうのがあったんです。で、金持ちの家はね、もうパッと入ってきて動産の差し押えのシールを貼られた。戦後の税務署が来て差し押えた方法と同じ方式です。で、資産証明書を出しているのね。〈フロアを指して〉そこに青木弘さん、来られてますけども、そういう資産凍結で、銀行預金がなんぼとか、土地（不動産）がなんぼで、どこどこの土地を持ってる、そういう証明まで出してます。ただ、凍結しているから証明だけで、お金は支払いしてくれてませんね。

　で、戦後にね、やっぱり金持ちは警察から拉致されてゆすられてるんです。で、特に菊元とかね、もう大きな資産家のところは皆。私の友達の大川敬蔵君というのがおって、ここもおじいさん引っ張られてね、で、金をゆすられてるんです。まあ、そういう戦後の証明はあったけども、勧銀〔日本勧業銀行〕は閉鎖されたけれども、郵便貯金はね、国内に帰って、全部うちは郵便貯金は〔引き〕出しました。

一同　ほう。

所澤　国内というのは日本に戻ってからですか。

上野　日本へ戻って。

所澤　いま菊元と出てきましたが、菊元百貨店、菊元デパート〔のことですか〕。

上野　菊元百貨店の主は、何という名前でしたかね、菊元の経営者は。

――　重田栄治さん。

上野　ああ、重田さん。拉致されてるんですよ。で、ゆすられてね。金を渡したら釈放されたいう。

　で、塩見〔俊二〕さんいう人がね、日本人の、日僑の援護局の局長をやって。台湾にね、台湾紙幣があったんですけども、これは台湾で製造してなかったんです。で、戦後に日本政府から台湾紙幣を運んで、総督府の役人に給料の前払い、退職金をばらまいているんだ。で、塩見さんは戦後ね、三回引っ張られて、三回目には「検疫員」の腕章をして引揚船に潜り込んで、〔日本に〕逃げて帰ってるんです。で、国会議員になってね、台湾との友好を結んだりとか。まあ、台湾との関係はそういうところから始まってるいうかね、はい。

上野氏による補注　大川さんの『歴史としての台湾引揚』一〇三～一〇五頁参照。（同書は塩見俊二『秘録・終戦直後の台湾――私の終戦日記』高知新聞社、一九七九年を引用。）最初は（西門町の）弘法寺、第二回目は本願寺（旧東本願寺・國府側特務機関の施設）においてであった。第一回目は概ね平穏であったが、第二回目は厳しいものであった。……当日は、午前九時から調べ室で尋問があり、……二時間余で目の前が暗くなり……倒れそうになると衛士が支え、頭から冷水を浴びせ、調査は続けられた。調べられること三時間あまりで帰宅を許された。……（三回目は）特務機関の本部を訪れ、三時二〇分前まで雑談し……本部を辞し、とあるので、引っ張られたのではなく、以後の身辺の危険を感じ、自ら出頭し、雑談後待たせてあった車で基隆港まで全速力で行き、検疫員の腕章をつけて引揚船に潜り込んで日本に逃げ帰っている。出帆前に警察官とおぼしき者が捜索に来たが船長にかくまって貰ったとある。

上野氏による補注　引っ張られた理由については、同じく大川さんの『歴史としての台湾引揚』一〇四頁の二段目を参照。①国庫の金は日本の無条件降伏以来は台湾省の金であるのに民国三四（昭和二〇）年一一月頃まで国庫金を自由にした。それは中国政府への犯罪行為ではないか。②（総督府職員への）月給は翌年（昭和二一年）三月分までも前払いし、三月まで入れて退職金支給したのは行き過ぎではないか。③中国高官としばしば会い、賄賂を送り、または供応して日本人の利益をはかろうとしたのではないか。……

所澤　どうもありがとうございます。今のようなお金、紙幣の問題なんかは、若槻さんとか松本さんのほうで気づいたことはありましたか。

若槻　いや、私はね、没収とかそういうことはまったく覚えてません。それでうちは、家はどうせ借家だし、なんら問題なかったと思います。まあ官吏ですから、特に財産とかそういうものはたいしたものはありませんので。家財道具とかそういうものをね、封印されたような記憶もございませんし、近所に親しくしていた井上さんというやかん工場を経営していたお宅もあるんですけど、そこが大変だったというようなものを見た記憶もありません。

それにね、私が井上さんの子どもさん〔井上龍朗〕と親しかったものですから、井上さんが先に引揚げるときに、レコードがたくさんあってそれをもらって帰ったり。なんかそんなことがありますからね、そんなに厳しいことはなかったような気がするんですけど、よくわかりません。

所澤　松本さんはいかがでしょうか。

松本　私の場合、父親が早くに亡くなっていましたし、大資産家でもありませんから、おカネや財産処分をめぐってのトラブルのようなことはなかったと思います。

先ほどは花蓮にある母親の実家の話をしたのですが、終戦で花蓮に転居する前は農会地という田舎でタバコ栽培を中心に農業をやっていましたから、結構広い農地や大きなタバコ乾燥棟、それに馬、水牛のほかに鶏、アヒル、鵞鳥、七面鳥などの家畜を沢山飼っていたのです。家には住込みの台湾人が居て、川向こうに蕃社、つまり原住民部落〔集落〕があって、そこから女性七、八人が通いで農作業に来ていました。

で、鶏やアヒルなどは雛鳥を除いて全部彼女たちに差し上げた。残りの農地、家屋、タバコ乾燥棟、馬、水牛は永年、住込みで働いてくれたアテナという台湾人に譲ったのです。彼は独身で、すでに中年にさしかかっていましたが、とくに親族が居るとも聞いたことがない、天涯孤独の身でした。アテナ一人でやっていけるかどうか心配していましたが、結局、今までどおりアミ族の人たちに通ってもらえば何とかやっていけるだろう、ということで引き継いでもらったと聞きました。

所澤　当時なんですが、僕が新竹のあたりでいろいろ聞いた話では、自分で材木だったかな、大きな店を経営していた方が、地元の人にその財産を全部預けて、そして日本に戻ったと。しかし、一〇年ぐらいして台湾に行ったら、それを返してくれないという。それで地元の周りの人たちが怒っているんですね。つまり、「あの男は汚い」と言ってやっているわけですよ、台湾人がですよ。〔彼らが〕そういう話をしているのを聞いたことがあるんですが。

しかし、その財産なんですが、没収されることは予想されていたんでしょうかね。没収されるということがわかっていたら、当然地元の人に全部分けていたんじゃないかと思うんですが、どうでしょうか。

上野　沖縄の人はね、帰国が遅れたので、大稲埕で酒・たばこの商売をしていた父は沖縄の仲間に味噌樽や余った米を渡していました。もうひとつ、神戸に鈴木商店〔総合商社〕があって昭和二年の金融恐慌の煽りで鈴木商店台北支店（台北市北門町）は倒産しました。父は警察をやめ昭和一二年にその商社の傘下のビール共販〔後に共同商事に社名変更〕に転職。キリン、アサヒ、サッポロビールの販売競争は激しく、トラブルが連発したので、専売局にビールの納入権を買い上げてもらいました。共同商事の支配人をしていた大塚保二さんは引揚後、アサヒビールの台湾の視察団の一員になり台湾へ。引揚前に資産を譲った林基徳さん宅〔台北市福住町〕を訪ねると資産は台湾政府に没収され、預けていた娘の花嫁衣裳も処分されてなかったそうです。

その後、林基徳さんが横浜に来た時、紋付き袴を持参し、大塚さんの息子が引き取りに行ったときは、相手から先生呼ばわりされて主従関係が逆転していた感じだったそうです（笑）〔中国語で「さん」を「先生」というためで、日本語会話に「先生」が紛れ込んでいたためか〕。

所澤　今のことについていかがですか。

若槻　私は、そういう家、土地のような財産はないんですけど。今、初耳だったんですけども、郵便貯金の貯金通帳を持って帰って、日本で〔貯金を〕下ろすことができたと。おそらくそれはうちはなかったんじゃないかと思います。預金はあったんでしょうけど、持って帰らなかったんじゃないかな。

で、〔所持金の上限は〕一人一〇〇〇円ですから、うちは〔五人家族なので〕五〇〇〇円持って帰って。それはね、戦後すぐ新券というのが発行されてね〔一九四六年〕。あの一〇円札がまたいろんな噂があるんですけれども。その五〇〇〇円が実質封鎖されて、毎月使う額が制限されちゃうわけですね。それでね、私の家は非常に生活が苦しかったから、引揚先の村の民生委員のところへね、「引揚困窮者であるから特別に五〇〇〇円から引き下げることを許可する」というような証明をもらうために、私、お使いに行かされた記憶があるんですよ。

所澤　「五〇〇〇円を引き下げる」というのはどういう意味ですか。

若槻　〔所有資金五〇〇〇円から下ろす、引き出すという意味で使いました。引き出しが制限されていて〕持ってた現金を一度に使うことできなかったんだろうと思います、つまりね。

所澤　ああ、新円切り換えですね。

若槻　新円になって証紙を貼らないと使えないわけですよね。だからその証紙をね、少しずつくれたのかなあと想像してますけどね。いや、よくわかりません。

所澤　松本さん、いかがでしょうか、今のようなことについて。

松本　先ほど田舎の土地と家をね、台湾人に譲ったと言いましたけど、初めからそう決めていたわけじゃないのです。あの頃、台湾統治のトップに据わる陳儀長官がまだ着任していなかったのです。だから引揚の方針がまだはっきりしてなくて台湾に残れる可能性も十分あると、残りたい人はね、いう噂があったのですよ。で、村の集会から帰ってきた母親が、僕らに向かって、「こういう話があるのだけども、どうする」という話になった。初めての日本に引揚げるか、それとも台湾に残るか。弟は「絶対に残りたい」っていう。まあ、小さい子どもですから、そのままの条件で残れると思っている、だから全く知らない日本には行きたくない、というわけですね。でも、兄貴はある程度事情わかっているから「日本へ引揚げたい」と。私はどっちでもよかった。

そのうちにいよいよ強制引揚、残ることはできないという方針がわかったわけですね。それで、ああ、それなら財産を持っていても仕方がないということで、長年働いてくれた台湾人に譲ることにした。それは先ほどお話しした通りです。

ただ、引揚直前に無償でやると、あとで当局から「けしからん」ということで取り上げられる可能性があるから、叔父に頼んで、すぐ法的手続きをやってですね、有償で譲ったというかたちをとったみたいです。そういう話は後で聞きました。

所澤　その台湾人の方とは戦後どういうつながりになっていますか。

松本　それがいちばん気になりましたから、戦後、初めて台湾に行ったとき、その田舎を訪ねたのですが、残念ながら探し出せなかった。

というのは、私が住んでいたその村は、台風が来るたびに洪水で土地が浸食されて、私が戻ったときは村全部が流されて村が消えとったんです。今でも畑と田んぼだけしかありません。住宅が一軒もなくて、作業小屋だけがある。土地の人に聞いたら、二〇キロほど離れた町から車で農作業に来ているのだそうです。結局その田舎の台湾人の消息は、捜したけど駄目でしたね。村や小川が跡形もなく消えてしまったうえに農地主が変わり、しかもバラバラに住んでいるので、当時の状況を知っている人がいないのですよ。

所澤　ああ、なるほど。

先ほどの郵便貯金の話に戻りますが、郵便貯金の通帳を持ち帰れるということになるとですね、一〇〇〇円という制限が事実上ないのと同じようなことになると思うんですが、通帳を持ち帰ってはいけなかったんですかね。

松本　よくわかりませんが、持ち帰っていたと思います。母親がよく「紙くず同然になった」とぼやいていましたから。

所澤　持ち帰れたのですね。

松本　ええ、そうだと思います。ただ、後で知ったことですが、われわれが引揚げた四月にはすでに新円切り替えという金融緊急措置が行われていて［新円切換えの預貯金封鎖は、昭和二一年二月一七日から実施］、一定額以上の現金は強制預金をさせられたうえに新円での引き出しが厳しく制限されていました。いわゆる「預金封鎖」ですね。

しかも引揚時に一〇〇〇円を超える携帯は認められなかったので、預金通帳なんかを出港地や上陸地の税関とかに預けさせられた。確か、最後は佐世保かどこかの税関にまとめてずっと保管されていたように記憶しています。その間にどんどん物価が上がって超インフレ、折角の預金の価値が下がって紙くず同然、というわけです。

当時の引揚者は、新聞を購読するカネもない、ラジオもない、そんな貧しい状態だから預けた預金通帳や保険証書の保管先がどこかも知らない。たとえ知ったとしても、もうスズメの涙みたいな値打ちしかないから、もう諦めて放置してしまった人が結構いたと思います。

所澤　まあ置いておけばそうなりますよね。日本に戻ったときにすぐ下ろせば効果があったでしょうけど。

松本　それが生活費として月三〇〇円ぐらいしか払い出しが認められないから、瞬く間に貨幣価値が目減りしてしまう。

所澤　払い出しの制限は新円切り替えの関係ですか、それとも台湾だけじゃなくて朝鮮や満洲などの外地から帰ってきた人たちも全然できなかったということですか。

松本　昭和二一年の金融緊急措置令とか日本銀行券預入令といった法令に基づいてやったのですから、みんな同じでしょう。

上野　戦後ね、日本政府が全部、新円切り換えをやっているんですよ。でね、金持ちの人はね、日本内地へ送金してるんです。ところがその後封鎖されたものですから、それはもうバツでしたね。で、戦後、訴訟を起こしたけども結局ダメでした。ところがね、先見の明があって、このあいだ私、樺山小学校の同窓会をやったんですけどね、〔そのときに聞いた話ですが、〕密航船を出してる人がおるんです。あのお、友達二人〔の家が〕、密航船〔を〕出してます。

所澤　船ですか、密航船。

上野　密航船。台湾人の船に砂糖積んでね、日本内地へ送ってる。そのときにね、布団の中に守り刀も入れとった言うからね、このあいだも冗談で言うとったんですけども、貴金属や、宝石やら入れとったら〔今ごろ〕ものすごい金持ってる思うけど。その家は砂糖を積んで帰って、心斎橋で店買ってるわけね、砂糖売って。〔ほかにも〕台湾から引揚げた人で神戸でね、なんかお菓子屋さんやった人も、砂糖を売ってお菓子屋さんを立ち上げたいう家もあるみたいです。

だから先見の明でね。その家、戦後はね、本当はその家は留用でないのに〔台湾に〕残ってるんです。で、それは言うたら、密航船〔を〕出すためやったんかなあと思ったりしますがね、そこら辺ははっきりわからんけども。で、〔逆に〕持ち逃げされてる家とね。持ち逃げされて、戦後に持ち逃げされた人と再会したけど、もうね、どうしようもないから黙認したいう人もおるし。砂糖積んで帰ってね、売った金で心斎橋に店買ったとかそういう家もあるし（笑）。

今さっき言うてるボディチェックを受ける前にどこかに隠して持って帰ってる人もおるんですよ。日本人は真面目ですからね、〔ボディチェックの時に見つかると〕一人悪い人がおったら皆その班が全部駄目〔連帯責任〕ということ〔になってしまうから〕、殆どの人が規則を守っています。

所澤　若槻さん、何か。

若槻　預金［貯金］通帳はね、持って帰れるのであれば、うちの親もたぶん持って帰ったに違いないと思ってます。ただ、それは今まで話に出ましたように、持ち帰ってもまったく生活の糧にならなかったんだろうと思います。
　ただ、そのほかにね、生命保険のね、証書を持って帰ってますね。それはね、なんでわかったかというと、私の両親は私がまだ学業を終える前に二人とも死んでしまったんですけれども、死んだときに何保険会社だったかわかりませんけど、ほんの涙金、何百円かのあれですよ、死亡保険料がね、ちゃんと交付［給付］されましたからね。
所澤　松本さんは引揚げるときの荷物で何か。
松本　ひとつだけ覚えているのは、内地には砂糖が全然ない、ということを聞いていたので、男兄弟三人のリュックサックを二重底にして、そこに砂糖や煮詰めてカチカチにした飴玉をぎっしり詰め込んで持ち帰った。砂糖は全部、引揚先の父親の実家に差し出したのですが、最高の土産だといって喜んでくれました。
　あとは寒くもないのに厚手の服を二重に着せられて乗船検査を受けたことぐらいですかね。なにしろ、叔父が引揚者で編制した第三中隊の責任者をやっていた関係で、持ち物の不正がばれたら連帯責任で全員に迷惑をかけることになるからというので、生真面目にやったと思います。

六　学籍証明書、卒業証書

所澤　今、財産のお話がずっと出ているわけですが、そのほかに台湾から持ち帰ったものとして、学籍証明書だとか卒業証書だとかそういうものがあったんじゃないかと思うんですが、それはいかがでしたでしょうか。
上野　私、台北三中におったんですけども、［一九四六年］三月に引揚げるいうことで学校へ行きましたら、もう在学証明書と成績証明書を用意していて、すぐもらいました。で、職員室に入るときにね、「上野、ただいまからー、職員室に入りますー」言うてね（笑）、職員室の中に入っていったら、名前を言ったらちゃんともう用意してありました。私は姫路のほうへ引揚げて帰ったときに、転入学するときにそれを出して在学証明書を渡したような気しますわ。

若槻　私は幸国民学校。そこのシステムはですね、一年に入学しますと、六年生〔で〕卒業するまで〔続けて使う〕一冊の通信簿というのを作るんです。まさにこれはね、成績表じゃなくて家庭との通信簿なんですよ。それの中に各学年の出席日数とか、担任の記録とか、成績とかが書き込まれるんです。五年のときに終戦になりまして、その年の一〇月ぐらいかな、校長先生が代わりましてね、葉〔士輔〕先生とおっしゃる先生が新たに校長先生になりました。で、〔一九四六年〕三月、集結する直前に学校で、三月まで私たちのように台北に留まった者は、学校からそういう先生の名前でちゃんと「第五学年修了」と書き込んでくれまして、それを渡されましたから、引揚げて在学証明のことで苦労することはまったくありませんでした。

所澤　引揚げたときにですね、入った日本の学校ではそれをどういうふうに見たんですか。

若槻　それはね、四国の片田舎ですから、もう何ら疑うことなくね、それをそのまま信頼してくれました。それが一つとね。

　それから、私が編入した国民学校の――まだ国民学校でした〔小学校に変わるのは昭和二二年四月〕。その時代は内地でも編入したのは国民学校――校長先生がですね、ちょうど私の父親が子どもだった頃に同じ学校でね、若い〔頃の〕その先生が教えてるんですよ。だからね、私がそこへ編入されたとき、「若槻、おまえのお父さんな、わしが教えたんや」と。というわけでね、狭い地域社会ですから父親の言うことを全面的に信頼してくれまして、なんら問題ございませんでした。

所澤　松本さんはいかがですか。

松本　学籍証明書は難なくもらえたようです。ただ、日本の学校に転入するときに学力が問題になりましてね。最初の転入先の三重県の田舎の学校では全く問題にならなかったのに、数か月後に京都市内の学校に転入しようと思ったら、台湾の学籍簿を見た校長先生が「一学年落として転入させましょう」というのです。

実は、台湾の国民学校のとき、二年から三年にかけてほぼ一年近く空襲で休校だったのです。そのため、そのときに習うべき「九九算」もやってない。それを見て校長と担任の先生が「学力的にムリ」と判断したのでしょう。私たち兄弟三人と母が校長室に呼ばれて、校長先生からその旨を告げられましてね。すごいショックでした。と言いますのは、台湾におるときに、「落第がどれだけ恥かしいことか」と叩き込まれていましたから。

ですから、いつもは喧嘩ばかりしている三人が揃って「絶対にイヤだ」と抵抗した。気性の激しい弟は「落第なら学校に来ない」といってきかないし、先生たちも困ってしまって、結局、母が「皆さんに追いつくように一生懸命勉強させますから」と約束させられて落第せずに済んだ（笑）。

その代わり、九九算をひとりで覚えるのに結構、苦労しましたよ。「ロクシチシジュウニ」はパッと出てくるけど「シチロクシジュウニ」は頭の中で一回「ロクシチ」に置き換えて考えるとか。後々、湾生の方に聞いたら引揚げてきた生徒の多くは一学年落として転入させられたのが一般的だったようです。この一学年落しがどれだけのプラスになったか、マイナスになったかはわかりませんが、外地からの引揚児童が転入学で苦労したことは否定できないでしょう。

所澤　上野さんは、日本での受け入れのほうはいかがでしたか。

上野　帰ったのがね、ちょうど〔一九四六年〕四月六日ぐらいでしたかね。そうしたら、明くる日かその次の日に転入テストがあったんです。それで、その時分はまだ旧制のほうでしたからね、転入テストを受けに行ったら、まあ私の成績が悪かった〔のだと〕思いますけど、一年留年しました。だから本当は二年生に上がるところを一年留年して、そのまま行ったんですけど。やっぱり成績優秀な人はね、そのまま二年生に入っている同級生もおりました。

台湾では戦後、授業は再開したんです。〔戦時中〕〔台北〕三中は〔台北〕一中に間借りしておったんですけども、三中校舎が兵舎に取られとったのが解除になったので、大安十二甲いうところの三中校舎に戻って勉強を始めました。で、いろいろ授業は普通通りやっていたからね。英語は一年生のアルファベットからダーッと入ってるからね、勉強をしっかりしてる人はそれほど〔困らず〕、転入テストでそのまま上がってる人もおりました。

所澤　上野さんが一年留年したというのは、中学校のほうですか。

上野　旧制中学です。

所澤　旧制中学ですか。

上野　はい。戦後はね、まだ旧制中学がそのまま残っとったんですよ。〔それ〕で、姫路中学の転入テスト〔を受けた〕。父親がね、姫路中学校を卒業して、台湾に警察で赴任してますからね、その母校に行って手続きを取って、転入テストを受けました。

所澤　当時の中学校は入学試験が必要な学校だったわけですよね。ですから、学力テストをやってくれるだけでも、というか、入学させてくれることがわかるだけでも実は非常に幸運だった可能性もあると思うんですけれども、その点はいかがですか。

上野　やっぱり四月のそういう転入テストを受けるときには、遅れて帰ってる台湾以外の中国とか朝鮮とか〔から〕帰ってる人はね、「お前はどうせ勉強しとらへんやろから、もう一年留年せぇ」と言うて、転入テストを受けんままでそのまま一年留年した人も友達でおります。

所澤　〔遅れて帰ってきた人たちは〕入れてもらえなくて、改めて入学試験を受けさせられたというわけではないんですか。

上野　ないんです。〔私は〕転入届を父親の卒業学校に頼みに行って、「明日テストがあるから、試験を受けよ」いうことで受け行ったんです。

所澤　どうもありがとうございます。

　今までのところで何か補足されるようなことはありますか。

若槻　戦時中といえども、私は台北市内は割合恵まれていたと思います。爆撃はひどくなりましたけどね、ほとんど授業は続けられておりました。それで私などは、幸国民学校が旭〔国民学校〕の分校から生まれた学校なんですけどね、幸が兵舎になったあとも、幸に一遍集まって〔から〕行進して旭へ行って、旭で二部教育なんですよ。ちゃんとその間もね、切れ目なく習っています。

　それからね、疎開したときも。三カ月ぐらいかな、私たちは田舎のほうにプライベートな疎開をしているんですけど、そこの公学校の一角を借りてね、メグリ〔漢字表記不明〕先生という方がいらして、五年生、六年生の二学年をまとめてその一人の先生がちゃんと授業をして、続けてくれてるんですよね。だからそういった意味でもあまりロスがなかった。

若槻氏による補注　疎開した集落名の現地の人たちの発音は「テンポ」、表記は「頂埔」です。土城（ドジョウ）という町のはずれのほうにある小さな農村集落でした。家屋の正庁、神棚の前に竹で編んだ床を作って寝泊りさせてくれました。やかん工場経営の井上家の信用がよほど篤かったのでしょうか、最高の待遇と思います。井上家は数メートルの隣家でした。学校の名称は覚えていないのですが、一九九九年版の地図を見ますと、居住地点から二〇〇～三〇〇メートルの場所に、頂埔国小があります。当時の子供の距離感から考えて、頂埔国小の前身となった国民学校（元・公学校）に通ったのであろうと思います。幸国民学校からその国民学校に通ったのは二人だけでした。ただ、何人もの内地人児童が同じ学級にいたので、自分たちは、その学童集団疎開に便乗させて貰っただけかもしれません。メグリ先生はそちらの学童集団疎開の学級の先生だった可能性もあります。

所澤　なるほど。

上野　もうひとつ。引揚げたとき、うちの母親が貴金属を持って帰れないというので、親から譲られた指輪を捨てて帰るのが忍びないとか言ってね、「奥歯にかぶせる」いうことで、歯医者を呼んでね。移動式の歯医者があったんですよ。機械を持ち込んでね、ガリガリやっとったけどね。

で、帰ってどないなったかというたら、「これ、おそらくすり替えとったん違うか」いうて、歯医者がね。それは、金の指輪でもちょっと叩いて引き伸ばしてかぶせるって、今でもそんな技術は、難しかった思うけど。「おそらくすり替えて〔処置〕している。どうせこんなんは偽物や」言うて、ポイとほかしてしまったのは覚えてます（笑）。

七　引揚後の日本での違和感

所澤　それでは、こうやって日本内地に戻ってきて学校に入って、そのあとも順調に――順調かどうかわかりませんが――学校〔生活が〕進んでいくわけですね。その中で日本内地に対する違和感がいろいろあったんじゃないかと思うんですが、どうですか。どんな感じですかね。いろいろと不快に思ったこともあったんじゃないかと思うんです。がっかりしたこととか。

上野　一番印象が悪かったのはね、引揚げて田舎に帰ったんですけども、やっぱりよそ者が入るとね、排斥するというか、珍しいんですね。言葉遣いが違う、生活環境が違うからね、よそ者扱いをされました。戦後、両親の墓参りに帰ったらすぐね、「ああ、台湾」とか言われた。もうこれも腹立ってきてね。

親類同士でもね、葬式の焼香の順番、名簿を出しますわね。名前〔が〕抜けてたんですよ。で、「抜けてる」言うたら、「お前ら、外から帰ってきたんやから、そんなもの抜いてる」とか言われて、「くそー」思ったりして。親類同士でもそんな扱いをされたりね。

もう一つはね、戦後は薪がなかったんですよ。物を炊くのはやっぱりかまどで〔したから〕、木を切って〔薪に〕するわけ。それを〔手に入れるために必要な〕入山権というかね、木材を切り出す権利がなかったんです。で、父親はだいぶ区長に申し込んだけどもいつも断られたので、腹が立って、「自分は村会議員になる」言うて、頑張って村会（町会）議員になりました。

所澤　じゃ、次は若槻さん。

若槻　私は、引揚げた先の国民学校では、違和感はございましたけども、何か差別されたりつまはじきされたりしたということはほとんどなくて、割合温かく級友は迎えてくれました。

ただね、引揚げるときに、衣類やなんかの制限があるから、〔親が〕子どもに着せるものまでわざわざ背広スタイルで、子供ですから半ズボンの服を新調して、で、革靴まで新調してね。〔私たちは〕あの苦しい引揚旅行の中で、それを作業着のごとく着させられるわけですね。それ、一つしかないわけですから、〔学校にも〕それを着ていったわけですから、相手のほうは非常な違和感を感じたに違いない。

しかも〔私の使う〕言葉がね、全然方言じゃないものですからね、向こうが違和感を感じ〔たはずで〕、こちらが仲間に溶け込むためにすぐ方言を覚えたという記憶がありますよ。例えばね、自分のことを台北では「僕」と言うように教育されてたんですけどね、向こう〔徳島県〕へ帰ったら「わい」と言わないかんですよね。だからね、だいたい一週間ぐらいで「わい」と言うようになりましたよ。そんなことがありましたですね。〔けれども、〕ほとんど差別とか違和感はございませんでした。ありがたいことだと思ってます。

所澤　そうですね。今から考えると、それは大変幸運だったかもしれないですね。

松本さん、いかがですか。

松本　そうですね、引揚者だからという理由で苛められたことはありませんね。ただ、わが家は母子家庭でしたから、食べていくために母の仕事と住まいの都合で三重、京都、群馬と七回も転居、三回の転校を余儀なくされました。転校のたびに、ヤレ言葉が可笑しいとか、破れた帽子をからかわれたりするわけですよ。とくに京都から群馬に移ったときは、何かにつけて私の関西弁を真似されるのが悔しくてね。そのうちに、クラスのおっちょこちょいがチョッカイを出してくる、それで喧嘩になる、学校ではそういう苦労をしましたね。

引揚げてから最もしんどかったのは、小学校六年から中二まで、いわゆる米の「闇屋」をやったことですかね。母が毎日、田舎へ米の買出しに行って、一週間分を溜める。それを日曜日に兄貴と私が、朝一番の闇米列車で群馬から東京へ売りに行くのです。それがまた大変な苦労でね。リュックサックの紐が肩に食い込むし、冬は破れた足袋の穴から指先が出てね、冷たいというより痛い。空っ風の吹く中を駅まで五キロの道を半泣きで歩いて、今度は超満員の列車に窓から乗る。

やっと満員列車に乗れても、上野駅での一斉取締りにビクビクしながら逃れる方法を考える。幸い取り締まりを免れ地下鉄に乗り換えて銀座のお得意先に届ける。その帰りにアメ横に寄って農家の人が欲しがる石鹸や乾物類、洋モク（アメリカ煙草）を仕入れて帰る。毎週その繰り返しでした。

闇屋は肉体的にしんどかったけど、みんなが貧しい時代でしたから、まあ仕方ないと思っていましたが、中学に上がったときの授業で、精神的にすごいショックを受けたことがあります。その頃は、東京裁判やサンフランシスコ講和会議とかの記事が連日のように新聞に載っていて、授業でも民主主義や平和憲法が如何に素晴らしいものであるかが強調された。私もすっかり感激したものです。

ところが今度は、戦時中、日本人が台湾、朝鮮、満洲、中国大陸それにアジア地域でどれだけ酷いことをしたか、といった話を教師がするわけですよ。それを聞いていて私は頭が混乱しましてね。台湾でそんなに酷いことをしていたのか、でも、そんなはずはない、みんな自由に仲良くやっていた、うちの祖父母たちは台湾人に優しく接していたし差別や偏見を感じたこともない、先生はなんでそんなに日本のことを悪く言うのだろうか、とかね。

次に、台湾や朝鮮、満洲などに進出した者や敗戦による引揚の話になった。クラスの者はみんな私が引揚者であることを知っているから一斉に私の方を見るわけですよ。で、先生は何と言ったか。「キミの祖父母たちは、さしずめ『日本帝国主義の先兵隊』といったところだな」と笑って言ったのです。それまで散々「日本は悪いことをした、帝国主義でアジアを侵略してきた」と言った後にそれ言われたから、なんだか引揚者が全部悪いことやったみたいに思えて、とてもショックでした。それ以後というもの、引揚者の負い目みたいに感じるようになって、日本におるということ自体、仮住まいをしているような意識、違和感というか異邦人みたいな意識をずっと持っていましたよ。

それ以来、学校での近現代史教育は「自虐史観」一色。いくら否定しようとしても、全く受け付けない。たとえば私が台湾で見聞きした日本統治の実態や体験を話しても、すぐに正当化するな、美化するな、といった反応が返ってくるばかり。そこで、日本人の私が言うより、台湾の日本語世代の人たちがその当時をどう見ていたのか、どう受け止めていたのか、われわれ日本人をどう見つめていたのか、といったことを確認、紹介したほうが早道だと思って書いたのが、『むかし「日本人」いま「台灣人」』というわけです。この本は無作為に選んだ日本語世代の台湾人に一人ひとりインタビューして、話された言葉、内容をそのまま紹介したものです。

所澤　ありがとうございます。どうでしょう、上野さん、同様のことを感じることがあったんじゃないかと思うんですけど。

上野　逆にね、私、戦後、小学校の恩師と一緒に台湾旅行に行ったときに、〔当時の〕クラスに、日本語家庭いうてね、五人単位ぐらいで入っとった、台湾人の人が。その人が第一声でどない言うたというたらね、「私らは先生に差別された」と、こうですわ。で、しまいにはね、「チャンコロと言われた」とか言うてね、そのあとはね、先生につきまとうぐらいにサービスしてね。私ら〔に対して〕も同窓会で台湾旅行に行ったりすると、もうあれですわ、同級生いう意識がものすごく強くて。そして高級ホテルとかね、そういうところへみんな接待してくれるんです。やっぱり日本語家庭で育った人は、教育レベルいうか家庭環境が良いところの人が多いからね。

で、戦後ね、台湾は農地解放やられてるんですよ。市内の人はね、そのまま資産を凍結されなかったけども、市外の農地とかそういうところは農地改革で小作人に解放された。ところがね、やっぱり市内の私有地を持っている人が大金持ちで、そのまま残っている。市外もね、山林地主は隠し財産でいろいろ戦後に出てきたそうです。台湾に行ったら、私らの同級生はみんなレベルが高いし、家庭環境が良いので、高級車のベンツに乗ったりしているんです。今でも台湾人とはネットでやりとりをやっているんです。パッパッとネットでね、〔メールを〕送ったら、写真をポンと送ってくるしね。ネットでまだ三人やりとりしてます。

八　差別意識について

所澤　すみません。内地でですね、というか、日本で、日本人と話をしていて自分が外国人みたいだと感じたことはありませんでしたか。

上野　それはねえ、なかったように思いますけど。こんな言うたらいけませんけど、台湾時代とかね、差別はあったと思うんです。日本人でも沖縄の人、それから台湾人、高砂族との間に差別はあったと思われます。やっぱり小学校の先生の給料と、中学、高等学校、大学の先生の給料差を調べたら、だいぶ違います。そういう台湾でも給料差が、日本人と沖縄、台湾人、高砂、こういう差があったんちがうかなと思うんだけど、そういう差別〔をされたという〕意識を沖縄の人が持っとられたと思うんですね。

所澤　ありがとうございます。若槻さんからお願いします。

若槻　私は、一つは差別意識と〔もう一つは〕自分の帰属意識と、二つに分けて申し上げますけれども、差別意識については、多くの場合、内地人が本島人を差別していたかのように誤解されている節があると思います。実際に無意識にそうであったところもあると思いますけど、それは実は貧富の差から来る差別であったんじゃなかろうか。台湾にいたころ、子どもの心としても、「日本人同士で差別してる。おかしいじゃないか」という気持ちになったこともありました。

それからそれはですね、引揚げてきてから見ますと、私の引揚げた村では、いわゆる被差別部落を抱える小さな村であったんですけれどもね、私が引揚げたころはまだ被差別部落民に対する差別はね、確かにありました。でね、日本人同士でそういう差別をしている。だから、台湾で〔あったと言われる〕、特に人種的な差別というのは、あれはちょっと考え直してみる必要があるんじゃないか。大人になってからはそう考えてます。

それからもう一つはですね、差別というよりも自分の帰属意識ですけども。私はね、実は今日、目から鱗が落ちたのが一つありましてね。さっきのセッション〔第二セッション〕で松本さんの〔顔氏に対する〕質問の発言でね、彼が住んでいたところには四つの種類の人間が住んでいたと。「一つは高砂族、一つは本島人、一つは内地人、もう一つは湾生だ」と言われた。それでわかったんですけど、私ね、実は自分の父母の郷里がある意味で郷里であるはずなんですけどね、素直に「それだけだ」という気持ちになれない。どうしてもね、「お前の郷里はどこか」と言われるとね、やっぱり「台湾だ」と思っちゃうんですよ。それはなんなのかなと思ったんですが。

それでね、引揚げて、親の郷里の日本に幻滅を感じたわけではない。確かにね、もう経済も社会も崩壊して、自分たちが非常に苦労したという意味ではね、つらかった。つらい思い出のほうが大きかったですよね。だけど、それはそれとしても、それなりの誇りもありますしね、良いところもちゃんとわかってます。

しかもね、私は国民学校一年〔昭和一六年〕の夏休み一カ月たっぷり、母親にね、兄と私と二人連れられて郷里へ帰省しているんです。そのときに見た内地というのがなんと素晴らしかったことか。それでね、引揚のときもね、内地へ帰れるというのがもううれしくてうれしくてしょうがなかったですよ。そんなに憧れたところであって。まあ、敗戦というあれを経ていますから苦しいところはあったけれども、それで自分の親の郷里を否定する気持ちなんか毛頭ないのに、「自分の郷里は」というとやっぱり「台湾」と最後に言いたくなる。それが〔なぜだか〕わかりました。やっぱり親の世代と違って、自分は湾生なんですよ。純粋の内地人じゃなかったんだということが今日よくわかりました。

所澤　どうですか。松本さん、それについて補足されることはありますか。若槻さんのお話と上野さんのお話と。

松本　さきほど顔杏如先生が〔『全国引揚者新聞』に見る台湾引揚者の戦後初期――戦前との関係を中心に」で〕「故郷という言葉にどういう意識を持っているか」というお話がありましたが、私は引揚げてきた子どもの頃から「あなたの故郷はどこですか」と質問されるのがいちばん困りました。

というのは、自分としては当然「台湾」と答えたいのですけど、同級生は台湾のことを知らないから「台湾です」と答えると、みんな怪訝な顔をします。そして、あれこれ聞かれる、私は長々と説明しなければならない、しまいには面倒臭くなる（笑）。日本に引揚げてから三重、京都、群馬と転々としているから、自分でもどこを故郷と言ったらいいのか迷ってしまうのです。

幼少期を過ごした土地の自然風土は、その人のアイデンティティの形成に大きく影響していますね。決定的といってもいいでしょう。お年寄りの湾生たちが台湾に行くと見違えるように元気になる、涙を流して懐かしがる、そういう情景を見ても幼少期を過ごした土地、風土、環境が与える影響の大きなことがわかります。私も顔を出している台湾映画『湾生回家』でも、登場する湾生たちが例外なく、彼らの故郷・台湾に対して示す熱い懐旧と望郷の思いを語っています。あのような熱い気持ちを抱かせるのが故郷なのでしょう。

私の場合は、故郷と呼べるものが二つあります。一つは生まれ育った台湾、もう一つは小学校六年と中学、高校時代を過ごした高崎です。少年期、思春期を一緒に過ごした友達、同じ景色を見た友達はそこにしかいない、人的関係でみると高崎もふるさとなのです。

いってみれば、私にとっての台湾は「兎追いし　かの山　小鮒釣りし　かの山」の故郷台湾であり、もう一方の高崎は「志を　果たして、いつの日にか　帰らん」の方の故郷なんですね。

話が変わりますが、先ほど出た台湾で差別や差別意識があったかどうかという話、たとえば同じ作業なのに日本人と台湾人、原住民の間には賃金に差があったようです。後で知ったことですが。

しかし、少なくとも子どもの世界、子どもの目でみた限りでははっきりした差別はあまりなかったように思います。とくに私の場合は、花蓮港から六〇キロほど離れた電気も水道も通っていない、店もない新聞もない、情報源といえば郵便屋さんという大変な過疎村でしたので、そもそも差別するほどの人口もありませんでした。全戸で一〇軒、そのうち台湾人家庭が二軒。ですから、台湾人の子とも遊ぶし、大きな川を隔てた向こうの蕃社、原住民の部落［集落］から兄貴の友達がときどき来る、みんな一緒に遊んだ。生まれたときからそういう環境の中で育ったものですから、言葉や人種が違っても、別にどうということもない。差別意識や優越感も持っていない、ごく自然な気持ちで付き合っていました。差別というより、たとえば「ウチには水牛と馬がいるけどお前のとこは水牛もいない」とか、「ウチの父ちゃんは軍曹だぞ、お前の親父は上等兵」といったことで自慢するぐらい（笑）。経済的な面での優越意識を持っていたかもしれません。それはいつの時代でも、どこの社会でも見られることでしょう。

私はむしろ日本に帰ってから差別意識を感ずるようになったんじゃないかと思いますよ。たとえば、若槻さんが仰ったように、未開放部落とか「第三国人」といった言葉や存在、彼らに対する見方、意識がどういうものかも知りました。当時は、内地のほうが差別や偏見意識が強いと感じていました。

所澤 ありがとうございます。

九　会場との応答

所澤 さて、お話がずっと盛り上がってどんどん進んでいますけれども、フロアの皆さんの中から、これは聞いておきたいということがもしあったら質問していただきたいんですけど。

上野 湾生の人がまだそこ〔に〕二人おられるから、ちょっと聞いてあげてください。田中洋子さんともう一人。

所澤 あと、高崎からみえた清水一也さん、いらっしゃいますか。

清水一也 はい。

所澤 清水さんも湾生でいらっしゃいますよね。清水さん、いかがでしょうか。高崎郷土史会の清水さんです。

清水 ご指名いただきました清水です。松本さんと同じ花蓮の吉野村（現在の吉安郷）で生まれて、引揚げてまいりました。今日の湾生の先輩方に対するご質問がそこ〔スクリーン〕にリストで出ている通り〔この記録の三の冒頭〕、それぞれの思いがたくさんあると思います。実は私の生家は特定郵便局（吉野村郵便局）でした。郵便保険のことで思い出したことがありますのでご披露いたします。

終戦後すぐに日本人の財産はあらゆるものが、松本さんがおっしゃったように財産の清冊に記帳し——清い冊と書く——それを当時の台湾政府に提出して、資産は全部凍結になったんです。郵便局ももちろん現金・預貯金は全部閉鎖〔封鎖〕になりました。ただ、保険関係はそのまま手が付けられず、私どもが引揚げてきてから解約できたようです。今の養老保険や子どもの進学のための学資保険でした。それが引揚げてきてから下ろせたんですね。下ろせたということはつまり、保険証書を持ってこられなくても、内地の逓信省に記録があるものですから、〔本人〕

証明ができると地元の郵便局で〔保険証書を再〕発行してくれるんです。発行していただいてからそれを下ろして。金額〔の価値〕はだいぶ下がりますけれども、その額面通りのお金が下りたものを〔活用して〕、まさに松本さんがお話しになったようにお米や換金物資を地元で調達して、〔東京の〕上野に〔その米などを〕親父と売りに行った記憶があります。「その仕入れ資金は保険金だった」と当時父から聞きました。以上です。

所澤　どうですか、今のお話。

若槻　いやあ、それでわかりました。保険証〔保険証書〕なんかを持って帰れたのかなあなんて思ったんですけどね。

清水　持ち帰りは無理だったでしょうね。

若槻　それがちゃんと内地にそういう記録があったということですね。

上野　実はね、うちの母親の姉がやっぱり郵便局に勤めておったので、戦後、帰って、こういう関係で金が下りたんかな思うたら、またね、熊本の友達の親類の方が郵便貯金の通帳を持って帰って、それを元手に店開いたいうのも聞いてるからね。案外持って帰って、それを有効に引き出した人もおるんちがうかと思います。ただ、そこらへんはうやむやで戦後過ごしてしまったんで。子どもたちはそんなのわかりませんよ、大人がどないしてるか。ただね、戦後引揚者への補償〔特別交付金の支給〕いうのがあったんです。外地におった年数と年齢で支給されていました。麻生〔太郎〕さんの時の平成二一年に銀カップ〔特別慰労品〕を送ってきました。これは請求したら送ってくれたんですけども。そういう戦後補償はありました、確かに。

若槻　私は戦後補償をもらわなかった。

所澤　どうもありがとうございます。

どうでしょう、ほかの方。田中さん、よろしいですか。〔上野さんからの〕ご指名で。

田中洋子　田中洋子と申します。私は昭和八年、一九三三年に台湾で生まれました。両親とも鳥取県の出身で、父は最初のころ警察官として台湾に渡ったんです。両親は、そうですね、大正半ば過ぎぐらいですかね、結婚して、子どもが七人もできまして、私は一番末っ子なんです。私が生まれたころにはもう父親は警察を退官していました。

その当時から、日本政府としたら南方に進出するに当たってマラリアを克服しないといけない、避けて通れないということで、マラリアの特効薬のキニーネを採るためのキナを生産するのに、警官時代に高砂族、いわゆる原住民の人たちと私の父親がよく意思の疎通してるということで、そういう人たちを使ってキナの栽培をしてたんです（星キナ産業）。だから、父は山地、山奥で生活してますし、私たちは台東の町で生活したんですね。

父親は時々帰ってくるんですけども、私が〔小学校〕二年生のときに大東亜戦争が始まって国民学校という名称になりました。六年生のときに学童疎開を経験したんですね。

で、この間、知り合いの方に花蓮港のお話をしてるときに、「私が疎開してたのはブルブルというところなのよ」と言ったら、その方が「ここですね」と、一生懸命探してくださったんですね。それを〔携帯電話の〕映像でパッと〔示してくださって〕、やっぱり私の言っていたブルブルというところは幻じゃなかったということがわかって。実際そうなんですけど。

私は学童疎開というのを半年ほど山奥で経験したんです。昭和二〇年の四月といったら、もう日本が沖縄戦、アメリカ軍が沖縄に上陸して〔いるころですが〕、私たちはそういうことは知るよしもなく。私、台湾からの引揚者の方にね、「学童疎開の経験はありますか」と聞いても、台湾協会の人もそういうことはあまりご存じなくて。日本の学童疎開というのはたくさん話題になるんですけども、私が経験した学童疎開というのは、台東の国民学校の生徒が一二〇人足らずですけど、そのブルブルという山奥に半年間〔行っていました〕。本当に、高砂族の人に建ててもらったんでしょうかね、バラック二棟に、六年生が主ですけれども、一一〇数名の生徒がそこで生活したっていう事実を、戦後、台湾の方もご存じないし、私たちも全国通じてそういう話が出てこないし。私、それがものすごく気になって。

そこで思ったよりも過酷な生活がありました。戦後、町に下りてきたら、その町が日本の町じゃなかったというのがまたショックでした。学校に登校したらもう中華民国の旗が翻ってるし、北京から来られた先生が何人かで〔学校運営をしていて〕、学校のシステムがもう変わっていました。

今までいろいろ世話してくださった〔日本時代の〕先生がね、「ここはもう日本の学校じゃありません。これからは中国の先生の指示に従ってください」と言われました。中華民国の校長先生が机のそばに〔来て〕、みんな自分の名前を漢字で書いてるのを、北京語で一生懸命発音して教えてくださるんですけども、私たちは全くそういう意欲がなくて。もう日本に帰るのにという感じになって、しばらく勉強は全く手につかない。日本の六年生の残りの勉強も全くさせてもらえず、代わりに、このあいだ上野さんと合唱した「三民主義（サンミンツーイー）」の歌とか、「青天白日満地紅」の歌とか、「故郷の空」とか、そういう歌ばっかり引揚まで半年ほどしたんですね。ごめんなさい、長い話になりました。

所澤　どうもありがとうございます。

ほかにも引揚された方いらっしゃいますよね。

上野　その後ろ。青木弘さんと湾生二世二人来ておられるから、聞いてください。

所澤　すみません。湾生二世の方、おふたりいらっしゃるということで、立ち上がっていただけますか。

上野　鏡原早苗さんと藤川とき恵さん。

青木　私は青木弘です。昭和一〇年生まれ。姉は一〇一歳、健在で。一回りほど年を取ってますからね、私は引揚げたとき九歳。〔姉は〕一九歳かな。そのときに姉はいろいろ記録してます。で、当時の記録というかね、引揚の記録。いろんな差別の問題があった。方言とかね。そういうことでいろいろあるので、長くなったらいけませんから〔ここでは話しませんが〕、ただしですね、大阪に新風書房、そこがですね、『孫たちへの証言』という〔シリーズで〕引揚体験とかいろんなもの出してます。ただし、台湾からの引揚者の文章は非常に少ない。しかしですね、たぶんどこの図書館にもあると思うんです。調べていただいて。今はもう廃刊になりましたけども、その第一六集とかですね、そこにそういうような引揚のね、体験記があります〔二〇一九年八月発行第三二集が最終巻〕。

それから、各地のおそらく自治体にはね、〔同様の体験記があることがあります〕。例えば私は紀伊〔和歌山県〕田辺〔港〕に上陸したんだけども、田辺市はですね、そういう引揚というテーマで書いてます。で、そこにいろんな投稿があるから、研究者の方はですね、特にそういうのを一回見てください。以上です。

所澤 どうもありがとうございます。

鏡原さんもいらっしゃいますよね。

鏡原 いえ、私はもう〔結構です〕。

所澤 すみません。どうもありがとうございました。ちょっと時間が過ぎてしまいまして、申し訳ありません。今回来ていただいた若い方も、引揚にまつわるいろいろな出来事、大きなドラマが日本人にもたくさんありますので、どうぞ、皆さん、探究していただければと思います。

それでは、まだいろいろと話題は尽きないと思うんですが、このセッションを終わりにしたいと思います。どうもありがとうございました。（拍手）

一〇　補遺

第四セッション「引揚者の戦後日本」質疑応答より一部補足

岡部千枝　本日はありがとうございます。台湾協会の岡部と申します。本日は本当に貴重なお話を伺いまして、とても感動しております。私自身も祖父母が湾生でございまして、子供のころからよくそういう話を聞いておりました。

一点だけちょっと補足といいますか簡単になんですけれども、先ほどの第三セッションでお金の話が出てきたところで、「台湾では紙幣の印刷はされていなかった」というお話があったかと思うんですけれども、実は私の祖父と曾祖父は台北で印刷会社を営んでおりまして、そこで〔紙幣の印刷をしておりました〕。日本の大蔵省から台湾銀行券を〔台湾に〕いつも送ってきていたのが、戦時中爆撃で持ってこられなくなってしまったので、原版と透かしの入った紙を持ってきて台湾で印刷をしていたという事実がございます。祖父としては、民間の印刷会社であってもそれをやっていたということを誇りにしていたようですので、祖父に代わりまして補足をさせていただければと思いました。

私がこのようなお話ができるのも、やっぱり祖父が話を残していたということがあるかと思いますので、先ほど若槻先生もおっしゃっておられましたとおり、手記でもなんでも構いませんので、そういったものを残せる方はできるだけ残していただきたいと思いますし、こちらの研究者の方々もそうかと思うんですけれども、オーラルヒストリーであったりとか、後世の方々にこういった話が残って、その先の時代でも研究が進めていけるような形で記録を残していただけたらありがたいなと思いました。

長くなりましてすみません。どうもありがとうございました。

あとがき

石井清輝

本書は、大阪大学「台湾研究及び言語文化課程発展プロジェクト」(台湾教育部助成、研究期間二〇二一年四月〜二〇二五年三月、研究代表者:林初梅)、科学研究費助成事業「台湾の民主化が生み出す文化的再編成――台湾性・日本性・中国性をめぐる競合と共生」(研究期間二〇二三年四月〜二〇二八年三月、研究代表者:林初梅)、の助成を受けた研究の成果である。

本書を『日台のはざまの引揚者たち――国境の再編と移動・再出発』と題したのは、大日本帝国の崩壊によって始まる国際秩序再編の激動の中にあった台湾と日本(沖縄)のあいだで不安定な立場に置かれ、その過程に受動的に押し流されながらも、目まぐるしく変わる政治、経済、社会情勢に向き合い、人生の再出発を図っていった台湾引揚者の主体性、能動性にも目を向けたいと考えたためである。もちろん、各地の人びとの動きを強力に規定していた国際政治や各国政府の動向への視点は欠かせないが、本書では台湾引揚者(そして引揚を見送る立場になった台湾の人びと)によって経験され、生きられた戦後とはどのようなものだったのか、という側面を重視した。読者は本書に収められた九編の論文と三名の引揚当事者の発言記録を通して、台湾引揚者たちが、一九四五年八月一五日の敗戦に続いて生じた社会体制の転換、国境線の引き直しに伴う内地への引揚(送還)、そして引揚げた先の戦後社会にどのように向き合い、新たな生活を築き上げていったのか、という問いへの理解を深めていけるものと思う。

そもそも台湾引揚は、引揚研究の中で必ずしも主たる学術的対象とはされてこなかったのではないだろうか。その理由は改めて検討を要する課題ではあるが、私自身も台湾引揚については長らく全くといっていいほど明確な印象を持っていなかった。私が台湾引揚者の存在を意識するようになったのは一〇年ほど前のことである。当時ちょうど見学に訪れていた台南市の廟で、たまたま現地の方が日本時代を経験した八〇代の女性を紹介して下さり、その女性から二日間にわたってライフヒストリーをお聞きした。私は歴史的なリアリティに満ちたその語りの力に心を動かされ、どのような形であれ、植民地時代の台湾を経験した人の語りを聞いておいた方がいいのではないか、と強く思った。日本で当時の台湾のことを知っている人に話を聞こうと思えば、その対象はまず何よりも台湾引揚者ということになるのではないか。そう思い至った私は、日本に帰国してすぐに、台湾の引揚者が立ち上げた団体である台湾協会にご協力を仰ぎ、ライフヒストリーの聞き取りを始めた。このように私は偶然、ある種の迂回を経て台湾引揚者にたどり着いたのであった。

それからは聞き取りを進めると同時に、台湾引揚の全体像、引揚者の人生経験や記憶についてさらに知りたいと思い、関連する学術研究を探していった。しかし、手記、自伝、回想録、聞き書きなどの記録や復刻資料類はあるのだが、それらを対象として主題的に分析、考察を加えるような学術的な研究は、私が探した範囲ではあまり見つけることができなかった。そのため、私が専門とする社会学の領域において、他の地域からの引揚者を対象としたライフヒストリーや集合的記憶に関する研究が蓄積されつつある状況を踏まえ、自身の研究テーマを台湾引揚者、中でも湾生をめぐる社会学的なライフヒストリー、記憶研究と思い定め調査を進めることにした。

その後、主だったものでも、蘭信三編『帝国以後の人の移動——ポストコロニアリズムとグローバリズムの交錯点』勉誠出版、二〇一三年、今泉裕美子ほか編『日本帝国「引揚げ」の比較研究——国際関係と地域の視点から』

日本経済評論社、二〇一六年、蘭信三ほか編『引揚・追放・残留――戦後国際民族移動の比較研究』名古屋大学出版会、二〇一九年、加藤聖文『海外引揚の研究――忘却された「大日本帝国」』岩波書店、二〇二〇年、など、引揚に関連する優れた研究が続々と刊行されていった。また、二〇一五年の『湾生回家』をはじめ、台湾引揚者を取り上げたドキュメンタリー映画が何本も公開され、社会的な関心の高まりも感じられた。私自身、これらの諸研究やドキュメンタリーに多くを学ぶ一方で、台湾引揚を中心に取り上げた専門的な学術書があってもいいのではないかとも感じていた。ちょうどそのような折の二〇二二年に、本書の編者のお一人である林初梅先生から台湾引揚の共同研究にお声をかけて頂いたことで、「台湾引揚研究会」としての活動が始まった。

同研究会では、台湾引揚に関連する研究をしている方々にメンバーに加わって頂き、ご報告をお願いしていった。以下がその記録である（以下、敬称略）。

第一回　二〇二二年九月一八日（日）　一〇時～一二時

1．石井清輝　植民地同窓会における日本統治時代をめぐる「モデル・ストーリー」――花蓮港中学校を事例として

第二回　二〇二二年一二月一八日（日）　一〇時～一二時

1．野入直美　沖縄の台湾引揚者――戦後「湾生」の研究に向けて

第三回　二〇二三年七月一七日（月）　一三時三〇分～一六時三〇分

1．若槻雅男　湾生としての経験を語る

第四回　二〇二三年一〇月一日（日）一〇時～一二時一〇分
1．菅野敦志　一九五四年マニラアジア大会と〝外地〟生まれの選手たち
第五回　二〇二四年二月二三日（金）一〇時～一二時三〇分
1．黄紹恒　ある知識人の日本引揚――台北帝大教授・楠井隆三の戦後
2．顔杏如『全国引揚者新聞』に見る引揚者の戦後初期――台湾との関係を中心に
第六回　二〇二四年六月九日（日）一〇時～一二時三〇分
1．林初梅　日本引揚の前夜――一九四五～一九四七年台湾引揚者の処遇
2．黄英哲　台湾引揚者の雑誌『新声』をめぐる
第七回　二〇二四年九月七日（土）一〇時～一二時三〇分
1．松田良孝　八重山と蘇澳／南方澳――石垣市『市民の戦時戦後体験記録』をひもとく
2．所澤潤　引揚者を見送った台湾の人たち
以上七回にわたった研究会では、台湾引揚をめぐって様々な観点から報告がなされた。第三回は台湾引揚当事者の経験を共有するため、湾生の若槻雅男氏をゲストスピーカーにお迎えしてお話をうかがった。それぞれの報告の内容は多岐にわたったが、引揚者自身の体験や引揚後の生活はどのようなものだったか、また国や組織がどのように引揚者に対応しようとしていたのかを明らかにしようとする、いわゆる「引揚者問題研究」としての輪郭が次第

大阪大学大学院人文学研究科外国学専攻台湾研究講座主催

国際シンポジウム
日台のはざまの引揚者たち

開催日時 2024年 **10/6**（日） 9:50 ~ 17:30（受付 9:20~）

会場 大阪大学中之島センター７階セミナー室 7C+7D
〒530-0005
大阪市北区中之島 4-3-53
https://www.onc.osaka-u.ac.jp/access/

プログラム

開会の挨拶 9:50~10:00 研究代表者 林初梅
総合司会：川西寿弥（大阪大学）

第１セッション「台湾と沖縄からみた引揚者」 10:00~11:30 司会：石井清輝
1．林初梅（大阪大学）
報告テーマ：日本引揚の前夜—1945～1947 年台湾引揚者の処遇
2．野入直美（琉球大学）
報告テーマ：女性引揚者を可視化する—沖縄の台湾引揚者を中心に
3．松田良孝（ジャーナリスト）
報告テーマ：八重山と蘇澳 / 南方澳
—石垣市『市民の戦時戦後体験記録』をひもとく

11:30~12:30 休憩時間

第２セッション「変動期のなかの引揚者」 12:30~14:00 司会：菅野敦志
1．所澤潤（立正大学）
報告テーマ：引揚者を見送った台湾の人たち（仮）
2．黄英哲（愛知大学）
報告テーマ：台湾における日本人引揚者雑誌『新声』について（仮）
3．顔杏如（国立台湾大学）
報告テーマ：『全国引揚者新聞』に見る台湾引揚者の戦後初期
—戦前との関係を中心に

第３セッション「湾生が語る引揚体験」 14:10~15:40 司会：所澤潤
語り手：松本洽盛（花蓮港庁鳳林国民学校出身）
若槻雅男（台北市幸国民学校出身）
上野正和（台北市樺山国民学校卒、台北三中出身）

第４セッション「引揚者の戦後日本」 15:50~17:20 司会：野入直美
1．黄紹恒（国立陽明交通大学）
報告テーマ：台北帝大教授・楠井隆三の引揚と戦後
2．菅野敦志（共立女子大学）
報告テーマ：引揚者とスポーツ（仮）
3．石井清輝（高崎経済大学）
報告テーマ：植民地と引揚後を想起する—花蓮港中学校同窓生を事例として

閉会の挨拶 17:20~17:30 企画責任者 石井清輝

シンポジウム参加申込方法
google form からお申し込み下さい
（申込期限：10 月 4 日（金））
https://forms.gle/Z2fDTXW8J7rzcssW6

お問い合わせ
formosa.osakauni@gmail.com
美濃部まで

大阪大学
OSAKA UNIVERSITY

主催 大阪大学大学院人文学研究科外国学専攻・台湾研究講座

に明確になっていった。

以上の経緯を踏まえ、改めて台湾引揚者を中心的な対象に据えて、より広く社会的な関心を惹起し、一般の方々にも議論に参加して頂こうと、国際シンポジウム「日台のはざまの引揚者たち」を、二〇二四年一〇月六日（日）、九時五〇分～一七時三〇分に、大阪大学中之島センターにおいて開催した（ポスター）。

シンポジウムでは、同テーマのよりよい理解と歴史的リアリティの共有を意図し、三名の引揚当事者にもご登壇をお願いした。当日は研究者、台湾引揚関係者、一般の方々含め一〇〇名近くの参加者があり、各報告に対する活発な質疑応答も見られ、盛会のうちに終了することができた。当日ご来場頂いた皆様、及び、台湾引揚当事者としてご登壇頂いた松本洽盛氏、若槻雅男氏、上野正和氏には、この場を借りて改めて御礼申し上げたい。本書は、このシンポジウムでの報告を基に各報告者が論文を執筆し、当日の記録を加えて編まれたものである。私も研究会の事務局を担当した者として、本書の出版を通じて台湾引揚への関心が高まり、議論が深まっていくことを願っている。

なお、本書の本文中でも何度か触れられているが、台湾引揚を考える上で極めて有用な文献の一つに、台湾引揚研究会編『歴史としての台湾引揚（改訂増補版）』二〇〇九年、がある。同書は既存の膨大な資料を簡潔にまとめてその全体像を示すだけでなく、台湾から引揚げた人びとが実際に乗船した船舶、出港日、入港日、乗船人員を調べ上げるなど、これまで明確になっていなかった細部にまで調査の手が及んでいる。多くの方に手に取って頂きたい文献なのだが、同書は商業出版の形では流通していないため、簡単には入手することができない状態になってしまっている。実は本書の出版に合わせて、同書を復刻出版する企画を構想していたのだが、時間的、予算的な都合もあり断念せざるを得なかった。私は台北樺山小学校の調査の過程で、同書の執筆、調査を中心的に担った同校同窓生の大川敬蔵氏、平井輝男氏のお二人にお目にかかっていたこともあり、本書が一般に流通していないことをかねてから残念に思っていた。今後も復刻出版の道は探りたいが、大きな図書館には所蔵もあるようなので、機会があればぜひご一読頂きたい。

最後になるが、シンポジウムの開催、本書の編集に当たっては、大阪大学台湾研究講座特任研究員の川西寿弥氏に多大なるご支援を頂いた。心より御礼申し上げたい。また、本書の出版を引き受けてくださり、厳しいタイムスケジュールのなか編集をこなしてくださった三元社の石田社長に深く感謝申し上げる。

二〇二四年一二月

執筆者紹介

【編著者】

林 初梅（Lin, Chumei／りん・しょばい）
大阪大学大学院人文学研究科教授。専門は言語社会学、歴史社会学、近現代台湾研究。
主要業績に『「郷土」としての台湾――郷土教育の展開にみるアイデンティティの変容』（東京：東信堂、二〇〇九年）、『台湾のなかの日本記憶――戦後の「再会」による新たなイメージの構築』（共編著、東京：三元社、二〇一六年）、『民主化に挑んだ台湾――台湾性・日本性・中国性の競合と共生』（共編著、名古屋：風媒社、二〇二一年）、『二つの時代を生きた台湾――言語・文化の相克と日本の残照』（共編著、東京：三元社、二〇二一年）、『台湾華語』（共編著、大阪：大阪大学出版会、二〇二二年）など。

石井 清輝（いしい・きよてる）
高崎経済大学地域政策学部准教授。専門は地域社会学、生活史研究。
主要業績に「歴史的環境の保存活動を媒介とした『地域の公共性』の生成過程――台湾における日本式木造家屋群を対象として」『関東都市学会年報』第一六号（関東都市学会、二〇一五年）、「植民地時代の遺構をめぐる価値の生成と『日本』の位相――台湾における日本式木造家屋群の保存活動を事例として」所澤潤・林初梅編『台湾のなかの日本記憶――戦後の「再会」による新たなイメージの構築』（東京：三元社、二〇一六年）、『二つの時代を生きた台湾――言語・文化の相克と日本の残照』（共編著、東京：三元社、二〇二一年）など。

所澤 潤（しょざわ・じゅん）
立正大学心理学部教授、群馬大学名誉教授。専門は教育史、教育方法学、オーラルヒストリー、記録史料学。
主要業績に「大学進学の始まりと旧制高等学校教育の起源――明治七年三月のモルレーの建言のもたらしたもの」『東京大学史紀要』一四号（東京大学史史料室、一九九六年）、「台北高等学校と台湾の民主化――辜振甫の姿をとおして」林初梅・黄英哲編著

『民主化に挑んだ台湾――台湾性・日本性・中国性の競合と共生』（名古屋：風媒社、二〇二一年）、「台北高等学校の戦後――日本が過去になった時に起こったこと」林初梅・所澤潤・石井清輝編著『二つの時代を生きた台湾――言語・文化の相克と日本の残照』（東京：三元社、二〇二一年）など。台湾引揚者と台湾人のオーラルヒストリーも多数。

【執筆者】（掲載順）

松田 良孝（まつだ・よしたか）
フリージャーナリスト、元「八重山毎日新聞」記者。八重山と台湾の関係を中心に取材を続ける。
主要業績に『八重山の台湾人』（石垣：南山舎、二〇〇四年）、『台湾疎開　琉球難民の一年一一カ月』（石垣：南山舎、二〇一〇年）、「玉井亀次郎とパインアップル――台湾経験を複眼的に読み解く」野入直美編著『引揚エリートと戦後沖縄の再編』（東京：不二出版、二〇二四年）など。小説に『インターフォン』（那覇：沖縄タイムス社、二〇一五年、第四〇回新沖縄文学賞受賞作品）など。

黄 英哲（Huang, Yingche／こう・えいてつ）
愛知大学現代中国学部・大学院中国研究科教授。専門は台湾現代史、台湾文学、中国現代文学。
主要業績に『台湾文化再構築（1945-1947）の光と影――魯迅思想受容の行方』（東京：創土社、一九九九年）、『漂泊与越境――両岸文化人的移動』（台北：国立台湾大学出版中心、二〇一六年）、『民主化に挑んだ台湾――台湾性・日本性・中国性の競合と共生』（共編著、名古屋：風媒社、二〇二一年）、『尋找黑暗之光：現代知識分子的挑戰』（共著、台北：政大出版社、二〇二五年）、『成為台湾的我們』（共著、台南：成功大学出版社、二〇二五年）など。

顔 杏如（Yen, Hsin-Ju／がん・きょうじょ）
台湾・国立台湾大学歴史学科准教授。専門は近現代台湾史、社会文化史。
主要業績に「日治時期在台日人的植桜与桜花意象：「内地」風景的発現、移植与桜花論述」『台湾史研究』第十四巻第三期（台北：中央研究院台湾史研究所、二〇〇七年）、「流転的故郷之影：殖民地経験下在台日人的故郷意識、建構与転折」若林正丈・松永

正義・薛化元編『跨域青年学者台湾史研究論集』（台北：稲郷出版社、二〇〇八年）、「俳文学、知識、植民地統治の交錯——『台湾歳時記』の編纂とその植物知識の系譜」松田利彦編『植民地帝国日本における知と権力』（京都：思文閣、二〇一九年）など。

野入 直美（のいり・なおみ）
琉球大学人文社会学部教授。専門は比較社会学、沖縄をめぐる人の移動の実証的研究。
主要業績に『アメラジアンと沖縄社会——移動と「ダブル」の社会学的研究』（京都：ミネルヴァ書房、二〇二二年。同年沖縄タイムス出版賞正賞受賞）、『沖縄——奄美の人の移動と境界変動　実業家・重田辰弥の生活史』（東京：みずき書林、二〇二二年）、『引揚エリートと戦後沖縄の再編』（編著、東京：不二出版、二〇二四年）など。

黄 紹恒（Huang, Shawherng／こう・しょうこう）
台湾・国立陽明交通大学人文社会学科教授。専門は台湾経済史、台湾客家研究。
主要業績に『砂糖之島：日治初期的台湾糖業史1895-1911』（新竹：交通大学出版社、二〇一九年）、「台北帝国大学経済学講座的誕生与発展」蔡祝青編『迎向台大百年学術伝承講座1台北帝大文政学部論文集』（台北：台大校友双月刊・国立台湾大学、二〇二〇年）、「戴国煇：境界人的認同与客家論」簡美玲・河合洋尚編『百年往返：走訪客家地区的日本学者』（苗栗：客家委員会客家文化発展中心、二〇二一年）など。

菅野 敦志（Sugano, Atsushi／すがの・あつし）
共立女子大学国際学部教授。専門は台湾現代史、東アジア地域研究。
主要業績に『台湾の国家と文化——「脱日本化」・「中国化」・「本土化」』（東京：勁草書房、二〇一一年）、「一九四〇年〈東京オリンピック〉返上と日中米ＩＯＣ委員のオリンピズム——王正廷とエイブリー・ブランデージを中心に」『インターカルチュラル』一九号（日本国際文化学会、二〇二一年三月）、「満洲の台湾人選手——張星賢と柯子彰」高嶋航・佐々木浩雄編『満洲スポーツ史——帝国日本と東アジアスポーツ交流圏の形成』（東京：青弓社、二〇二四年）など。

カバー写真は、国家電影及視聴文化中心（Taiwan Film and Audiovisual Institute）提供

大阪大学台湾研究プロジェクト叢書 4

日台のはざまの引揚者たち
国境の再編と移動・再出発

発行日 二〇二五年三月二五日 初版第一刷発行

編者 林初梅＋石井清輝＋所澤潤

装幀 臼井新太郎

発行所 株式会社 三元社
〒一一三-〇〇三三
東京都文京区本郷一-二八-三六 鳳明ビル
電話／〇三-五八〇三-四一五五
ファックス／〇三-五八〇三-四一五六

印刷 モリモト印刷 株式会社
製本

ISBN978-4-88303-608-0
Printed in Japan
http://www.sangensha.co.jp